Gretchen Schaupp - Joachim Graff

BUSINESS ETIKETTE IN DEUTSCHLAND

Gretchen Schaupp - Joachim Graff

BUSINESS ETIKETTE IN DEUTSCHLAND

So treten Sie professionell auf

C.O.IN.
BUSINESS EDITION

ISBN: 978-3-940574-38-1

CO.IN. Business Edition

Otto-von-Guericke-Ring 3a, 65205 Wiesbaden
www.coin-online.de
Bestell-Fax: 06122-705470

Umschlaggestaltung: CO.IN. MEDIEN
DTP: CO.IN. MEDIEN
Karikaturen: Horst Schwarz
Gedruckt auf säurefreiem und chlorfrei gebleichtem Papier
Printed in Germany
Erste Auflage 2009

ISBN: 978-3-940574-38-1

VORWORT

Für viele Wirtschaftsunternehmen ist Deutschland der größte Handelspartner und wichtigste Einzelmarkt innerhalb der Europäischen Union. Jeder möchte auf diesem Markt präsent sein – und man kann sicher sein: Fast jeder ist bereits aktiv. Dass dies eine scharfe Konkurrenzsituation vieler nahezu identischer Produkte und Dienstleistungen mit sich bringt, liegt auf der Hand. Für den langjährigen „Exportweltmeister Deutschland" bedeutet dies ein Geflecht an Geschäftsbeziehungen über alle Grenzen hinweg, wie es kaum in einem anderen Land ähnlich komplex anzutreffen ist. Die Folge ist nicht nur ein hoher Innovationsdruck zur Unterscheidung nach Produktmerkmalen und Qualitäten, sondern das WIE beim Auftreten in diesem Markt ist ein erfolgskritischer Faktor höchster Priorität.

Der allgegenwärtige Wettbewerbs- und Erfolgsdruck ist damit eine treibende Kraft zum richtigen Verhalten, ob unter Kollegen, gegenüber Kunden oder als Bewerber um eine Arbeitsstelle.

Neue Chancen ergeben sich sowohl für Jobsucher als auch für Hersteller und Anbieter durch die großen Marktpotenziale, die hervorragende Infrastruktur und den sich im Ländervergleich moderat entwickelnden Lohnniveaus in Deutschland.

Für dieses Umfeld bietet das vorliegende Buch eine Hilfestellung. Es wendet sich an ambitionierte Absolventen, Berufsanfänger und alle die beruflich aufsteigen wollen. Für Expatriates aus dem Ausland, die sich in deutschen Unternehmen ohne Umwege auf Erfolgskurs bringen wollen, hat sich das Buch gar als ein unentbehrlicher Leitfaden erwiesen.

Die Kapitelauswahl richtet sich nach der Priorität der Themen, die häufig bei interkulturellen Trainings genannt werden. Da es sich zeigte, dass die Unsicherheiten für korrektes Auftreten bei Deutschen und Ausländern häufig die gleichen sind, sind die Tipps kurz gefasst und praxisnah zweisprachig deutsch/englisch. Dabei wurden viele Anregungen von der Amerikanerin Gretchen Schaupp aufgenommen, die speziellen Fragen und Sichtweisen all derer berücksichtigt, die in Deutschland arbeiten und Geschäfte machen wollen. Ein zusätzlicher Vorteil für deutschsprachige Leser besteht darin, dass sich viele Tipps auch auf das internationale Parkett übertragen lassen und die sinngemäße Übersetzung als Englischtraining direkt zur Verfügung steht. Ein Glossar hilft dem Leser sich über Schlüsselwörter schnell zurechtzufinden.

Dieses Buch gliedert sich in drei Teile. Der erste Teil behandelt 17 grundlegende Situationen, wie sie alltäglich vorkommen, deren Regeln aber oft nicht in Fleisch und Blut übergegangen sind. Die 6 Tipps im zweiten Teil helfen, sich bei der Jobsuche richtig zu positionieren. Der letzte Teil behandelt 13 erfolgskritische Themen für die beruflichen Weiterentwicklung.

Ohne eine enge Zusammenarbeit zwischen deutschen und englischen Muttersprachlern wäre dieser Ratgeber nicht möglich gewesen. Dafür möchten wir an dieser Stelle danken, ohne alle Namen im Einzelnen aufzählen zu können. Vor allem bedanken wir uns jedoch bei unseren Lektoren Barbara Parsons aus den USA und Nicholas Lusty aus England für die englische Version sowie Martin Schippel für die deutsche.

Außerdem gebührt besonderer Dank Alexandra von Rohr, die im Rahmen von Kursen in Deutsch als Geschäftssprache (www.businessgerman.com) kontinuierlich unsere Themen anregte und begleitete. Des Weiteren danken wir Günter Mayer (www.comixart.de) für seine unendliche Geduld unseren verbal geäußerten Szenarien eine illustrative Identität zu geben. Und nicht zuletzt danken wir allen Trainern und Teilnehmern der Deutsch-Intensivkurse am Sprachinstitut TREFFPUNKT ohne deren Anforderungen, Fragen und Empfindungen das Buch niemals zustande gekommen wäre.

Deutschland ist ein hochattraktiver Markt und jede erfolgreiche Geschäftsbeziehung hat ihren Anfang in der Kenntnis des Marktes und damit auch der Etikette und Kultur. Wir wünschen allen Lesern motivierende Erfahrungen und erfolgreiche Beziehungen. Besuchen Sie uns auch im Internet unter www.business-knigge.com und www.germanbusiness-etiquette.com.

INHALT

Teil 3: Karrierepraxis

Business Etikette kompakt: Welche 10 Fehler Sie vermeiden sollten...

Treten Sie immer so auf, wie Sie es wünschen?

Wenn Sie bei dieser Frage unsicher werden, können unsere 10 folgenden Tipps eine Eselsbrücke sein, um die häufigsten gesellschaftlichen Fehltritte zukünftig zu vermeiden:

1. Schlaffer Handschlag

Ein schlaffer Handschlag erweckt den Eindruck, als ob Sie unsicher und nicht von sich überzeugt sind. Deshalb: Geben Sie dem Gegenüber fest die Hand, doch ohne zu quetschen und weder zu kurz noch zu lange. Der feste Handschlag signalisiert ein Grundvertrauen, Offenheit, Herzlichkeit, Achtung und Aufrichtigkeit. Tipp zum weiter lesen: Kapitel „Rangfolgen“ und „Begrüßung“.

2. Zu wenig Abstand

Jeder Mensch hat eine Intimzone um sich herum. Keiner mag es, wenn andere in diese ungebeten eindringen. Wenn es dennoch passiert, wird versucht auszuweichen, was einer körperlichen Ablehnung gleichkommt und eine unangenehme Erfahrung für beide Seiten sein kann. Auch wenn Sie jemandem unvermittelt Ihre Hand auf die Schulter legen, wird dies eher irritieren. Solange Ihr Gesprächspartner nicht ein alter Freund von Ihnen ist, ist das Händeschütteln die einzige Gelegenheit, einen fremden Menschen anzufassen. Berühren Sie dennoch Ihr Gegenüber, wird dies ungewollt sein und Sie entschuldigen sich sofort: „Oh, Entschuldigung (das war nicht meine Absicht)". Fassen Sie keinen ohne Erlaubnis an, auch wenn Sie glauben, dass diese Geste ein Entgegenkommen oder eine Freundschaftsbekundung ist. Andere könnten es als anzüglich empfinden. Tipp zum weiter lesen: Kapitel „Distanzzonen".

3. Unaufmerksam sein

Wenn jemand zu Ihnen spricht und Sie blicken in eine andere Richtung, so gilt das als schlechtes Benehmen. Je nach Thema und Beziehung, die man zu dem anderen Menschen hat, reichen die negativen Gefühle von Unsicherheit und Unaufrichtigkeit bis zu demonstrativem Desinteresse und Verachtung. Denn Aufmerksamkeit ist eines der größten Komplimente, das ein Mensch einem anderen machen kann. Reagieren Sie mit angemessenen Ausdrücken, Fragen und Gesten. Tipp zum weiter lesen: Kapitel „Die ersten 100 Tage in der deutschen Firma".

4. Zur gleichen Zeit reden

Unterbrechen Sie nie Ihre Gesprächspartner während sie reden. Lassen Sie sie ausreden, bevor Sie antworten, auch wenn Sie noch so ungeduldig darauf warten selbst das Wort zu ergreifen. So erscheinen Sie nicht nur höflich, sondern Ihre Gesprächspartner werden viel eher bereit sein Ihnen zuzuhören und Ihre Argumente anzunehmen. Bedenken Sie: Aktiv zuhören und die richtigen Fragen stellen, ist das Geheimnis erfolgreicher Kommunikation. Tipp zum weiter lesen: Kapitel „Konfliktgespräche richtig steuern".

5. Das Jackett nicht oder offen tragen

Legen Sie bei einem Empfang niemals das Jackett ab. Warten Sie, bis es der Gastgeber selber tut oder dazu auffordert. Auch sollten Sie das Jackett im Stehen immer geschlossen halten und beim Aufstehen, z.B. um jemanden zu begrüßen, schließen Sie den mittleren Knopf des Sakkos wieder. Tipp zum weiter lesen: Kapitel „Kleidung"

6. Rauchen

Bei vielen gesellschaftlichen Anlässen und in Lokalen ist es verboten zu rauchen. Übergehen Sie dieses Verbot, werden Sie nicht nur von den Nichtrauchern schief angesehen, sondern auch von den Rauchern, die sich an das Verbot halten. Achten Sie als Raucher auch auf Ihren Geruch und den Geruch Ihrer Kleidung, ansonsten brauchen Sie sich nicht zu wundern, wenn andere Menschen auf mehr Abstand zu Ihnen bedacht sind. Stehen Sie qualmend in der Raucherzone, sollte Ihre Asche nicht auf den Boden fallen. Tipp zum weiter lesen: Kapitel „Geschäftsessen“.

7. Begrüßung in falscher Reihenfolge

Die Begrüßungsreihenfolge im Berufsleben unterscheidet sich grundsätzlich von der im gesellschaftlich-privaten Bereich. Im geschäftlichen Umfeld wird der Höherrangige immer zuerst begrüßt, gleichgültig, ob es ein Mann oder eine Frau ist. Achten Sie jedoch immer darauf, ob die Situation es erfordert, dass die Initiative von Ihnen ausgehen muss, oder ob Sie darauf warten sollten bis der Höherrangige auf Sie zukommt. Menschen, die sich unangemessen in den Vordergrund schieben, sind selten gerne gesehen. Außerdem: Was für Männer schon immer galt, gilt heute auch für Frauen: Wer bei einer Konferenz oder auch im Restaurant sitzt, steht zur Begrüßung im Berufsleben immer auf. Tipp zum weiter lesen: Kapitel „Rangfolgen“.

8. Laut reden und laut lachen

Auch wenn Sie der beliebteste Geschichtenerzähler in der Firma sind, wird es auf viele anmaßend und aufgeblasen wirken, wenn Sie mit zu lauter Stimme sprechen. Ihre Stimme sollte ruhig und moduliert sein, der Tonfall und das Volumen der Situation und dem Zeitpunkt angepasst. Vermeiden Sie zu starken Dialekt und das Quittieren jeder Aussage mit einem Lacher. Sprechen Sie aber auch nicht zu leise, das strengt jeden Zuhörer über Gebühr an und sie verlieren die Lust Ihnen zuzuhören. Tipp zum weiter lesen: Kapitel „Die ersten 100 Tage in der deutschen Firma“.

9. Zu viel Alkohol

Achten Sie darauf, wie viel Sie trinken. Auch wenn Sie das Gefühl haben, dass in der Runde alles locker und spaßig ist, müssen Sie die Kontrolle über sich behalten. Haben Sie über den Durst getrunken, werden Ihre Mitmenschen sehr wenig von Ihnen halten. Wenn Sie sich betrinken, vielleicht sogar laut, selbstzufrieden oder gar beleidigend werden, zerstören Sie die Stimmung und ruinieren Ihren Ruf. Tipp zum weiter lesen: Kapitel „Geschäftsessen".

10. Zu spät kommen

Und zu guter Letzt: Zum professionellen Auftreten in Deutschland gehört es, pünktlich zu sein. Wobei „pünktlich" bedeutet, dass Sie max. 5 Minuten (bei Einzelgesprächen) vor dem vereinbarten Termin eintreffen, aber niemals danach! Dies sollten Sie nicht nur bei Terminen berücksichtigen, die Sie persönlich betreffen, wie beim Vorstellungsgespräch oder einem Gespräch beim Chef, sondern auch bei Besprechungen und Veranstaltungen. Pünktlich zu sein wird auch als Wertschätzung dem anderen und als Interesse dem Thema gegenüber gewertet. Das trifft insbesondere zu, wenn Sie selbst der Chef sind. Sollten Sie sich tatsächlich einmal verspäten, rufen Sie baldmöglichst an, lassen sich entschuldigen und sagen, wann Sie ankommen. Tipp zum weiter lesen: Kapitel „Effiziente Besprechungen".

Hinweis: Dieses Kapitel „10 Fehler, die Sie vermeiden sollten" ist in weiteren Sprachen, z.B. in Spanisch, Portugiesisch und Arabisch unter www.business-knigge.com abrufbar.

Teil 1: Verhaltens-Basics

1 Sich bekannt machen: Wer stellt wen vor?

Beim Bekannt machen sind die Unterschiede zwischen privaten und geschäftlichen Gepflogenheiten groß. Im innerbetrieblichen Umgang ist es immer der höher stehenden Hierarchiestufe vorbehalten jemanden Unbekanntes vorzustellen. So wird ein neuer Mitarbeiter seinen Kollegen üblicherweise vom Chef vorgestellt.

Kommt eine einzelne Person neu zu einer Gruppe, so wird diese immer der Gruppe bekannt gemacht. Das gilt für das Privat- und Berufsleben gleichermaßen.
Wer sich selbst bekannt machen möchte, kann zwischen verschiedenen Formen wählen: „Ich heiße Renate Bartels" ist genauso gut wie „Ich bin Renate Bartels", „Mein Name ist Renate Bartels", „Ich bin Frau Bartels", „Mein Name ist Bartels". Die kürzeste Form, „Bartels", wirkt zwar etwas knapp, ist aber da praktisch, wo man mehrmals hintereinander seinen Namen sagen muss, wie zum Beispiel bei einem Empfang. Ein Mann sollte jedoch die Form mit „Ich bin Herr…" nicht benutzen, wenn er über sich selbst spricht. „Ich bin Herr Sowieso" oder „Ich heiße Herr Ralf Schmidt" war nie üblich und gilt auch heute nicht als gute Form. Mit „Ich bin/heiße" sollte ein Mann immer nur den Vor- und Nachnamen kombinieren.

Bei Besuch aus dem Ausland, ob im Beruf oder privat, ist es immer eine höfliche Geste, den Gast gegenüber den Inländern vorzustellen. Aus diesem Grund können sich auch Kunden geehrt fühlen, wenn sie durch ihren Betreuer dem Geschäftsführer des Unternehmens vorgestellt werden.

Spezielle Fragen:

1. Wenn jemand über eine andere Person spricht, genügt es, nur den Nachnamen zu nennen?

Nein, niemals! Das erweckt den Eindruck, als schätze man denjenigen, über den man spricht, gering. Immer „Herr" oder „Frau" dazu setzen. Beispiel: „Herr Schmidt hat mir gesagt, dass er morgen später kommt". Wenn man, anstatt Herr/Frau, den Vornamen nennt, so signalisiert man eine größere Vertrautheit mit der anderen Person. Auch wenn man über Jugendliche spricht, sagt man zum Beispiel: „Sabine Krüger kommt heute Abend".

2. Übergibt man bei geschäftlichen Begegnungen seine Visitenkarte gleich beim Bekannt machen?

Ja! Dafür sprechen mehrere Gründe. Zum einen kann der Gesprächspartner den vielleicht landesunüblichen Namen leichter im Gedächtnis behalten und besser aussprechen. Zum anderen hilft es, gerade bei einer größeren Runde unbekannter Partner den Überblick zu behalten und die Positionen einzuschätzen.

Geschäftsleute aus asiatischen Ländern sollten es nicht als Geringschätzung auffassen, wenn ein Europäer eine Visitenkarte nicht mit beiden Händen entgegen nimmt oder übergibt

3. Kann eine Frau sich selbst mit den Worten: „Ich bin Frau XYZ" bekannt machen?

Ja! Obwohl Männer ihren Namen ohne den Zusatz „Herr" nennen, haben Frauen noch die Wahl zwischen „Ich bin Heike Meyer", „Ich bin Frau Meyer", „Ich bin Frau Heike Meyer". Die Tendenz geht eindeutig zu Vorname Nachname: Heike Meyer.

2 Rangfolgen: Wer gibt wem die Hand?

Grundsätzlich gelten folgende Regeln: Das Recht zur Entscheidung, ob man sich per Handschlag begrüßt oder nicht, gilt nach folgender Priorität:

- Der Ranghöhere hat den Vortritt
- Derjenige, der kommt, reicht die Hand
- Alt vor jung

Das Recht des Ranghöheren folgt dabei nicht nur im engeren innerbetrieblichen Umgang nach der Unternehmenshierarchie. Ganz allgemein muss man bei kniffligen Situationen ein Gefühl dafür entwickeln, wer sich wohl als ranghöher versteht und wer sich in der rangniedrigeren Position fühlen sollte.

Hierzu drei Beispiele:

1. Ein **Bewerber** ist gut beraten, wenn er nicht mit ausgestreckter Hand auf den Personalchef zustürmt, sondern höflich, zurückhaltend aber bestimmt auftritt. Der Personalchef wird ihn mit gebührendem Respekt und Interesse empfangen, wenn der Moment dafür gekommen ist.

2. **Junge Kundenberaterinnen und -berater** sollten sich von Fall zu Fall genau überlegen, wie sie sich bei einer Begrüßung deutlich älterer Kundinnen und Kunden verhalten. Hier gilt zwar vorrangig das Prinzip: „Der Kunde ist König", somit höher gestellt, und hat das „Handreichrecht" eigentlich doppelt, weil auch das „Altersrecht" hinzukommt. Andererseits kann eine freundlich zum Gruß ausgestreckte Hand eines jungen Menschen gerade dann, wenn er als Experte seines Fachgebietes auftritt, ein Eisbrecher sein. Das ist vor allem dann anzuraten, wenn ein älterer Besucher unsicher wirkt und zögert näher zu kommen. In den meisten Fällen wird jungen Kundenberaterinnen und -beratern diese Entscheidung allerdings von älteren Menschen abgenommen.

3. Wenn eine **ältere Mitarbeiterin** in der Firma ihren 30-jährigen Chef trifft, so sollte sie abwarten, ob der Chef einen Handschlag wünscht. Dies wäre im Privatleben jedoch ganz unmöglich: Auf dem gesellschaftlichen Parkett ist es immer der Initiative der/des Älteren überlassen, als Erste/Erster die Hand zur Begrüßung zu reichen.

Spezielle Fragen:

1. Sollte man dem Kunden/dem Chef den Vortritt beim Betreten des Fahrstuhls lassen?

Ja, immer, denn es ist eine gute Gelegenheit, höflich zu sein.

2. Sollte man dem Kunden/dem Chef den Vortritt beim Verlassen des Fahrstuhls lassen?

Jetzt geht man besser nach praktischen Gesichtspunkten vor: Diejenigen, die vorne stehen, sollten als Erste rausgehen, damit vermeidet man unangenehmes Gedränge.

3. Sollte die Initiative zum Hände schütteln im Beruf immer vom Ranghöheren ausgehen?

Ja! Der Rang wiegt am meisten und steht über Alter und Geschlecht.

4. Kann ich den akademischen Titel meines Gesprächspartners nach einiger Zeit weglassen?
Nein! Ich benutze ihn so lange, bis mein Gesprächspartner mir diese Form der Anrede erlässt.

5. Bleiben Frauen bei einer Begrüßung im geschäftlichen Rahmen sitzen?
Nein! Es empfiehlt sich, aufzustehen, um mit dem Gesprächspartner auf gleiche Augenhöhe zu gelangen. So fällt auch es auch leichter sich ins Spiel bringen und mit zu mischen. Frauen wie Männer, die ihre Gastgeberrolle wahrnehmen, stehen sowieso auf.

6. Beweise ich guten Stil, wenn ich beim Einsteigen die Autotür zuerst von außen dem Beifahrer öffne?
Ja! Falls es die Verkehrssituation erlaubt, ist es eine nette Geste, um das Einsteigen in das fremde Auto zu erleichtern.

3 Begrüßung: Was sage ich?

Schaffen Sie von Anfang an bei anderen positive Gefühle. Jemand, der zur Begrüßung um den Schreibtisch herumgeht und der Besucherin/dem Besucher entgegen kommt, drückt wortlos aus: „Ich möchte Ihnen näher kommen, als der Schreibtisch zwischen uns es erlauben würde. Ich möchte ohne Hindernis und in nicht zu großem Abstand die Kommunikation mit Ihnen aufnehmen." Zwar nimmt der andere dieses Entgegenkommen meist nur unbewusst wahr, aber es hilft trotzdem, eine angenehme Gesprächsatmosphäre vorzubereiten.
Sollten Sie zum Zeitpunkt des Eintretens eines Gastes anderweitig beschäftigt sein, unterbrechen Sie die derzeitige Arbeit und wenden Sie sich ihm sofort zu. Eine entsprechende Reaktion sollten Sie auch zeigen, wenn Sie telefonieren. Ist das nicht möglich, so nehmen Sie zumindest sofort Blickkontakt auf. Winken Sie Ihren Gast herein oder deuten Sie auf einen Stuhl – das wird als einladende, positive Geste wahrgenommen.

Spezielle Fragen:

1. „Guten Tag“ als Begrüßungsformel hört man häufig, manche sagen auch „Grüß Gott“. Wo ist da der Unterschied? Was benutze ich wo?

„Grüß Gott“ sagt man in Bayern und Baden-Württemberg, in der Schweiz und in Österreich. Im übrigen Deutschland benutzt man „Guten Tag“. Verwendet jemand „Guten Tag“, wo es nicht die allgemein übliche Begrüßung ist, so wird er als Auswärtiger eingestuft. Gerade wenn Deutsche mit Deutschen zusammentreffen, ist nicht selten der erste Kontakt von Vorurteilen begleitet, die eine Barriere sein können. Begegneten zum Beispiel früher die Hamburger den Münchnern mit Vorbehalten, so sind heute, viele Jahre nach der deutsch-deutschen Vereinigung, die Ressentiments zwischen Ost- und Westdeutschen noch immer stark ausgeprägt.

Benutzt ein Norddeutscher oder Ausländer in Bayern „Grüß Gott“, so macht er als Insider auf sich aufmerksam, sollte allerdings dann auch zeigen können, dass er mit den regionalen Besonderheiten bestens vertraut ist. Sonst wirkt es unter Umständen aufgesetzt. In West-, Nord- und Ostdeutschland sollte man keinesfalls „Grüß Gott“ sagen, denn man lässt damit absolute Unkenntnis erkennen, was eher zu

Missverständnissen führt. In der Schweiz und Österreich kann man „Grüß Gott“ oder „Guten Tag“ sagen, denn schon beim ersten Satz merkt sowieso jeder, ob jemand aus der Region kommt oder nicht.

2. Wird die Hand beim Grüßen, Begrüßen und Reden aus der Hosen- oder Jackentasche genommen?
Ja, immer! Die Hand in der Tasche zu behalten wirkt arrogant. Oftmals will der Redner damit salopp und locker wirken, was aber von den meisten als Unsicherheit gewertet wird. Diese Regel gilt auch bei Präsentationen (siehe Kapitel „Präsentationen“).

3. Führen die Deutschen gerne Smalltalk?
Ja und nein! Im Allgemeinen lieben es die deutschen Manager, schnell zum Thema zu kommen. Wer sich bereits etwas kennt, beschränkt den Small Talk auf ein paar wenige einleitende Sätze. Wer sich in entspannter Atmosphäre, beispielsweise zum Essen, trifft, plaudert über Gegebenheiten des Alltags. Verpönt ist dabei allerdings über Familie oder Politik zu sprechen. Sachthemen wie Autos, Verkehr, Erlebnisse im Urlaub, Städte und Reisen sind unverbindlich und daher beliebt. Mehr darüber finden Sie im Kapitel „Smalltalk“.

4. Wird die Ehefrau eines Doktors mit „Frau Doktor“ angeredet, wenn sie nicht selbst promoviert ist?
In Deutschland nein! In Österreich ja! Niemand promoviert durch Heirat. Was in Deutschland lächerlich wirkt, gehört in Österreich dagegen zum Alltag.

4 Anrede: „Du" oder „Sie"

Die deutschen Anredegepflogenheiten machen nicht nur einem Ausländer das Geschäftsleben in Deutschland schwer. Denn die Kriterien dafür, wann wer wen duzen darf, variieren von Ort zu Ort, von Branche zu Branche, von Unternehmen zu Unternehmen und sogar von Abteilung zu Abteilung. Ob jemand in Deutschland „Du" oder „Sie" sagt, ist grundsätzlich ein wichtiger Indikator für die Stellung von Personen untereinander. „Sie" ist die neutrale Ebene, auf der sich jeder mit jedem trifft, wobei die intimen Distanzzonen voll gewahrt werden. Es lässt für jeden die meisten Freiheiten des Umgangs.

Das „Du" dagegen ist etwas Persönliches. Es drückt durch jeden wahrnehmbar nach außen aus, dass man sich nicht nur geschäftlich, sondern auch persönlich/privat gut versteht. Dem geht meist eine längere Bekanntschaft voraus, wobei man gegenseitig mit den Meinungen und Handlungen des anderen einige Erfahrung gemacht hat. Wird dagegen zum „Du" recht schnell gewechselt, so bringt dies den Deutschen oft in eine Zwickmühle: „Kann ich dem anderen so vertrauen, wozu mich das „Du„ eigentlich verpflichtet?" Wem das angebotene „Du" in irgendeiner Weise unangenehm ist, teilt seine Ablehnung dem Kollegen auf möglichst höfliche Art mit. Sie sagen zum Beispiel: „Dass Sie mir das „Du" anbieten, ist eine große Ehre für mich, doch im Berufsleben möchte ich gerne beim „Sie" bleiben. Ich hoffe, Sie sind mir nicht böse deswegen."

Vorsicht mit einem überschnellen „Du“. Bei einem heiklen Kontakt wie einer Geschäftsbeziehung löst es eher Unsicherheit oder Misstrauen aus, als dass es den beabsichtigten Vertrauensbonus bewirkt.

Die Frage, wer das „Du“ unter Einzelpersonen anbietet, wird im Beruf mit Blick auf die Firmenhierarchie entschieden. Ein Mitarbeiter, egal in welcher Stufe, sollte es deshalb unterlassen, dem Chef das „Du“ anzubieten. Ebenso wenig sollte dieser ohne Absprache auf das übliche „Sie“ verzichten, weil das als mangelnde Achtung dem Mitarbeiter gegenüber gewertet wird.
Bietet Ihr Chef trotzdem einmal das „Du“ an, ist es ungeschickt es sofort zurück zu weisen. Schließlich ist er eine Schlüsselfigur für die weitere berufliche Entwicklung. Sie sollten deshalb erst mal abwarten und darauf achten, wie er mit diesem „Du“ im weiteren beruflichen Alltag umgeht. Vielleicht war es nur aus einer Laune heraus oder ein sprachlicher Ausrutscher. Um allen Zweifeln aus dem Weg zu gehen, verwenden Sie zunächst Ihrerseits weiterhin das „Sie“. Wenn Ihrem Chef das negativ auffällt, können Sie das „Sie“ immer noch als Ausrutscher Ihrerseits deklarieren und bei der nächsten guten Gelegenheit aussprechen, dass es Ihnen unangenehm ist. Sowohl im Privatleben als auch im Beruflichen gibt es jedoch eine vertrackte Alternative, die heute immer mehr in Mode kommt: Das „Hamburger Sie“. Es ist die Kombination aus „Sie“ mit dem Vornamen.

5 Geschenke

Im geschäftlichen Umgang in Mitteleuropa ist es heute nicht mehr üblich Geschenke aus der Heimatregion mitzubringen. Das mag mehrere Gründe haben. Zum einen sicherlich, dass der Reiseverkehr gerade im Geschäftsleben in den vergangenen Jahren enorm gestiegen ist. Damit ist es fast zur Normalität geworden, mal eben um den Erdball zu fliegen und einzukaufen, was gefällt. Zum anderen wird sich heute mehr auf das Geschäft an sich konzentriert, als um eine gewisse Formalie, Stil und Ritual drum herum. Das mag gerade in arabischen und einigen asiatischen Kreisen als ein Verlust an Kultur empfunden werden, doch bei uns ist es Fakt: Keiner erwartet Geschenke und keiner möchte auch selbst welche mitbringen (müssen).

Spezielle Anlässe, wie Geschäftsabschluss, Heirat oder Einladung in die Privatwohnung werden jedoch weiterhin besonders gewürdigt und man wird sich über ein Geschenk freuen.

6 Redewendungen

Wie in jeder Sprache haben sich im täglichen Umgang Redewendungen und Floskeln eingeschlichen, die, je häufiger sie modeabhängig sind, umso bedenkenloser benutzt werden. Auch eine wahre Abkürzungswut grassiert in Deutschland – und dies nicht erst seit E-Mail und Fax.

Hier ein paar häufig benutzte Beispiele:

Schriftliche Redewendungen

1. Ist „Herr und Frau Peter Boss“ noch die gängige Variante, wenn man ein Ehepaar anschreiben möchte?

Nein! Man schreibt jeden einzeln an: Herrn Peter und Frau Anja Boss oder Herrn Peter Boss und Frau Anja Boss.

2. Wird in der Anrede im Brief „Doktor“ zu Dr.“ abgekürzt, „Professor“ aber ausgeschrieben?

Ja! Seit 1997 gilt die Regel „Doktor“ auf jeden Fall zu „Dr.“ abzukürzen. Im Übrigen werden diese Titel bei jeder „Anrede“, also auch mitten im Brief, mit erwähnt. Zum Beispiel: „... und so haben Sie, Herr Professor Dr. Schnurrbart, die Möglichkeit, kostenfrei unseren Service in Anspruch zu nehmen, ...“ . Achten Sie darauf, dass Sie bei einem „Professor Dr.“ beide Titel nennen und dabei immer den „Professor“ zuerst.

3. Kann MfG (Mit freundlichem Gruß oder Mit freundlichen Grüßen) bei einem Fax/einer E-Mail an den Kunden ohne weiteres verwendet werden?

Nein! MfG entstand in den Amtsstuben der deutschen Bürokratie, wo man mit dem Weglassen von Buchstaben etwas für die Effizienzsteigerung tun wollte. Als unhöflich galt es schon immer, jedoch hält sich nun das Kürzel durch E-Mail und Fax mit besonderer Hartnäckigkeit. Das kann jedoch nicht darüber hinweg täuschen, dass MfG beim Empfänger das Gefühl hinterlässt, der Absender habe keine Zeit für einen Gruß, was einer Geringschätzung gleichkommt. Also: MfG ist wohl ein typisch deutsches Kürzel, doch schlechter, nachlässiger Stil in jedem Fall. Es zerstört jeden guten Brief, selbst ein Fax oder eine E-Mail.

Mündliche Redewendungen

1. Welches ist die beste Redewendung, wenn jemand einem etwas Gutes wünscht?

Gleichfalls (oder auch „Ebenfalls“)! Beispiel: „Schönen Abend“ ist eine Abschiedsfloskel, auf die man üblicherweise mit „gleichfalls“ antwortet. Weitere Beispiele: Sagt einer: „Ich wünsche Ihnen einen schönen Abend“ dann erwidert man „Gleichfalls“ oder „Ebenfalls“.

Alternative Antwort: „Ich wünsche Ihnen ebenfalls einen schönen Abend und sagen Sie Ihrer Frau einen Gruß von mir.“ Die Antwort hierauf ist lediglich noch „Vielen Dank und auf Wiedersehen“.

2. Wenn ich ein Geschenk überreicht bekomme:
Was sage ich als Dank?

„Vielen Dank, (aber) das wäre doch nicht nötig gewesen“.

3. Vermeiden moderne Menschen Floskeln wie „Mahlzeit“ oder „Kein Problem“?

Ja! Wenn man zum Mittagessen geht oder von dort kommt, wird man die Deutschen sich sehr oft ein „Mahlzeit“ zurufen hören. Das Gleiche, wenn man sich an den Tisch setzt oder aufsteht. Diese nichts sagende, altmodische Floskel mag kaum jemand, doch Sie wird nach wie vor sehr oft verwendet. Sie ist der Gruß zur Mittagszeit anstelle „Guten Tag" oder „Grüß Gott". Und Sie ist das Vehikel, um sich nicht schweigend begegnen zu müssen, was oft als unfreundlich angesehen würde. Wer es persönlicher sagen will, der sollte eine differenzierte Ausdrucksweise wählen, wie „Einen guten Appetit" oder seltener und nur zu Bekannten „lassen Sie es sich schmecken" verwenden.

Mit „kein Problem" ist das so ein Problem, denn man weiß nicht, ob der Benutzer sich mit dieser Floskel

- als „Macher" hervortun will, für den alles „kein Problem" ist
- es in seinem Charakter liegt „kein Problem" zu sehen und damit unter Umständen auch schlampige Arbeitsergebnisse zu tolerieren
- er tatsächlich so viel Kompetenz besitzt, dass es wirklich kein Problem ist
- er einfach dem Gegenüber die Unsicherheit und Angst nehmen will. Nur Seelenmassage also. Das Problem aber vielleicht hinterher gleich doppelt kommt

„Kein Problem" ist sehr verbreitet in Deutschland, doch wie es tatsächlich gemeint war, sollte man im Zweifelsfall hinterfragen oder man wird erst hinterher erfahren.

7 Smalltalk

Diese Situation hat jeder schon einmal erlebt: Die Abteilung, in der man vor einer Woche angefangen hat, feiert den Geburtstag eines Kollegen. Die Kollegen plaudern, scherzen, lachen miteinander und als Neue/ Neuer fühlt man sich ziemlich außen vor.
Doch anstatt sich irritieren zu lassen, kann man die Zeit gut nutzen, um sich in Ruhe umzuschauen. Wie wirkt das Verhalten der Kollegen untereinander auf mich? Welche Kollegen könnten interessante Gesprächspartner sein?
Jetzt ist die Gelegenheit, sich denjenigen zuzuwenden, die man spontan interessant findet und mit denen man nicht schon den ganzen Tag zusammen arbeitet.

Unter Kollegen

Ist die Lage sondiert, geht man lächelnd, offen und interessiert auf die Gruppe oder den Kollegen zu. Bei dem Gespräch, das dort im Gange ist, hört man zuerst einmal zu, bevor man sich mit zustimmenden, freundlichen Bemerkungen allmählich in die Unterhaltung einklinkt. Dabei sind lange Ausführungen zu vermeiden, ein kurzer Abriss zur eigenen Person kann jedoch auch dabei sein: Vorname, Zuname, wie lange man bei der Firma, in der Abteilung ist, und welche Aufgabe man hat. Auf diese kurze Selbstdarstellung sollte am besten gewartet werden,

bis man danach gefragt wird. Doch halten Sie besser die Unterhaltung mit Fragen in Gang, als ausschweifend zu monologisieren. Mit offenen Fragen nach dem „Wer, Wie, Weshalb" der Organisation kann man sich ein differenziertes Meinungsbild auch über die informellen Gegebenheiten verschaffen. Denn „wer fragt, der führt" sagt ein altes Sprichwort und Sie erhalten Informationen, die für den Aufbau Ihres persönlichen Netzwerkes und zur Lösung von Aufgaben wichtig sein können.
Für die eigene Arbeit ist es dabei hilfreich zu erfahren, wer die (früheren) Wissensträger dieser Aufgabe waren. Und die müssen nicht unbedingt in der eigenen Abteilung tätig sein! In dieser Atmosphäre des „leichten Gespräches" sollte sehr darauf geachtet werden, nicht sogleich als „Aushorcher" oder „Karrierist" wahrgenommen zu werden. Kommen beruflich überaus bedeutsame Themen auf, ist es ratsam, sich zu versichern, zu einem späteren Zeitpunkt noch einmal Kontakt dazu aufnehmen zu dürfen.
Recht schnell sollten wieder Themen aufgegriffen werden, die die Allgemeinheit interessieren. Dazu gibt es viele Anknüpfungspunkte: Reisen, Städte und Sehenswürdigkeiten, Urlaub, Sport und Kultur, Essen und Trinken. Dinge, die als Statussymbole gelten, wie ein teures Auto oder eine protzige Villa, sollte man mit Vorsicht kommunizieren. Sie sollten nicht den Eindruck hinterlassen, dass Sie prahlen. Im Gegensatz zu vielen anderen Ländern stellt man jedoch Themen über die Familie und den Partner eher hinten an. Ungeeignet ist es, über Politik, Religion, Tod, Krankheit, Klatsch und Tratsch, Sex, Kritik, Intrigen, Gerüchte und Geld zu sprechen. Alles, was persönliche Gefühle und Überzeugungen verletzen oder anderen Menschen unangenehm sein kann, sollte beim Smalltalk vermieden werden. Dazu gehören auch Geschichten über Stress, den Umgang mit dem Chef und den Kollegen. Das lässt den Erzähler eher unprofessionell erscheinen. Deshalb heißt es auch bei Witzen: „Vorsicht"! Die Atmosphäre dazu muss passen und der Witz darf weder moralisch anstößig sein, noch seine Pointe zu Lasten bestimmter Gruppen, Stichwort: political correctness, gehen. Spricht jemand diese heiklen Punkte an, sollten andere versuchen, dezent das Thema zu wechseln oder das ganze Gespräch auf einen heiteren Aspekt zu leiten.

Der erste Eindruck

Ganz gleich, wie witzig oder geistreich jemand zu plaudern versteht: Beim Smalltalk kommt es nicht nur auf die Worte an. Eine wichtige Rolle spielen auch Körpersprache und Kleidung. So hinterlassen Gesten, Mienen, Ausstrahlung, Stimme und Sprache einen bleibenden Eindruck. Hier zeigt sich leicht der Optimist, Macher, Perfektionist oder auch Skeptiker. Deshalb: Kontrollieren Sie Ihre Körpersprache. Achten Sie auf gerades und aufrechtes Sitzen. Bleiben Sie dabei ruhig, anstatt herumzurutschen. Auch löst unpassende Kleidung sofort Gefühle und Vorurteile aus, die in der weiteren Kommunikation nicht so einfach korrigiert werden können. Studien belegen, dass allein Kleidung und Körpersprache zu mehr als 50 Prozent über den ersten Eindruck bestimmen. Die Stimme trägt noch mit knapp 40 Prozent zur spontanen Bewertung bei und der Inhalt, die Worte, haben mit weniger als Zehn Prozent eine vergleichsweise periphere Bedeutung. Bereits hier wird entschieden, wem man bei weiteren Treffen aufmerksam zuhört und wessen Beitrag beiläufig zur Kenntnis genommen wird.

Dabei kommt dem ersten Eindruck eine besondere Rolle zu. Macht doch die Verhaltensforschung darauf aufmerksam, dass Menschen sich bereits nach drei Sekunden den wesentlichen Eindruck über ein Gegenüber gebildet haben. Und diese Momentaufnahme dient der Entscheidung:

- sympathisch oder unsympathisch – mit wem habe ich es überhaupt zu tun?
- Wie sieht er aus?
- Wie spricht er?
- Wie bewegt er sich?
- Wie passt das zu dem, was ich bisher über ihn gehört habe?
- Was könnte er von mir und ich von ihm wollen?

Diese Fragen werden mit wenigen Gedankenblitzen beantwortet. Dabei gilt für den weiteren Kontaktverlauf: Gleiches mit Gleichem gesellt sich gern. So fühlt man sich in einer Gesprächsatmosphäre wohl, die mit dem eigenen Gesprächsritual korrespondiert. Es sind Themen, die mich interessieren, ich brauche nur soviel von mir preiszugeben, wie mir angenehm ist, Humor hat seinen, mir genehmen Platz und Missverständnisse sind weitgehend ausgeschlossen. Ein Gesprächsstil ist meist von ritualisierten Verhaltensweisen gekennzeichnet, denn hier wirken ungeschriebene Gesetze über Aktion und Reaktion der Gesprächspartner.

Typisch Mann und typisch Frau?

Dass Menschen unterschiedlichen Ritualen folgen, wird am deutlichsten bei so genannten Männergesprächen oder Frauengesprächen, wobei natürlich die Grenzen fließend sind.
Ein Beispiel: Bei einer kleinen Jubiläumsfeier unter Abteilungskollegen erzählt ein Autofan von seinem Besuch der Internationalen Automobilausstellung in Frankfurt. Alle Männer sind plötzlich ausgewiesene Experten für Design, Motoren, Fahrwerke und PS. Sie werfen mit Fachbegriffen um sich und überbieten sich gegenseitig mit Fachkenntnis und rasanten Fahrerlebnissen. Wenn sie als Frau selbst das Auto als reines Zweckfahrzeug empfinden und wenig Ahnung haben, glauben sie, nicht mitreden zu können und schweigen. Für Männer ist dieses Fachsimpeln ein typisches Gesprächsritual, um miteinander ins Gespräch zu kommen und sich gegenseitig einzustufen. Auch wenn einer wenig Fachkenntnis hat, demonstriert er über diese Gesprächsschiene doch Gruppenkompetenz und Stärke. Dabei ist die Resonanz über das Gesagte in der Gruppe wesentlich wichtiger, als der tatsächliche Inhalt. Wem wird zugehört? Wer hat die meisten Zuhörer? Und wer führt das Wort? Hier werden die Hierarchiestufen erkennbar und jeder erhält Orientierungspunkte.
In Frauengesprächen würde dieses Verhalten als Imponiergehabe und Phrasendrescherei empfunden. Hier werden indirekte Sprachmuster dem direkten Stil der Männer vorgezogen. Es geht zuerst weniger um die Übermittlung von Informationen und Lösungen als vielmehr um das Herstellen von Harmonie, die den Anschein von Gleichheit unter den Gesprächspartnern erweckt. Wenn eine Frau etwas sagt, überprüft sie die Auswirkung des Gesagten auf ihr Gegenüber und geht dann darauf ein. Unter Männern kann man dagegen oft beobachten, wie sie anscheinend aneinander vorbeireden: Eigene Erfahrungswelten werden

im Wechsel unkommentiert gegenüber gestellt und es baut sich ein Gespräch in Form konkurrierender Monologe auf. Erst hinterher merken die Gesprächspartner, dass sie praktisch nichts Wissenswertes über ihr Gegenüber erfahren haben. Solche Rituale sollte man aufmerksam beobachten, beeinflussen und sich positionieren, je nachdem, was man selbst erreichen will. Erlebt man sich beispielsweise in einem Gespräch oder einer Gruppe als zu bescheiden oder zurückhaltend, sollte man dies Schritt für Schritt ändern und zum richtigen Zeitpunkt mit klaren Argumenten deutlich machen, was man will und kann.

Inhalte

Um noch einmal auf die „Worte und Inhalte" zurück zu kommen: Gerade im „Aufsteigermilieu", ob unter Betriebswirtschaftsstudenten oder im betrieblichen Management-Umfeld, ist heute die Fachsprache in Deutschland eine Mischung aus Deutsch und Englisch, „Denglisch" genannt. Ob man nun dieser Verfremdung der Sprache neutral oder negativ gegenübersteht, bleibt dahin gestellt – in manchen Gesellschaftskreisen wird leidenschaftlich darüber gestritten. Tatsache ist, dass englische Begriffe besonders in der IT- und betriebswirtschaftlichen Welt eingedeutscht werden. Und es ist günstig, sich diese Begriffswelt zu eigen zu machen, wenn man nicht als Laie in den entsprechenden Kreisen erscheinen will. Inwieweit man nun jedoch selbst englische Begriffe anstatt gleichwertiger deutscher Worte einsetzt, bleibt jedem selbst überlassen. Als besonders innovativ oder schick gilt das Denglisch in Deutschland schon lange nicht mehr, es wird zumeist pragmatisch und emotionslos verwendet. Beobachtet man eine übertriebene oder gar unpassende Verwendung des Denglischen, wird derjenige leicht als profilierungssüchtig eingestuft. Auf der anderen Seite kann man beobachten, dass manche Deutschlerner fast zwanghaft jedes ausländische Wort ins Deutsche übersetzen wollen. So kann man aus dem Mund eines Amerikaners schon mal das Wort „Bergfahrrad" hören, doch die wenigsten Deutschen denken auch daran, dass es in den USA nur „Kindergarden" gibt. Hinweis: Unter www.business-knigge.com finden Sie eine Liste mit häufig benutzen denglischen Begriffen.

Guter Start in den Smalltalk

Zum Schluss ein paar Anregungen, mit welchen Fragen Sie einen unverfänglichen Smalltalk beginnen können. Vier häufige Situationen:

1. In Sitzungspausen

- Ich bin für den Geschäftsbereich Automobil hier. Darf ich fragen, woher Sie kommen?
- Die Snacks sind jetzt genau das Richtige. Freuen Sie sich auch auf das Menü nachher?
- Ich meine, den letzten Redner schon mal zu einem anderen Thema gehört zu haben. Ist er Ihnen auch schon mal begegnet?

2. Bei geschäftlichen Veranstaltungen

- Das letzte Thema war gut präsentiert, finden Sie nicht auch?
- Entschuldigung, wissen Sie, was als Nächstes kommt?
- Das ist zum das erste Mal, dass ich ein(en) solchen/solches Kongress/ Seminar besuche. Kennen Sie ähnliche, die Sie empfehlen können?
- Hatten Sie auch gestern Abend solche Mühe das Hotel zu finden?

3. Bei geselligem Zusammensein mit Kollegen

- Ich bin ja erst seit kurzem hier. Wissen Sie, wie lange es schon diesen Standort gibt?
- Und was haben Sie dieses Jahr für Urlaubspläne?
- Beginnt hier schon die Schlange zum Büffet?

4. Bei privaten Partys

- Darf ich fragen, wie Sie mit dem Gastgeber bekannt sind?
- Wenn ich mit dem Auto in die Stadt fahren muss, finde ich immer so schwer einen Parkplatz. Haben Sie da vielleicht einen Geheimtipp?
- Der Wein schmeckt gut. Wissen Sie, aus welcher Region er kommt?
- Unsere Nachbarn in dem Haus, in das wir kürzlich gezogen sind, sind fast alle im lokalen Tennisclub engagiert. Sind die Deutschen alle so tennisbegeistert und in Vereinen aktiv?

8 Kleidung

Die Wichtigkeit einer der Situation angepassten Kleidung kann gar nicht genug betont werden. Das gilt im Privat- wie im Geschäftsleben gleichermaßen. Dadurch demonstrieren Sie nicht nur Ihren Respekt dem Anlass, sondern auch den anderen Gästen, dem Umfeld und speziell den Gastgebern gegenüber. Eine über den Standard hinausgehende Kleidung wertet dabei den Anlass auf.
Im Geschäftsleben, bei dem jede Art von Freizeitmode wie Jeans, Shorts, Radlerhosen, Leggins, Sportschuhe oder T-Shirts im kundenorientierten Umfeld verpönt ist, sollte man außerdem auf Folgendes achten:

1. Wer auf Nummer sicher gehen will, sollte Anzüge in gedeckten Farben und guten Qualitäten tragen. Speziell in der jungen IT-Branche wird man bei Managern und Kundenberatern auch schreiende Farben und wilde Accessoires finden. Damit soll wohl Innovationsfreude und Bereitschaft zu unkonventionellen Lösungen demonstriert werden, was jedoch nicht bei allen Kunden und Partnern die Assoziationen „zuverlässig" und „seriös" auslösen wird.

2. Auf der anderen Seite soll beispielsweise der dunkelgraue Anzug nicht die graue Maus aus der Unternehmensverwaltung symbolisieren. Hier hebt man sich durch Eleganz und Qualität des Kleidungsstücks von der Masse ab und sollte genau darauf achten, dass die Kleidung

die Aufmerksamkeit und die Entscheidung unterstützt, die man in der entsprechenden Situation erreichen will. Vorsicht jedoch auch vor Übertriebenem. Es erregt den Argwohn im Kollegenkreis.

3. Frauen wird im Gegensatz dazu nicht nur mehr Farbigkeit zugestanden. Es gibt vielfältigere Variationsmöglichkeiten, um elegant und seriös zu wirken und dadurch die Aufmerksamkeit zu steigern.

4. Gerade in Sekretariats- und Teamassistenzkreisen haben sich in Deutschland folgende Kleidungsstücke eingeschlichen, die für kunden- und karriereorientierte Frauen ausgeschlossen sein müssen: sehr kurze Miniröcke, zu sehr betonte Dekolletés, sowohl durchsichtige als auch dramatisch enge Kleidungsstücke. Teile aus Gold- und Silberlamé oder Lurex sind ebenso ungern gesehen wie Nappalederkleidung, Spaghettiträger, schwindelerregend hohe Absätze, aufregend gemusterte Strümpfe, aber auch nackte Beine.

5. Zur passenden Kleidung gehören natürlich auch Accessoires, Schmuck und die gepflegte Erscheinung an sich. Selbst im teuersten Designeranzug oder -kostüm wird man seine Beliebtheit nicht steigern können, wenn Körper- oder Mundgeruch unangenehm in die Nase steigen oder die Absätze schief sind. Strähnige Haare, schmutzige Fingernägel oder ein zu grell geschminktes Gesicht beeinflussen ebenfalls den Gesamteindruck negativ.

6. Eine deutliche Wandlung hat das Thema „Barttracht“ in den vergangenen Jahren in Geschäftskreisen erfahren. Galten früher Dreitagebärte schlichtweg als ungepflegt, sind sie heute recht häufig und werden deshalb nur noch beiläufig wahr genommen. Nachwievor gilt jedoch bei vielen ein Bart als ein Stilmittel hinter dem sein Träger etwas verbergen will. Wird durch einen gestylten Kinn-, Spitz-, Lippen-, oder Schläfenbart ein Akzent gesetzt, möchte der Träger seinen Individualismus unterstreichen. Nichtsdestotrotz ist die gepflegte tägliche Rasur in deutschen Büros immer die bessere Alternative.

Spezielle Fragen:

1. *Soll die Krawattenspitze auf der Gürtelschnalle enden?*
Ja! Die Proportionen stimmen so am besten, es ist eine Einheit. Oft jedoch endet die Krawatte gerade dort, wo Mann gar keine Aufmerksamkeit haben will: Auf dem sich wölbenden Bauch!

2. *Muss man auch im Sommer bei großer Hitze Strümpfe tragen?*
Ja! Es ist auf jeden Fall stilvoller und eine Referenz an den Geschäftspartner. Ähnlich ist es auch bei der Frage „Krawatte oder nicht?" Dagegen kann auf das Jackett bei 30 Grad und ohne Klimaanlage verzichtet werden, wenn es nicht gerade der erste Kundenkontakt ist.

3. *Sind Kleidervermerke auf schriftlichen Einladungen bindend?*
Ja! Die Gastgeber haben sich sicher etwas dabei gedacht, soll doch der Rahmen durch die entsprechende Garderobe für alle Gäste erkennbar sein. Wer unsicher ist, erkundigt sich vorher bei den Gastgebern oder im Sekretariat.

9 Geschäftsessen

Traditionell ist in Deutschland das Mittagessen, zu dem man zwischen 11:30 und 13:30 Uhr geht, die Hauptmahlzeit des Tages.

Im Gegensatz zu einem stundenfüllenden, mehrgängigen Menü werden dabei meist eine Vorspeise (oft ein Suppe), ein Hauptgericht und ein Dessert gewählt.
In einer Konferenzumgebung ist jedoch oft das Mittag- mit dem Abendessen gleichwertig, da es als integraler Bestandteil der persönlichen Kontaktpflege und Fortsetzung der Diskussionen in etwas gelockerter Atmosphäre gesehen wird.

Die Anordnung des Gedecks

Wie in den meisten westlichen Ländern besteht das übliche Gedeck aus dem Messer und Löffel an der rechten Seite des Tellers und der Gabel an der linken. Bei einem formalen, festlichen Essen, das aus mehreren Gängen besteht, werden Sie jedoch einem ganzen Sortiment aus Messern, Löffeln und Gabeln konfrontiert sein. Lassen Sie sich davon nicht aus der Ruhe bringen, nutzen Sie einfach für jeden neuen Gang das Besteck, das dann jeweils außen liegt. Das benutzte Besteck wird mit dem Teller zwischen den Gängen abgeräumt. Wenn eine kleine Gabel oder ein kleiner Löffel mit auf dem Teller gebracht wird, ist dies immer für das Dessert; benutzen Sie es deshalb nicht bevor der Nachtisch serviert wird, sonst laufen Sie Gefahr kein Besteck mehr für den süßen Teil des Essens zu haben.
Wenn verschiedene Gläser um den Teller herum angeordnet sind, ist das Weinglas, das üblicherweise während des Hauptgerichtes gebraucht wird, direkt oberhalb des Messers auf der rechten Seite des Tellers zu finden.

Mit den Ellbogen anstoßen

Wenn Sie in Nordamerika aufgewachsen sind, haben Sie möglicherweise gelernt, das Essen in amerikanischer Manier zu schneiden. Dann halten Sie das Messer in der rechten Hand zum Schneiden und in der linken Hand die Gabel, um das Essen damit festzuhalten. Nach dem Schneiden legen Sie dann das Messer aus der Hand, nehmen die Gabel in die rechte Hand (Gabelspitzen nach oben!), um das Essen damit aufzunehmen. Viele Europäer, die Deutschen eingeschlossen, lernen dagegen den europäischen oder kontinentalen Stil. Das bedeutet das Messer in der rechten und die Gabel in der linken Hand während des ganzen Essens zu nutzen, ohne nach dem Zerschneiden das Messer zur Seite zu legen. Nur mit der Gabel in rechten Hand zu Essen gilt unter Europäern als unfein und wird negativ registriert. Wenn Sie Rechtshänder sind und den amerikanischen Stil gelernt haben, denken Sie bitte auch daran, dass Sie mit dem Deutschen, der rechts neben Ihnen sitzt ziemlich oft zusammen stoßen werden.

Frauen beim Geschäftsessen

Entgegen früheren Umgangsregeln, die besagten, dass eine Dame im Restaurant weder mit dem Ober sprechen, noch den Wein probieren oder gar für einen Herrn bezahlen darf, ist all das heutzutage normal. Die Frau wird nicht nur ganz selbstverständlich um die Rechnung bitten, sondern sie wird auch als Erste das Restaurant betreten, wenn ihr das praktisch erscheint. Ebenso kann sie, wenn sie das als Gastgeberin möchte, auch den Wein probieren, was beim Business-Lunch allerdings nicht immer nötig ist, weil häufig auf alkoholfreie Getränke Wert gelegt wird.

Alkoholische Getränke

Der Wunsch auf geistige Getränke zu verzichten muss bei einem Geschäftsessen nicht von allen Beteiligten geteilt werden. Auf der anderen Seite sollten Sie sich nicht unter Druck fühlen mit zu trinken, wenn andere das tun. Eine der modernen Empfehlungen besagt, dass es heute nicht mehr als unhöflich gilt, wenn die oder der Einladende selbst kein alkoholisches Getränk trinken möchte, auch wenn sie oder er den Gast (die Gäste) gerne dazu einladen möchte.

Nicht-alkoholische Getränke und Beilagen

Sie werden vielleicht überrascht sein, dass man in deutschen Restaurants erwartet, dass Sie für das Wasser bezahlen. Wenn Sie ein Wasser bestellen, werden Sie nur manchmal gefragt, ob Sie ein Wasser mit („Sprudel“) oder ohne („Stilles Wasser“) Kohlensäure wünschen. Wenn Sie nicht nach Ihrer Präferenz gefragt werden, kommt automatisch ein

Sprudel. In Restaurants ist es unüblich, dass Ihnen normales Leistungswasser angeboten wird, und wenn Sie es bestellen, hinterlässt es den Eindruck als wollten Sie Geld sparen.
Alkoholfreie Getränke werden in Gläsern von 0,2l, 0,3l oder 0,5l angeboten. Die Möglichkeit des Nachschenkens gibt es nicht. Dies ist auch Hauptgrund, warum diese Getränke nicht mit Eis, auch vielleicht in Bars, aufgefüllt werden. Kaffee, Tee und heiße Schokolade werden entweder in einer Tasse serviert oder in einem Kännchen, das mindestens zwei Tassen beinhaltet.
Ein anderer Unterschied, den Sie in einem Restaurant bemerken werden ist, dass der Tisch nicht mit verschiedenen Saucenflaschen und Beilagen umstellt ist, wie Sie es in Ihrem Land gewöhnt sind. Wenn Sie extra Saucen und Beilagen für Ihr Essen wünschen, müssen Sie es mit bestellen. Senf dagegen, der zu vielen traditionellen Gerichten in Deutschland gehört, wird mit dem Essen direkt gereicht, was beispielsweise bei Wurst immer der Fall ist. Nach Ketschup oder Mayonnaise wiederum müssen Sie üblicherweise fragen. Diese kosten in den Imbissbuden und bei den Fast-Food-Ketten oftmals extra, ein Beutelchen etwa 20 Cent.

Bezahlen der Rechnung

In Deutschland ist es unüblich nach Erhalt der Rechnung die entsprechende Summe und ein Trinkgeld einfach auf dem Tisch zu hinterlassen und dann gleich zu gehen. Wenn Sie nach der Rechnung verlangen, wird normalerweise der Kellner oder die Kellnerin innerhalb kurzer Zeit mit der Rechnung zu Ihrem Tisch kommen. Wenn Sie in einem gehobeneren Restaurant sind, wird Ihnen die Rechnung in einem großen Lederetui gebracht und es wird erwartet, dass Sie diese mit der passenden Summe oder mit Ihrer Kreditkarte zurück geben. Wenn Sie in einem weniger formalen oder traditionellen Restaurant sind, wird die Zusammenstellung der Rechnung und die Bezahlung am Tisch erledigt. Sie erhalten das Wechselgeld dann aus einem großen Lederportemonnaie, das er oder sie mit der Rechnung zum Tisch bringt. Bei den vielen verschiedenen Gepflogenheiten der Bezahlung in Bars und Restaurants ist es sehr wichtig genügend Bargeld bei sich zu haben, denn Deutschland

ist allgemein ein wenig rückständig, wenn es um die Akzeptanz von Kreditkarten geht. Deutsche Geschäfte bevorzugen nachwievor Bargeld oder die Maestro beziehungsweise EC-Karte und es ist ratsam sich vor dem Ausgehen zu versichern, ob man mit Kreditkarte zahlen kann. Private Schecks werden Deutschland nicht benutzt und beim Zahlen mit Traveler's Schecks muss man oft eine Gebühr zahlen.
Auch ist es nicht unüblich von einem Unternehmen zum Mittag- oder Abendessen eingeladen zu sein, und später, in einer weniger formalen Atmosphäre, wenn man beispielsweise noch einen Drink an der Bar zusammen nimmt, zahlt jeder seine eigene Rechnung. Das ist gängige Praxis in Deutschland und anstatt den gemeinsamen Rechnungsbetrag durch die Anzahl der Personen zu teilen, wird der Kellner oder die Kellnerin dazu aufgefordert, für jede Person individuell auszurechnen, was jeder konsumiert hat. Achten Sie darauf sich zu merken, was Sie gegessen und getrunken haben.

Trinkgeld

Man kann in Deutschland davon ausgehen, dass eine Servicepauschale von 15 Prozent in den Preisen enthalten ist. Dennoch gibt man immer 10 bis 15 Prozent Trinkgeld in bar an die Bedienung, wenn man sich gut bedient fühlt. Falls Sie nicht zufrieden waren, können Sie hingegen, ohne den guten Ton zu verletzen, auf ein Trinkgeld verzichten. Es steht Ihnen aber auch frei, mehr zu geben, wenn man Sie außerordentlich verwöhnt hat. Ein zusätzlich ausgesprochenes „Dankeschön" beim Abschied erhöht den Wert einer solchen nonverbalen Anerkennung noch um ein Vielfaches.
Hat man in einer Bar oder einem Café nur etwas getrunken, so ist es üblich den Rechnungsbetrag angemessen aufzurunden. Ist die Rechnung beispielsweise 11,50 Euro, so rundet man auf 12,00 Euro auf. Hat man das Geld nicht passend, so sagt man bei Übergabe des Geldes „Zwölf" oder, wenn man es passend hat, sagt man „Passt so" oder „Ist schon in Ordnung". Es ist nicht üblich das Trinkgeld offen auf dem Tisch zurück zu lassen, wenn Sie gehen.

Spezielle Fragen:

1. Müssen Sie Ihren eigenen Essstil dem der Deutschen anpassen?

Man sollte sich nicht zu sehr verbiegen – wer zu Hause verhaltenssicher ist, wird es auch weitgehend in Deutschland sein. Aber Vorsicht: Auf landesspezifische Essrituale wie etwa das in Asien vernehmbare Schmatzen oder Ähnliches sollte man verzichten. Die deutschen Tischgäste könnten davon peinlich berührt sein.

2. Welche Tischmanieren sollte man sich unbedingt in Deutschland zu Eigen machen?

- Schließen Sie die Speisekarte sobald Sie sich für die Bestellung entschieden haben. Das signalisiert der Bedienung, dass sie jetzt bestellen wollen.
- Denken Sie daran, dass man üblicherweise seinen Teller leer isst. Ansonsten kann das so verstanden werden, dass es Ihnen nicht geschmeckt hat. Nehmen Sie entsprechend von einem Buffet nur soviel wie Sie auch wirklich essen können.
- Bevor Sie zu essen beginnen, wünschen Sie den anderen „Einen guten Appetit".
- Wenn Sie am Tisch sitzen, halten Sie beide Hände auf dem Tisch und nicht darunter.
- Sitzen Sie aufrecht, nahe am Tisch, mit beiden Füßen auf dem Boden.
- Stützen Sie den Kopf nicht mit der Hand und die Ellbogen nicht auf dem Tisch ab.
- Schaufeln Sie das Essen nicht mit gebeugtem Kopf in sich hinein.
- Das Wein- oder Champagnerglas immer am Stiel halten.
- Nicht zu Essen beginnen, bevor alle das Gericht vor sich auf dem Tisch haben.
- Nicht zu trinken beginnen, bevor alle etwas haben und dann vor dem ersten Schluck anstoßen und sich dabei gegenseitig anschauen.
- Nicht rülpsen oder andere Laute von sich geben.

- Sobald Sie fertig sind, legen Sie Messer und Gabel parallel über die rechte Tellerseite. Dies signalisiert der Bedienung, dass Sie mit dem Essen fertig sind.
- Nicht alleine aufstehen, wenn man mit dem Essen fertig ist: Wenn man gemeinsam kommt, geht man auch gemeinsam.

3. Bezahlen Gastgeber/innen eines Essens die Rechnung am Tisch?

Nein! Besser ist es die Rechnung mit dem Kellner am Tresen zu begleichen, um Missverständnisse oder Diskussionen von vorne herein auszuschließen.

Deutsche werden im Allgemeinen sehr zögerlich sein eine spontane Einladung zu akzeptieren und so erlaubt dieses Vorgehen den Quittungserhalt unauffällig zu regeln, eventuell Posten zu überprüfen, Trinkgeld zu geben und einen finalen Digestif zu ordern. Es ist auch ein Zeichen von Gastfreundschaft und einer guten Erziehung, Gäste einzuladen. Deutsche schätzen das sehr und werden sich immer daran erinnern.

4. Ist es peinlich, in sehr guten Restaurants nach dem „Hauswein" zu fragen?

Nein! Mit dem „Hauswein" macht ein Restaurant Werbung – er wird in Deutschland und in anderen Weinländern wie Frankreich oder Italien nie von schlechter Qualität sein. Wenn das Budget mal keinen teuren Wein erlaubt, den Ober ganz selbstbewusst nach einem preisgünstigen Wein fragen. Hierbei den ungefähren Betrag zu nennen, den man ausgeben möchte, zeugt von Selbstbewusstsein.

5. Darf man kleinere Suppentassen am Schluss austrinken?

Ja! Der letzte Rest aus einer Suppentasse schmeckt heiß besser. Fassen Sie dazu die Tasse an den Henkeln (Ohren), möglichst nur an einem – dem linken. Aber: Denken Sie daran, hier ist von „Tasse" die Rede, nicht von „Teller".

6. Ist der Gebrauch von Zahnstocher und Lippenstift bei Tisch heute okay?

Ja! Ganz stilvoll ist es zwar immer noch nicht, aber wenn es denn unbedingt sein muss! Besser ist es in Gegenwart anderer darauf zu verzichten. Lippen können diskret nachgezogen werden, es sollte aber nach Möglichkeit vermieden werden. Für groß angelegte Korrekturen sollte man einen Spiegeltisch aufsuchen.

7. Lege ich mein Jackett/meine Kostümjacke bei offiziellen Veranstaltungen erst ab, wenn mich die Gastgeber auffordern oder es vormachen?

Ja! Gute Gastgeber reagieren jedoch auf Hitzegrade, bieten das Ablegen von Jacken frühzeitig an oder sorgen für Kühlung.

8. Stimmt es, dass die Papierserviette neuerdings nicht mehr auf den leer gegessenen Teller gehört?

Ja! In Deutschland bitte die Papierserviette nach dem Essen leicht zusammengeknüllt links neben den Teller legen, das hilft auch der Abfallsortierung, wofür die Deutschen eine Schwäche haben. Ausgelöst durch das umweltorientierte Verhalten der Deutschen, werden Sie jedoch auch mit Situationen konfrontiert sein, dass Servietten nicht einmal angeboten werden. Dies wird Ihnen jedoch bei einem Geschäftsessen (hoffentlich) nicht passieren. Stoffservietten sollen, locker gefaltet, ebenfalls links neben den Teller gelegt werden – bitte nie auf den Teller!

9. Wenn man eine Rede halten will, klopft man dazu an sein Glas, um sich Gehör zu verschaffen?

Nein! Das ist eine typische Verhaltensweise, wie man sie aus alten deutschen Filmen kennt. Heute steht man einfach auf und erhebt die Stimme – dadurch wird es in der Tischrunde ganz automatisch ruhig.

10 Telefonieren

Generell ist es in Deutschland üblich sich immer mit dem Namen zu melden. Die zeitgemäße Reihenfolge beim Anruf in einer Firma, welche oftmals eine Richtlinie zur „Corporate Identity“ vorgibt, ist: Firmenname, Name der oder des Annehmenden, Tagesgruß. Beispiel: „Baugesellschaft Luftschloss, (Sie sprechen mit Frau) Müller, guten Tag“. Ob zusätzlich noch die Abteilung genannt wird, hängt von innerbetrieblichen Entscheidungen ab. Beachten Sie auf jeden Fall, dass der Begrüßungssatz nicht zu lang wird. Das irritiert erfahrungsgemäß den Anrufer und erschwert ihm das Heraushören des Namens der Person.

Wie melde ich mich

Ruft man bei einer Privatperson an, ist oft nur der kurz gesprochene Nachname beim Annehmen des Telefonats zu hören. Neuerdings wird oftmals nur ein „Hallo“ oder „Ja“ benutzt. Ob dies nun eine Nachlässigkeit ist oder sich viele Menschen nicht mehr sofort zu erkennen geben lassen wollen, ändert jedoch nichts daran, dass es bei vielen Anrufern verpönt ist. Denn es wird immer ein Nachfragen nach dem Namen zur Folge haben: „Mit wem spreche ich bitte?“
Beim Anrufbeantworter sind im Geschäftsbereich unbedingt notwendige Ansagebestandteile: Firma, Name und/oder Telefonnummer und ein Gruß. Ob man den Gruß voranstellt („Guten Tag, hier ist ...“) oder ihn

nach der Namensnennung unterbringt, ist gleichermaßen höflich.
Für Kunden und Geschäftspartner können auch die Angabe der Mobil- und Faxnummer sowie die Nennung eines Notdienstes oder Stellvertreters sehr hilfreich sein. Eine solche Ansage sollte sich dann aber nicht allein auf den Namen eines Ansprechpartners beschränken, sondern direkt die entsprechenden Telefonnummern mit enthalten.
Achten Sie immer auf eine langsame und deutliche Ansage, weil gerade unbekannte Zahlenkonstellationen von Anrufenden schwer zu erfassen sind und man eine Ziffer nach der anderen besser verstehen kann, als wenn Zahlenkombinationen durchgegeben werden. Zur besseren Verständlichkeit wird dabei ausgesprochen:

- Zwei (2) als zwo
- Juni als Juno
- Juli als Julai

Mobil mit dem Handy

Wie verhalte ich mich mit meinem Mobiltelefon?
Zur Verdeutlichung des Problems zwei Situationen, die sicher jeder kennt: 15 Personen sitzen in einer Konferenz. Ein Mobiltelefon klingelt. 13 beginnen ihr Handy zu suchen. Oder: Ein Geschäftsmann sitzt im Großraumwagen eines ICEs. Er hat einen Tischplatz reservieren lassen, damit er bequem die Fahrzeit zum Weiterarbeiten nutzen kann. Um ihn herum sitzen mehrere Mobiltelefon-Fans, die pausenlos telefonieren.
Normalität oder Ärgernis?
Das erste Beispiel sollte in den Bereich der Glosse gehören, das zweite nicht zur Normalität zählen – doch das ist Wunschdenken. In den gerade aufgezählten Situationen geht es nicht darum, dass es unhöflich wäre, ein Mobiltelefon bei sich zu haben, sondern darum, die Belästigung anderer durch geführte oder angenommene Gespräche auszuschließen. Von mitleidigem Lächeln über ironische Bemerkungen bis hin zu Verbotsschildern reichen die Reaktionen, wenn jemand gedanken- und rücksichtslos diesen Apparat benutzt.
Also: Mobiltelefon ausschalten, wenn andere durch Telefonate in ihrer Konzentrationsfähigkeit gestört werden oder wenn der Entspannungs-

oder Erholungseffekt gemindert wird. Mittlerweile haben sich klare Regeln heraus gebildet, wann die Nutzung des Mobiltelefons unangebracht ist:

1. Handy aus beziehungsweise stumm schalten bei: Beerdigung, Krankenbesuch, Gottesdienst, Vorstellungsgespräch, im Flugzeug, Konzert, Theater, Kino und selbstverständlich dort, wo Verbote darauf hinweisen.
2. Anrufe aus Höflichkeit vermeiden im Museum, Wartezimmer beim Arzt, Festakt, Feierstunde, Seminar, feierlichen Dinner sowie bei einer Vorlesung, einem Kundengespräch, Geschäftsbesprechung, Meeting, der handyfreien Zone im Zug.
3. Telefonate gelten als stillos bei: Empfang, Cocktailparty, gesellschaftlichen Anlässen, in der Bar, im Restaurant.

In all diesen Situationen ist es höflicher, den Apparat stumm zu schalten oder direkt auf Anrufbeantworter umzustellen. Apropos: Das Mobiltelefon heißt in Deutschland „Handy". Das klingt für deutsche Ohren wohl sehr amerikanisch, ist aber ein deutsches Wort!

Zeit zum Telefonieren?

Besonders wenn man ein Anliegen hat, auf das der Angerufene nicht gerade vorbereitet ist oder etwas mehr Zeit und Ruhe für ein Gespräch von Nöten ist, sollte man es vermeiden freitags anzurufen. Viele sind dabei noch schnell vor dem Wochenende etwas abzuschließen und in einigen Betrieben beginnt gar bereits um 14 Uhr das Wochenende.
Die beste Uhrzeit für einen geschäftlichen Anruf ist morgens zwischen 8 und 10 Uhr, da dann der Kopf bei vielen noch frei ist und Besprechungen noch nicht begonnen haben. Auch gegen 14 Uhr kann ein guter Zeitpunkt sein, weil die Büromenschen dann gesättigt und zufrieden gerade am Arbeitsplatz zurück sind. Ab 15 Uhr ist sicher die schlechteste Zeit, da sich entweder eine hohe Belastung an Themen und Terminen angestaut hat oder man bereits an den Feierabend denkt.

Die besten Tipps für den professionellen Telefonkontakt

1. Machen Sie sich bewusst: Jeder Anruf ist ein Überfall
   - Um das abzumildern, holen Sie den Angerufenen dort ab, wo er gerade steht. Haben Sie ein Anliegen, das einige Minuten in Anspruch nehmen wird, so fragen Sie: „Haben Sie einen Moment Zeit für mich oder soll ich besser zu einem späteren Zeitpunkt anrufen“. Ist Ihnen der Gesprächspartner bereits bekannt, können Sie fragen, aus welcher Tätigkeit Sie ihn gerade heraus reißen. Dies kann ein sympathischer Weg sein, zum eigenen Anliegen überzuleiten und für eine gesprächsbereite Stimmung zu sorgen.
   - Nutzen Sie ein Diktiergerät zum Telefontraining. Kontrollieren Sie dabei Ihre Stimme und Sprechweise. Üben Sie Zungenbrecher, Pausen zu machen und das Buchstabieren.

2. Bevor Sie beginnen zu telefonieren: Gut vorbereiten
   - Schreiben Sie auf, welches ihr primäres Gesprächsziel ist
   - Gehen Sie alle Informationen zum Thema noch einmal durch
   - Informieren Sie sich über die Kontaktperson
   - Halten Sie Schreibzeug griffbereit
   - Setzen Sie sich aufrecht hin
   - Erstellen Sie einen Gesprächsleitfaden, wenn Sie Telefoninterviews oder einen umfassenden Informationsaustausch per Telefon planen

3. Erstkontakt: Sie rufen selbst an
   - Vergessen Sie keinesfalls zu grüßen
   - Sagen Sie zuerst wer Sie sind, worum es geht und fragen Sie, ob der Angerufene jetzt Zeit für Sie hat
   - Notieren Sie wichtige Einzelheiten (Daten, Fakten, Aussagen)
   - Notieren Sie Einwände gegen Ihre Argumentation und wie Sie darauf reagieren wollen
   - Unterbrechen Sie nicht wegen Anwesenheit Dritter
   - Fassen Sie das Gesprächsergebnis kurz zusammen
   - Straffen Sie diese Erstkontaktphase

4. Erstkontakt: Sie werden angerufen
   - Klären Sie durch Nachfragen das Gesprächsziel, wenn es Ihnen nach 30 Sekunden noch nicht klar sein sollte
   - Notieren Sie wichtige Einzelheiten (Daten, Fakten, Aussagen)
   - Lassen Sie getroffene Vereinbarungen wiederholen
   - Fordern Sie eine schriftliche Bestätigung

5. Jeder Moment zählt: Die ersten Sekunden
   - Versichern Sie sich, dass Sie den Namen korrekt verstanden haben, notieren Sie ihn und benutzen Sie ihn an passender Stelle im Gespräch. Doch auch nicht zu oft! Das wirkt lehrbuchhaft-mechanisch.
   - Sprechen Sie immer mit „Sie" und dem korrekten Titel, z.B. „Herr", „Frau", „Herr Dr.", „Frau Professor" an.

6. Im Gespräch: Standards
   - Lächeln Sie beim Telefonieren
   - Sprechen Sie langsam und deutlich
   - Sprechen Sie in kurzen Sätzen
   - Machen Sie Pausen
   - Unterbrechen Sie den anderen nicht
   - Seien Sie zuvorkommend und höflich
   - Bedenken Sie „Wer fragt, der führt"
   - Machen Sie Aussagen korrekt:
     - „Habe ich richtig verstanden, dass…"
     - „Wie meinen Sie das genau…"
     - „Was verstehen Sie unter …"
     - „Was bedeutet für Sie…"
   - Zeigen Sie Aufmerksamkeitsreaktionen wie z.B. „Ja", „ich verstehe", „richtig", „das sehe ich auch so"
   - Geben Sie positive Rückmeldungen und Bestätigung

7. Im Gespräch: Vermitteln Sie Diskretion
   - Wenn Sie einen Mithörer im Raum haben, bitten Sie diesen Sie alleine zu lassen. Das sollte für den Gesprächspartner hörbar sein.

8. Im Gespräch: Denken und sprechen Sie in positiven Begriffen
   - Achten Sie auf Ihre Wortwahl. Manche „Minus-Wörter" töten das Gesprächsklima. Vermeiden Sie deshalb negative Formulierungen wie „Sie müssen" (sagen Sie besser „An Ihrer Stelle würde ich mich ... entscheiden") oder „Sie dürfen nicht" (sagen Sie besser „Das würde ich Ihnen nicht empfehlen"). Positive Wörter wie „Bitte" und „Danke" sollten Sie jedoch auch nicht exzessiv benutzen, sonst nutzen sie sich ab.
   - Überlegen Sie welche Gefühle Ihre Worte bei dem Angerufenen auslösen können. Achten Sie darauf, dass diese keine Denk- und Gesprächsbarrieren schaffen. Seien Sie vorsichtig mit Bewertungen und Meinungen über ganz persönliche Dinge und andere Menschen. Prüfen Sie, was negativ auf Sie zurückfallen könnte.

9. Gesprächsabschluss
   - Wiederholen Sie wichtige Vereinbarungen zur Bestätigung.
   - Versichern Sie sich bei Bedarf nachfragen zu dürfen, auch wenn dies ja eher eine rhetorische Bemerkung ist, da kaum jemand widersprechen wird.
   - Danken Sie für das Gespräch.

10. Nachbereitung: Nächste Schritte zum Erfolg
   - Gehen Sie Ihre Notizen noch einmal durch, bewerten und ordnen Sie diese; markieren Sie, „Wer was bis wann macht"
   - Brief nach Telefonat: Wird am Ende eines Gesprächs eine Terminvereinbarung getroffen, so sollte man diese unmittelbar danach per E-Mail oder Kurzbrief bestätigen.

Typische Redewendungen am Telefon, die man immer zur Hand haben sollte

„Können Sie mich bitte mit Herr/Frau xxx verbinden."
„Can you please connect me with..."

„Erlauben Sie, dass ich mich vorstelle, ich heiße..."
„Allow me to introduce myself, my name is..."

Entschuldigen Sie, ich habe Ihren Namen nicht verstanden?
„Sorry but I did't get your name."

„Passt es Ihnen jetzt?"
„Have I caught you at a good time?"

„Hätten Sie einen Augenblick Zeit für mich?"
„Do you have a second for me?"

„Der Grund, warum ich Sie anrufe, ist..."
„The reason I'm calling is..."

„Der Grund meines Anrufs ist, dass ich gerne mit Ihnen einen Gesprächstermin vereinbaren würde."
„The reason I'm calling is that I would like to arrange a meeting with you"

„Kann ich zurückrufen?"
„Can I call back?"

„Können Sie mich bitte mit jemandem verbinden, mit dem ich über ... sprechen kann?"
„Can you please connect me with someoneI can discuss...with?"

„Können Sie das bitte buchstabieren?"
„Could you please spell that?"

„Darf ich (nochmals) nach Ihrem Namen fragen?"
„May I ask your name (again)?"

„Sie haben mir sehr geholfen, vielen Dank."
„You have been very helpful, thank you."

„Ich bin Ihnen für Ihre Hilfe sehr dankbar."
„I appreciate your help."

Rückrufen oder nicht?

Frage:
Die Digitaltechnik und die Displays auf allen Telefonen machen es möglich, dass die Telefonnummer des Anrufers zumeist angezeigt wird. Wenn ich nun einen Anruf verpasst habe, ist es dann geboten, diese Nummer immer zurückzurufen? Auch wenn der Anrufer keine Nachricht auf dem Anrufbeantworter hinterlassen hat? Und: Gibt es dabei einen Unterschied zwischen Handy und Festnetz? Mann und Frau? Wie verhalte ich mich richtig?

Antwort:
Sicher produziert die Situation „Rückrufen oder nicht" viele Aspekte und Bedenken, doch ist im geschäftlichen Bereich immer zu raten: „Besser zurückzurufen, als einen Kunden zu verpassen". Umgekehrt: Durch Rückruf wird man einen Kunden sicher nicht verlieren. Im ungünstigsten Fall könnte er den Eindruck mitnehmen, Opfer einer Guerilla-Marketing-Masche zu sein.

Trotzdem sind hierbei einige Einschränkungen zu bedenken:
1. Die Telefonnummer sollte im Regelfall einer Person zuzuordnen sein. So sollte man mindestens eine Idee davon haben, wer angerufen haben könnte. Wird jedoch lediglich die Telefonnummer, zum Beispiel der Telefonzentrale eines Großunternehmens erkennbar, so startet mit einem Rückruf vermutlich nur ein unfruchtbarer Hürdenlauf.

2. Ist die Telefonnummer völlig unbekannt oder lässt sie gar auf eine dubiose Abzockernummer schließen, raten wir nicht zurückzurufen.

Beim Rückruf ist es wichtig, den Grund des unaufgeforderten Anrufs offen, neutral und knapp zu nennen. Beispielsweise sagen Sie einleitend: „Ich habe bemerkt, dass Sie (mich) (gestern, vorhin…) angerufen hatten. Was kann ich für Sie tun?"
Wichtig ist das geschäftliche Interesse des Anrufs/Rückrufs. Und da spielt es keine Rolle, ob ein Anrufbeantworter im Spiel war, Fest- oder Mobilnetz, Mann oder Frau.
Viel komplexer kann die Situation natürlich sein, wenn es sich um Privatanrufe handelt. Da tut sich ein weiteres Feld auf.

11 Präsentationen

Bei Präsentationen erwarten deutsche Partner zumeist eine über die reine Information hinausgehende Entscheidungsgrundlage. Sie bevorzugen knackige Fakten und Referenzen, wobei diese mit ein oder zwei entspannenden Anekdoten aufgelockert werden können. Vermeiden Sie jedoch langatmige Selbstbeweihräucherungen und häufige Anekdoten.

Befindet sich ein Vortragender in kulturell fremdem Umfeld und vor unbekanntem Publikum, ist es wichtig, alle Unsicherheits- und Stressfaktoren so weit wie möglich auszuschalten. Bedeutung hat dabei eine gute Vorbereitung und eine Präsentation, die sich an einem „roten Faden orientiert“ sowie durch gute Dokumentation und Visualisierung das schnelle Verständnis zwischen Zuhörern und Vortragendem fördert.

Dazu ein paar Tipps:

1. Klären Sie vorab, an welchen Aspekten ihr Auditorium interessiert ist und an welchen nicht. Fragen Sie sich: „Welches Ziel möchte ich mit der Präsentation erreichen?“ Wählen Sie dann Inhalte aus, um das angestrebte Ziel innerhalb der vorgegebenen Zeit zu erreichen. Sie sollten auch wissen, welche Fragen am Ende für Ihr Publikum unbedingt geklärt sein sollten.

2. Leitfragen:

- Wer sind meine Zuhörer?
- Wen will ich wovon überzeugen?
- Was erwartet mein Publikum?
- Wie mache ich mich verständlich?
- Was will ich betonen?
- Wie vermittele ich die einzelnen Inhalte?
- Wie viel Zeit steht mir zur Verfügung?
- Welche Zeiteinteilung ist sinnvoll?
- Wann mache ich Pausen?

3. Ein gutes Mittel, um die anfängliche Nervosität zu senken, ist es, den ersten Satz der Präsentation auswendig zu lernen.

4. Geben Sie Kopien von Ihrer Präsentation an alle Teilnehmer, damit diese besser folgen und sich Notizen machen können.

5. Großen Erfolg haben diejenigen, die im ersten Satz ihre Zuhörer bereits überzeugen, dass es sich lohnt zuzuhören. Beliebt ist auch ein

Witz zu Beginn. Doch bedenken Sie: In Deutschland ist das nicht gerade üblich. Zumindest sollte ein Witz oder eine Anekdote eng mit dem Thema verknüpft sein. Wer mehr als drei Mal einen Witz erzählt, begibt sich auf fragwürdiges Terrain.

6. Visualisieren Sie möglichst viel, denn...
- „ein Bild sagt mehr als 1000 Worte“,
- es wirkt wertneutraler als Sprache,
- Bilder und Graphiken bieten mehr Stichworte als Anhaltspunkt für Erläuterungen,
- durch Farben und Symbole werden Emotionen geweckt.

7. Computererzeugte Folien sind heutzutage bei geschäftlichen Besprechungen das populärste Präsentationsmedium. Ein paar Tipps zur Gestaltung von Folien:
- maximal drei Farben pro Darstellung,
- Blöcke bilden: gleicher Inhalt – gleiche Form,
- Freiflächen lassen,
- keine Abkürzungen,
- Bilder und Symbole verwenden,
- kurz fassen, nicht zu viel Text.

So werden komplexe Sachverhalte besser verständlich, einfacher darstellbar und erzeugen mehr Aufmerksamkeit.

8. Denken Sie an das Verbot der Langeweile und das Gebot des Dankes.

12 Netiquette, die Etikette für E-Mail

Die schnelle Verbreitung von E-Mails erleichtert viele Kommunikationsvorgänge, hat aber auch Verunsicherung und Missbrauch zur Folge. Deshalb wurden Online-Benimm-Regeln, die so genannte Netiquette, entwickelt, auf deren wichtigste Aspekte hier eingegangen wird.

Tipps für die drei Bestandteile einer Präsentation		
Einleitung	**15%**	**Ziel: Spannung zu erzeugen und Aufmerksamkeit zu wecken** - angemessenes Auftreten - pünktlich beginnen - Blickkontakt zum Publikum aufnehmen - laut und deutlich sprechen - Begrüßung der Teilnehmer - Selbstdarstellung und Vorstellen des Themas - Anlass und Ziel der Präsentation verdeutlichen - Agenda oder Gliederung aufzeigen - rhetorische Methoden einsetzen: Anekdote, Zitat, aktive Einbeziehung des Publikums - Überleitung zum Hauptteil der Präsentation
Hauptteil	**75%**	**Ziel: Vermittlung der Sachinformation** - Visualisierung der Inhalte ins Blickfeld rücken - Hauptpunkte zentral anordnen - gedankliche Abgrenzungen auch optisch wiedergeben - möglichst frei sprechen - Kärtchen statt Zeigestab verwenden - Lautstärke und Sprechtempo variieren - Floskeln vermeiden - Gestik bewusst zur Unterstützung einsetzen - Zuhörer aktiv und emotional mit einbeziehen - zwischendurch Zusammenfassungen geben - Impulse aus dem Publikum aufnehmen und entsprechend reagieren - den eigenen Standpunkt offen darlegen - Blickkontakt mit dem Publikum halten
Schluss	**10%**	**Ziel: Höhepunkt der Präsentation, Appell an das Publikum, Zusammenfassung der Botschaften** - wesentliche Punkte zusammenfassen - offene Fragen beantworten - Fragerunde moderieren - Missverständnisse klären - Appell an die Zuhörer richten - Dank für die Aufmerksamkeit, das Interesse, und die Beteiligung

Geschäftlich wie privat

Diese Regeln gelten nicht nur im Berufsleben, sondern sie sollten auch, bis auf wenige Abweichungen, für die private Korrespondenz per E-Mail beachtet werden. Denn, auch wenn man Fremde in Newsgroups duzt, für den Schriftverkehr im Job gilt: Eine E-Mail ist ein Geschäftsbrief, in dem Anrede, Grußformel, Absenderangaben und eventuell Angaben zum Haftungsausschluss („disclaimer") nicht fehlen dürfen. Lediglich bei schnellem Frage-Antwort-Wechsel miteinander kann auf die Anrede verzichtet werden, ohne dass dies als Mangel an Respekt empfunden wird.

Bei E-Mails mit Dokumentcharakter, zum Beispiel bei juristischen Angelegenheiten, wie Mahnungen und Vertragsabschlüssen, und bei mehreren Empfängern muss die Orthographie korrekt sein. Ohnehin zeugen Tippfehler nicht unbedingt vom „Full-Time-Job", sondern werden als Nachlässigkeit interpretiert und sind damit schlicht unhöflich. Vor dem Abschicken einer E-Mail also besser noch einmal alles durchlesen und die automatische Rechtschreibprüfung einsetzen.

Beim Versenden privater E-Mails ist eine höhere Toleranz bei Anrede, Absenderangaben und auch Tippfehlern üblich. So wird ein Buchstabendreher wie „dei" statt „die" lediglich ein Signal für Eile sein. Wer dagegen permanent „das" statt „dass" schreibt, der macht auf seine fehlende Rechtschreibkompetenz aufmerksam.

Schlimmer noch sind falsche Schreibweisen von Personen- oder Firmennamen: Sie werden immer als Mangel an Sorgfalt und echtem Interesse interpretiert. Gerade bei E-Mails und im Internet ist es für viele ein Hobby, Abläufe stetig weiter zu automatisieren und damit zu beschleunigen. So sollte unbedingt die automatisierte Signatur verwendet werden, auch um dem Gebot der eindeutigen Identifikation zu genügen. Weiterhin sind unternehmensspezifische Datenschutzrichtlinien („Privacy Policy", Schutz vertraulicher Informationen) zu beachten, wobei auch das Verbot der automatischen Weiterleitung an externe Postfächer zu respektieren ist.

Die Anrede

Die erste Zeile: „Sehr geehrter Herr ... Sehr geehrte Frau ... Sehr geehrte Damen und Herren ...“ - dies sind trotz lockeren E-Mail-Stils noch immer die besten Anreden. Und dies nicht nur, wenn es sich um Personen handelt, zu denen man noch nie Kontakt hatte. Durch eine korrekte Anrede fühlt sich jeder Empfänger geehrt. „Hallo“ hört und liest man immer öfter – doch es wirkt eher als Füllwort, um zu vermeiden, gar nichts zu sagen. E-Mails, denen ein vertraulich-persönlicher Charakter gegeben werden soll, lauten auch häufig „Lieber Herr xxx / Liebe Frau xxx“. Übrigens, auch im privaten Bereich ist eine respektvolle Anrede immer ein guter Start.

E-Mail an mehrere Empfänger

Sicher haben auch Sie sich schon über E-Mails geärgert, in denen am Anfang 20 Zeilen Empfängeradressen standen und danach drei Zeilen Nachricht. Um für die Autovorschau des E-Mail-Programms sofort die eigentliche Botschaft freizugeben, sollte man sich bei Rundschreiben mit mehr als 15 Empfängern zur Regel machen, sich selbst in das Empfängerfeld „an“ zu schreiben und alle Empfänger in bcc (blind carbon copy – verdeckte Kopie). Wer darauf Wert legt, dass für jeden Empfänger alle Adressaten sichtbar sind, kann dies in einem P.S. vermerken: „Diese E-Mail wurde verschickt an:“.

Generell gilt dazu:

- In das Empfängerfeld „an“ gehören nur die Personen, die die zu versendende Nachricht angefordert haben oder die aufgrund der Nachricht etwas tun sollen.
- In das Empfängerfeld „cc“ gehören die Personen, die die zu versendende Nachricht zur Kenntnis nehmen sollen, ohne unbedingt etwas tun zu müssen.
- Das Feld „bcc“ sollte im Interesse einer offenen Kommunikation nur in Sonderfällen verwendet werden. Ein Hinweis auf den unpersönlichen Charakter der E-Mail sollte dann nicht fehlen. Beispiel : „Nur zur Info“ oder „An alle Vereinsmitglieder“.

- Doch Vorsicht: Sind in den drei Empfängerarten verschiedene hierarchische Ebenen angesprochen, kann die Ordnung wer was zu tun hat oder nur informiert wird, eine ganz andere sein.

Zum Schluss einige allgemein gültigen Hinweise zur effizienten, sicheren Kommunikation per E-Mail:

In der E-Mail kurz & knapp:
Da die Lesegeschwindigkeit am Bildschirm drei Mal langsamer ist als vom Papier sollten E-Mails stilistisch kürzer und sprachlich informeller sein als Briefe. Längere Abhandlungen sollte man als Anlagen beifügen, die kurz zu beschreiben sind.

Strukturieren Sie Ihren Text zur besseren Lesbarkeit

- beginnen Sie alle 60-70 Zeichen eine neue Zeile (<Shift> <Enter>)
- fügen Sie ca. alle 5 Zeilen einen Absatz/Leerzeile ein
- nutzen Sie *** oder --- für Hervorhebungen mit Rahmen und Balken verwenden Sie Nummerierungen
- Vermeiden Sie zu „SCHREIEN“ (alles in Großbuchstaben) oder nur „kleinschreibung“.

Einfügen von (langen) Internetadressen:
Um sicher zu sein, dass www-Adressen beim Anklicken immer funktionieren, sollten sie möglichst kurz sein, ansonsten kann es passieren, dass E-Mail-Programme die Adresse „zerbrechen“. Wenn Sie lange Adressen verschicken müssen, geben Sie am besten einen Hinweis wie etwa:

- **auf Deutsch:** Beachten Sie, dass lange Internetadressen (URLs) unbeabsichtigt in zwei Zeilen stehen können. Kopieren Sie in diesem Fall die gesamte Internetadresse in den Browser.
- **auf Englisch:** Please note that long URLs may break into two lines in some mail readers. Cut and paste, should this occur.

Auch sollten die Adressen mit „http://“ beginnen, sonst wird beispielsweise bei einem MAC-Computer die Adresse nicht zum Anklicken sein.

Schreiben Sie eine aussagekräftige Betreffzeile („subject“).

Sagen Sie gleich, worum es geht. Damit wecken Sie Interesse und Ihre E-Mail wird nicht für Spam gehalten. Lassen Sie die Betreffzeile niemals leer.

Nutzen Sie Abkürzungen – jedoch nicht jede exotische.

Ob s.o., u.a., MfG oder i.d.R., diese Abkürzungen sind jedem in Deutschland geläufig. Auch international übliche Abkürzungen wie asap (as soon as possible) verbreiten sich im E-Mail-Verkehr immer mehr. Wenn Sie exotischere Kürzel verwenden wollen, sollten diese am besten mit Kollegen und Freunden abgesprochen sein: So sind z.B. „HB“ (Handlungsbedarf), nzi (nur zur Info), nfm (no further message) in Deutschland eher noch erklärungsbedürftig.
Zum Übermitteln großer Dateien (über 3 MB), werden diese besser auf einem Server abgelegt und es wird nur der Link zum Herunterladen versendet. Das gleiche gilt für Fotos. Eine weitere Möglichkeit ist die Dateigröße mit Packern zu minimieren. Doch leider geht der Effekt bei Bilddateien gegen Null und wenn etwas anderes als das zip-Format benutzt wird, besteht die Gefahr, dass der Empfänger kein Programm zum Entpacken dafür hat.

Sicherheit – ein Thema?

Wer professionell mit E-Mails umgeht, hat selbstverständlich einen Virenscanner installiert. Darüber hinaus gehören Spam-Filter zum Aussortieren unerwünschter Werbepost zum Standard. Bevor beigefügte Anhänge geöffnet werden, sollte man sie auf der Festplatte speichern und gesondert einer Virenprüfung unterziehen. Zum Thema Sicherheit gehört leider auch die Frage, ob man lesefreundlich gestaltete E-Mails versenden sollte oder einfach im Nur-Text-Format („plain text“). Denn wer auf höchste Sicherheit Wert legt, akzeptiert nach wie vor lediglich das Nur-Text Format.

Zu guter Letzt: Man sollte immer gut überlegen, zu welchen offiziellen Terminen und Feierlichkeiten eine Einladung per Mail überhaupt passt. Denn stilvoller ist noch immer der klassische Brief mit der normalen Post.

13 Distanzzonen

Verhaltensstudien machen deutlich, dass Menschen eine, der jeweiligen Situation angepasste, Distanz zueinander einnehmen. Dieses Verhalten beinhaltet eine non-verbale Nachricht, die einen als angenehm empfundenen Freiraum für den zwischenmenschlichen Austausch ermöglicht. Eine als akzeptabel empfundene Distanz variiert von Kultur zu Kultur, und da eine Verletzung der jeweiligen persönlichen Sphäre eine ernste Beeinträchtigung der Kommunikation auslösen kann, ist es wichtig, immer den richtigen räumlichen Abstand zu seinem Gegenüber zu wahren.

Als kleine Hilfe sollte man sich die vier verschiedenen Distanzzonen bewusst machen. In Mitteleuropa gilt Folgendes:

- Da ist zunächst die **intime Distanz:** ganz nah, mit körperlichem Kontakt, bis zu einem Abstand von höchstens fünfzig Zentimetern. Das nicht ausdrücklich gestattete Eindringen in die intime Distanzzone durch Berührung kann Ablehnung oder sogar Aggression hervorrufen. Im Berufsleben ist diese Zone also mit Vorsicht zu behandeln, bei einem Erstkontakt mit Kundinnen und Kunden oder Geschäftspartnern ist sie in Mitteleuropa schlicht tabu.

- Als Zweites folgt die **persönliche Distanz**, zwischen etwa fünfzig Zentimetern und gut einem Meter. Dieser Abstand ermöglicht in Deutschland die gebräuchlichste Art der Begrüßung, den Handschlag. Dieser wird erst dann als unangenehm empfunden, wenn er zu dicht – quasi Nase an Nase – stattfindet, wobei er dann ja auch in die intime Distanzzone gerutscht ist, wohin er eigentlich nicht gehört. Diese Distanzzone ist vielleicht am schwierigsten für jemanden zu verstehen, der aus einem Land kommt, wo man sich auch in Geschäftssituationen mit einer Umarmung oder einem Kuss begrüßt. In Deutschland ist diese Art der Begrüßung nur unter sehr guten Freunden im privaten Umfeld üblich. Um hier Konflikten aus dem Weg zu gehen, überlässt man am besten den Deutschen die Art der Begrüßung und folgt dann deren Verhalten.
- Die nächste Zone umfasst eine Entfernung von etwa einem bis zu zwei Metern, die so genannte **gesellschaftliche Distanz**. Hier begegnet man sich eher neugierig und abwartend, wie das oft beim Zusammentreffen während einer Veranstaltung vorkommt.
- Die **öffentliche Distanz**, mindestens mehrere Meter Abstand, spielt im Umgang mit Kollegen, Chefs und Kunden die geringste Rolle. In dieser Zone einen persönlichen Kontakt in Form einer Begrüßung herzustellen, ist kaum möglich oder gewollt. Beispiel: Sie sehen einen Bekannten auf der anderen Straßenseite und wollen sich bemerkbar machen. Bitte nicht laut rufen und nicht zu wild gestikulieren. Dies wird in Mitteleuropa eine eher peinliche Situation verursachen. Für beide – Sie und Ihren Bekannten.

14 Was meint der Deutsche, wenn er sagt ...

Sie können grundsätzlich davon ausgehen: Was der Deutsche sagt, das meint er auch so. Denn in Deutschland wird die Einhaltung von Zusagen, mögen sie auch inhaltlich noch so banal sein, erwartet. Wer sich nicht daran hält, setzt die Vertrauensbasis aufs Spiel.

Einige Beispiele:

Bei der Begrüßung:
„Wie geht es Ihnen“ – „How are you“ ist wohl die wörtliche Übersetzung, doch der Deutsche versteht es so, dass er auf diese Frage nun ganz ehrlich und ausführlich antworten soll. Fühlt er sich an diesem Tag also nicht all zu gut, wird es ihm unangenehm sein, darauf antworten zu müssen.

Aufforderungen:
„Rufen Sie mich an“. Ist ein genauer Termin vereinbart, so wird ein Rückruf innerhalb der kürzest sinnvollen Zeit erwartet.

Einladungen:
„Nächstes Jahr um die gleiche Zeit statten Sie uns aber einen Gegenbesuch ab". Seien Sie darauf vorbereitet: Der/die Deutsche kommt wirklich!

Versprechungen:
„Ich werde Ihnen meinen Tipp in den nächsten Tagen per E-Mail zusenden." Wenn Sie eine solche Ankündigung nicht erfüllen, können Sie davon ausgehen, dass Ihre deutschen Kollegen Sie an dieses Versprechen erinnern werden. Es sollte Ihnen deshalb eine Verpflichtung sein, wenn Sie es versprechen.

Pünktlichkeit:
„Wir treffen uns um 11:00 Uhr im Konferenzraum". Wenn Deutsche in der Weise einen Termin festlegen, befolgen Sie auch strikt diese Zusage. Selbst wenn Sie nur wenige Minuten zu spät sind, wird das aufmerksam registriert. Tatsächlich werden manche Besprechungen nicht beginnen, bevor nicht alle anwesend sind.
Seien Sie auch vorsichtig mit Aussagen wie „Ich bin in fünf Minuten da". Dieser Zeitrahmen wird wörtlich genommen.

Diese Beispiele sollen verdeutlichen, dass in Deutschland durchaus etwas ernst genommen wird, was in anderen Ländern eher als unbedeutende Phrase oder lockere Versprechung gilt.

15 Vorurteile über Deutsche

Man weiß nicht so genau, woher sie kommen und warum sie bestehen, doch noch immer gibt es in den Köpfen vieler Nicht-Deutscher unveränderliche „typisch deutsche“ Eigenschaften. Wie bei allen Vorurteilen handelt es sich dabei nicht um überprüfbare Fakten, sondern um Meinungen und Gefühle.

Wenn hier von „deutschen“ Eigenschaften gesprochen wird, so spiegelt dies nicht die Meinung der Autoren wieder, sondern ist vielmehr eine Sammlung von „Positivem“ und „Negativem“, wie es in weiten Teilen der Welt über Deutsche gedacht und empfunden wird.

Positives

Folgende gute Eigenschaften werden den Deutschen heute in weiten Teilen der Welt nachgesagt:

- Fleiß
- Genauigkeit
- Pünktlichkeit
- Ordnungsliebe
- Qualitätsarbeit
- Resistent gegen Bestechungsversuche
- Glaubwürdigkeit
- Verbindlichkeit

Negatives

Folgende negativen Vorstellungen herrschen im Ausland über Deutsche vor:

- Übertriebener Perfektionismus
- Sturheit
- Mangelnde Flexibilität
- Arbeitsbesessenheit
- Humorlosigkeit
- Besserwisserei
- Griesgrämigkeit
- Unfreundlichkeit
- Verschlossenheit

Wie soll man heutzutage mit einer solchen Vorprägung, die sich so mancher gerne als kleines Aktions- wie Reaktionsschema als Ersatz für mangelnde eigene Erfahrung anlegt, wirklich umgehen?
Unser Rat: Seien Sie vorsichtig, sich auf die Richtigkeit dieser Vorurteile zu verlassen. Ihnen wird mit großer Sicherheit auch ein Deutscher/eine Deutsche begegnen, der/die Ihnen das krasse Gegenteil vorlebt.
Sie sollten es zulassen, die Welt so wahrzunehmen, wie sie sich wirklich vordergründig darstellt. Dann beginnt der angenehme, freundschaftliche, offene Teil des Kontaktes zu Deutschen – genauso wie zu jeder anderen fremden Kultur natürlich auch – erst richtig zu wirken. Denn, wie sagt so treffend ein deutsches Sprichwort: „Wie man in den Wald hinein ruft, so schallt es heraus."

16 Reisen mit der Bahn

Auch wenn sich der Wandel in den vergangenen Jahren eher still vollzogen hat: Die Bahn ist heute schneller, pünktlicher, moderner und bequemer als jedes andere Verkehrsmittel in Mitteleuropa. Gerade wenn Sie nur in Städten und Ballungszentren unterwegs sind, ist die Bahn, kombiniert mit Taxi und U-Bahn, immer die bessere Alternative der Fortbewegung. Sie haben damit normalerweise einen Stressfaktor weniger. Aber auch gegenüber dem Flugzeug bringt die Bahn meistens Zeitvorteile, wenn Sie Strecken von unter 500 Kilometern zurücklegen wollen. Denn alle großen Städte sind tagsüber im Stundentakt miteinander verbunden und der Zug führt immer direkt ins Zentrum, wodurch man sich die Anreise vom entfernt gelegenen Großflughafen, wie beispielsweise in München, erspart.

Problematisch kann es dagegen schon werden, wenn man seinen optimalen Reiseplan zusammenstellen will und sich bemüht mit Verbindungsvarianten, Preisen und Besonderheiten der verschiedenen Zugtypen zurecht zu finden. Beginnend mit ein paar Anmerkungen zum Verhalten im Zug, hier fünf persönliche Tipps eines „Bahn-Vielfahrers“:

1. Höfliches Verhalten im Zug

Um Ihre Reise mit der Bahn vollends zu einem entspannenden Erlebnis zu machen, sollten Sie auf einige Gepflogenheiten achten:

- Wenn Sie im ICE / IC / EC keinen Sitzplatz reserviert haben, sollten Sie prüfen, ob der Platz, den Sie einnehmen wollen, nicht von einem anderen Fahrgast reserviert ist. Ansonsten müssen Sie ihn auf Verlangen frei machen.
- Blockieren Sie nicht die anderen Sitzplätze oder den Durchgang. Ansonsten kann schon mal die sarkastische Bemerkung fallen „Haben Sie dafür auch eine Fahrkarte?“. Sollten Sie sich selber eingeengt fühlen, scheuen Sie sich nicht davor andere darum zu bitten Platz zu machen: „Darf ich mich setzten, bitte“.
- Wenn Sie nach einem anstrengenden Tag gerne Ihre Beine (schuh- und geruchlos!) hochlegen wollen, so wird dies – bei genügend freiem Platz und Abstand – durchaus toleriert. Um schiefe Blicke zu vermeiden, legen Sie am besten eine Zeitung unter. Befinden Sie sich in einem abgeschlossenen Sechser-Abteil, sollten Sie jedoch aus Rücksicht die Füße vom Sitz nehmen, wenn jemand das Abteil betritt. „Lassen Sie sie nur oben, ich möchte es mir gern auch so bequem machen wie Sie.“ Eine solche Bemerkung des Eintretenden kann oft ein gelungener Start zu einem Smalltalk sein.
- Revierrüpel haben ihre Beine und Ellenbogen auf fremdem Territorium und sind durch eisige Blicke meist nicht zu einer eleganteren Haltung zu bewegen. Achten Sie also darauf, wie viel Platz Sie in Anspruch nehmen, wenn Sie nicht als ungehobelt gelten wollen.
- Ausgewiesene Behindertenplätze müssen bei Bedarf frei gemacht werden.

2. Zugtypen

Um aus dem Fahrplan schnelle und preisgünstige Verbindungen heraus zu filtern, ist es wichtig, die Unterschiede bei den Zugbezeichnungen zu kennen:

- **ICE:** Der modernste Zug der Deutschen Bahn verbindet die großen Metropolen mit Geschwindigkeiten von bis zu 300 km/h. Besonders schnell und komfortabel sind beispielsweise Neubaustrecken von Würzburg über Hannover nach Hamburg, von Köln nach Frankfurt, München nach Nürnberg, Frankfurt nach Paris und von Hannover nach Berlin. Der ICE schießt dabei oft von einem Tunnel in den Nächsten, unterbrochen von traumhaften Ausblicken auf eine typisch deutsche, grünhügelige Landschaft. Auch lässt das erweiterte Service-Angebot die Fahrt mit dem ICE zum Vergnügen werden, der erhöhte Fahrpreis wird dabei leichter zu verschmerzen sein. Auch wenn es die teuerste Zugvariante ist, ist er dennoch sehr beliebt und es empfiehlt sich eine Sitzplatzreservierung. Ansonsten kann es leicht passieren, dass man im Gang eines vollgepackten Zuges stehen muss.

- **IC/EC:** Der InterCity und EuroCity verbindet die großen Zentren Deutschlands und der Nachbarländer in der Regel im Stundentakt mit einer Geschwindigkeit bis zu 200 km/h. Mittlerer Aufpreis.
- **RE:** RegionalExpress: Zum Standardpreis hält dieser Zug in den meisten Bahnhöfen und bietet meist in den modernen Doppelstockwaggons ein angenehmes Reisen auch zu Sonderpreisen wie „Schönes-Wochenend-Ticket“ oder „Bayern-Ticket“.
- **RB:** RegionalBahn: Dies ist der langsamste Zug in Deutschland. Zum Standardpreis hält er an jedem Bahnhof auf der Strecke und bietet so den Vorteil, dass er den Reisenden auch abgelegenen Reisezielen so nahe wie möglich bringt.
- **S-Bahn:** Die „Schnellbahn“ verbindet das Zentrum großer Städte schnell und häufig mit seiner Umgebung.
- **U-Bahn:** Für die Untergrundbahn (Metro) in den großen Städten ist meist ein spezielles Ticket erforderlich.

3. Reiseplan

Wenn Sie sich unter http://reiseauskunft.bahn.de Ihre passenden Verbindungen haben errechnen lassen und die Verbindungsvarianten miteinander vergleichen, lohnt es sich meist, die Erläuterungen zum Reiseplan genauer anzuschauen. Denn von A nach B gibt es nicht nur unterschiedliche Reisezeiten:

- **Preis:** Rechtfertigt der Zeitvorsprung, beispielsweise durch Nutzung des ICEs, den erhöhten Fahrpreis? Gibt es Sonderkonditionen für die Reisezeit? Verbilligt ist, wenn Sie beispielsweise abends reisen, am Wochenende, gemeinsam mit anderen, ihr Ticket direkt online kaufen und wenn Sie Ihren Fahrschein so früh wie möglich kaufen. Doch Achtung: Den Umtausch oder die Stornierung eines Tickets lässt sich die Bahn so richtig vergolden. Bei allem gilt noch immer: Durch den fortbestehenden Tarifdschungel bei der Deutschen Bahn wird Ihnen der Gang zum Schalter oder Reiseveranstalter nicht erspart bleiben, um das für Sie günstigste Ticket zu erhalten. Wer dies einige Tage vor Reiseantritt tut, kommt in den Genuss der Frühbucherrabatte bis zu 50 Prozent, die mit einer BahnCard noch weiter reduziert werden können.

  Schließlich: Stellen Sie vor dem Einsteigen in den Zug sicher, dass Sie auch eine gültige Fahrkarte bei sich haben. Egal, ob Sie diese im Reisebüro, am Fahrkartenschalter der DB oder am Automaten gekauft haben. In Mitteleuropa werden Sie mit großer Sicherheit immer und überall aufgefordert werden, Ihr Ticket zu zeigen, auch wenn Sie nur wenige Kilometer reisen. Wenn Sie keinen gültigen Fahrschein haben, kann es nicht nur teuer, sondern auch peinlich werden.
- **Umsteigen:** Wenn Sie auf den Reiseplan schauen, achten Sie darauf, wie oft Sie umsteigen müssen, und wie viel Zeit zwischen der Ankunft des einen Zuges und der Abfahrt des Anschlusszuges bleibt. Hat der erste Zug Verspätung und Sie haben Angst, den Anschlusszug zu verpassen, hilft es manchmal den Schaffner zu kontaktieren. Der kann melden, dass der Anschlusszug warten soll.

  Ich persönlich fahre lieber 15 Minuten länger, als dass ich einmal mehr umsteige. Ist es doch angenehmer im Zug zu sitzen und einen Kaffee zu trinken oder ein spannendes Buch zu lesen, als mit seinen Koffern auf einem zugigen Bahnsteig zu stehen, um auf den Anschlusszug zu warten.

4. Reservierung

Wenn Sie mit dem ICE/IC/EC reisen, dann reservieren Sie – nach Möglichkeit – immer einen Sitzplatz vor. Achten Sie auf Plätze für Raucher und Nichtraucher! Die Reservierung ist umso wichtiger, wenn Sie abends, freitags, sonntags oder in einer Gruppe reisen wollen. Bei der Anreise zu einer Messe ist eine frühzeitige Reservierung ein absolutes Muss. Dafür bringt Sie häufig der ICE schnell und komfortabel von jeder Stadt in Deutschland direkt zum Messegelände, zum Beispiel in Hannover zur Cebit. Beliebt sind die ICEs aus Frankfurt, München und Hamburg.

5. Erste Klasse

Nahezu alle Züge in Deutschland haben Erste-Klasse-Abteile. Wenn Sie ohne Erste-Klasse-Fahrschein dort Platz nehmen, müssen Sie einen erhöhten Fahrpreis nachzahlen. Wenn Sie auf Geschäftsreise sind, ist es immer zu empfehlen, einen Platz in der Ersten Klasse zu reservieren, denn die Zweite Klasse kann oft laut und überfüllt sein. Auch sind die Sitze Erster Klasse bequemer und Sie finden einen Stromanschluss für Ihren Laptop (220V). Immer beliebter bei den Geschäftsreisenden werden die separierten Abteile auch für Geschäftsbesprechungen. Erste Klasse-Abteile im ICE und IC/EC sind gleich beim Bordrestaurant, was von Vorteil ist, sollten Sie auf der Reise Hunger verspüren.

6. Preisvorteile und Sondertarife

Ein leidiges Thema ist es an das jeweils preisgünstigste Ticket für seine Reiseroute zu kommen, da die Varianten des Fahrpreises mittlerweile wohl das beliebteste Marketinginstrument der Bahnstrategen sind. Da sich in Folge die Konditionen und Preise beliebig ändern, wäre es wahrscheinlich ein Fehler hier auf ein besonders attraktives Angebot aufmerksam zu machen. Bewährt hat sich dagegen beim Planen einer Reise folgende Vorgehensweise:

1. Recherchieren Sie so frühzeitig wie möglich Ihre gewünschte Verbindung unter http://reiseauskunft.bahn.de/am besten gleich mit ein bis zwei Alternativzeiten und Zugvarianten. Leider wird bisher kei-

ne Grafik zum Streckenverlauf angezeigt, wie man es von anderen Routenplanern kennt. Stellen Sie deshalb sicher, dass Sie auch den richtigen Ortsnamen Ihrer Destinationen gewählt haben, gerade weil es in Deutschland viele Namen mit –burg und –berg gibt.

2. Wird zum angezeigten Preis die Option „Sparpreis" oder „Supersparpreis" angezeigt und ist hierüber ein wesentlicher Preisnachlass erzielbar, lohnt es sich meist sofort zu buchen (Reservierung nicht vergessen!). Beachten Sie dabei: Sie müssen eine Kreditkarte zur Verfügung haben und ein Online-Konto unter Bahn.de anlegen. Sie drucken dann Ihr Online-Ticket direkt auf Papier aus. (Achtung: Die elektronische Speicherung des Tickets alleine ist ungültig) Sonderpreise sind keine Fixpreise, sondern werden gemäß der prognostizierten Zugauslastung angeboten. Generell gilt jedoch: Wer früher bucht, zahlt weniger.

- Bei hohem Reisepreis und fehlendem Sparpreis-Angebot kann sich der Kauf einer BahnCard 25 oder BahnCard 50 lohnen, womit man für ein Jahr eine Ermäßigung von 25 Prozent beziehungsweise 50 Prozent auf alle Zugtickets erhält.
- Bei hoher Platzbelegung, wie es beispielsweise freitagnachmittags in den ICE's nach Berlin immer der Fall ist, oder einer Reise als Gruppe kann ein Erster-Klasse-Ticket attraktiv sein. Nicht nur im Komfort sondern auch im Preis!
- RE-Verbindungen (Nahverkehr) müssen zeitlich nicht generell schlechter sein als ICE-Verbindungen. Oft wird es sich lohnen auch diese Variante bei den Reiseverbindungen zu prüfen.
- Wenn Sie nach 9:00 Uhr oder am Wochenende reisen, gibt es preisgünstige Pauschaltarife wie zum Beispiel „Schönes Wochenende" und „Bayernticket" für Einzelpersonen und als Gruppe. Wenn Sie diese Tickets am Automaten und nicht am Schalter kaufen, sparen Sie zusätzlich zwei Euro.

Soweit unsere Tipps zur Orientierung im Tarifdschungel der Bahn. Bitte schreiben Sie uns, wenn Sie weitere oder andere Erfahrungen machen.

17 Für den Notfall: Praktische Informationen für Deutschlandbesucher

Deutschland ist als eines der sichersten Länder der Europäischen Union bekannt. Und tatsächlich werden Sie sich beim Aufenthalt in Deutschland in kleineren Orten und Städten wahrscheinlich an einigen der sichersten Flecken der Erde aufhalten. In die großen Städte zu reisen kann trotzdem manchmal riskanter sein.
Die größte Gefahr für Besucher stellt dabei der Taschendiebstahl dar, der an stark frequentierten Plätzen wie Flughäfen, Bahnhöfen, vollen Zug- oder Busabteilen und in der Nähe von Touristenattraktionen manchmal vorkommt. Aus diesem Grund ist es das Beste, die Wertsachen und persönlichen Dokumente im Hotelsafe zu lassen.

Medizinische Notfälle

Es ist ratsam eine Auslandskrankenversicherung abzuschließen, wenn Sie ins Ausland reisen. Bei kleineren gesundheitlichen Problemen ist es nicht erforderlich direkt einen Arzt aufzusuchen. In einer der vielen Apotheken in Deutschland werden Sie üblicherweise gut beraten.

Apotheken

Deutsche Apotheken gibt es reichlich, auch in kleineren Städten, und sie sind leicht zu finden. Schauen Sie einfach nach dem roten „A" oder dem

Wort „Apotheke“ (www.apotheken.de). Apotheken sind üblicherweise von 8 Uhr bis 18 Uhr geöffnet und generell am Abend, Samstagnachmittag, sonntags und feiertags geschlossen. Jede Apotheke hat eine Liste der nächstgelegenen Apotheken an ihrer Tür, die Bereitschaftsdienst haben, die also für den Notfalldienst geöffnet sind. Die meisten Apotheken können auch Ratschläge zur Behandlung von häufigen Krankheiten geben und schlagen Medikamente vor, die frei, das heißt ohne Rezept vom Arzt, käuflich sind. Seien Sie sich darüber bewusst, dass es für alle Medikamente, auch Aspirin, zum Beispiel, keine Selbstbedienung gibt, sodass Sie in der Apotheke immer danach fragen müssen. Das gilt auch für Medikamente, die nicht verschreibungspflichtig und damit frei verkäuflich sind. Wenn Sie in Deutschland möglicherweise verschreibungspflichtige Medikamente kaufen wollen, sollten Sie alle Medikamentenverschreibungen aus Ihrem Heimatland mitbringen. Ansonsten müssen Sie in Deutschland zu einem Arzt gehen, was nicht kostenlos ist. Beachten Sie auch, dass manche Medikamente nicht mit der gewöhnlichen Post verschickt werden dürfen.

Ärzte

In Deutschland den richtigen Arzt zu finden, kann aufgrund der Sprachschwierigkeiten ein einschüchternder Prozess sein, muss es aber nicht! Zuerst sollten Sie in die Gelben Seiten (www.gelbeseiten.de) oder ins lokale Telefonbuch (www.dasoertliche.de) schauen. Dort sind die lokalen Ärzte nach Ihrem Spezialgebiet gelistet. Für einen ersten Kontakt ist es ratsam zu einem „Hausarzt“ zu gehen (schauen Sie unter „Allgemeinmedizin“ nach), was übrigens obligatorisch ist, wenn Sie Mitglied in einer deutschen gesetzlichen Krankenversicherung sind. Oder Sie fragen einfach einen Kollegen, Freund oder in der Apotheke. Auch hier erhält man die besten Tipps oft Mund-zu-Mund. Eine weitere Möglichkeit ist es, direkt zu einer Universitätsklinik zu gehen, die oft in Universitätsstädten zu finden sind. Diese Kliniken sind mit gut ausgebildetem Personal ausgestattet, das zumindest Englisch spricht.

Einen Arzttermin vereinbaren

Wenn Sie bei einem Arzt telefonisch oder persönlich einen Termin vereinbaren wollen, sprechen Sie meist zuerst mit der Sprechstundenhilfe oder Arzthelferin. Auch wenn diese kein Englisch sprechen sollte, machen Sie sich keine Sorgen, denn sie wird keine detaillierten Fragen stellen. Sie müssen einfach nur den Tag und die Uhrzeit für die Sprechstunde beim Arzt vereinbaren.

Einige hilfreiche Sätze dazu sind:

Ich möchte einen Termin vereinbaren.
"I would like to make an appointment."

Es ist dringend. Haben Sie keinen früheren Termin?
"It is urgent. Don't you have an earlier appointment?"

Wo befindet sich Ihre Praxis?
"Where is your practice located?"

Dringende Situationen – Notfälle

Auch wenn Sie am Abend, am Wochenende oder in der Urlaubszeit eine Notfallsituation haben, werden Sie kurzfristig medizinische Hilfe erhalten.

So können Sie einen Notarzt erreichen:

- In ganz Deutschland ist 112 die Notrufnummer, unter der Sie direkt mit einem erfahrenen Koordinator des Rettungsdienstes verbunden sind. Dies ist auch die Notrufnummer bei Feuer oder wenn ein Krankenwagen benötigt wird.
- Anruf bei einem Allgemeinmediziner, der im Telefonbuch gelistet ist. Wenn er oder sie nicht erreichbar ist, wird auf dem Anrufbeantworter die Telefonnummer einer Vertretung oder des Notarztes genannt sein. Weitere Infos auch unter www.aerztlichepraxis.de/Bereitschaft sowie aerzte-notdienst.de

- Gehen Sie direkt ins Krankenhaus oder eine Notfallklinik.
- In großen Hotels ist meist ein medizinischer Dienst an Ort und Stelle verfügbar. Wenn nicht, bitten Sie den Rezeptionisten einen Arzt zu bestellen.
- Schauen Sie in der Lokalzeitung nach dem Notdienstkalender, um einen diensthabenden Arzt oder eine offene Apotheke in Ihrer Nähe zu finden.

Im Notfall entscheiden Sekunden: Unfälle richtig melden:

Bei schweren Unfällen entscheiden oft Sekunden über Leben und Tod. Wer den Rettungsdienst ruft, muss sich deshalb auf das Wesentliche konzentrieren, ohne wichtige Tatsachen zu vergessen.

Machen Sie Ihre Angaben deshalb nach der 5-W-Liste, wodurch Sie sicher stellen, dass alle Informationen von der Rettungsstelle richtig und vollständig erfasst wurden:

- Wo geschah es?
- Was geschah?
- Wie viele Personen sind verletzt?
- Welche Art von Verletzung oder Erkrankung, soweit äußerlich erkennbar?
- Warten auf Rückfragen und durchgeben der Rückrufnummer.
- Legen Sie erst auf, wenn das Gespräch von der Rettungsleitstelle aus beendet wird.

Autounfälle und andere Notfälle

Polizei

Die deutsche Polizei ist durch ihre auffallende blaue, in manchen Bundesländern auch noch grüne oder beige, Uniform sowie den grün – oder blau – silber gestreiften Autos leicht erkennbar. Die motorisierte Polizei, Verkehrspolizei genannt, ist für die Sicherheit auf den Straßen und Autobahnen zuständig und an der weißen Schirmmütze erkennbar. Die Schirmmütze der Polizei in der Stadt hat dagegen die gleiche Farbe wie die Uniform. Die Polizei, die für Kriminalfälle verantwortlich ist, Krimi-

nalpolizei genannt, ist normalerweise unauffällig gekleidet und gibt sich nur zu erkennen, wenn es erforderlich ist.
Viele deutsche Polizisten sprechen Englisch, sie sind auskunfts- und hilfsbereit und in stark frequentierten Zonen wie auf Flughäfen oder großen Bahnhöfen leicht zu finden. Um die Polizei im Notfall zu kontaktieren, wählen Sie die Nummer 110 in ganz Deutschland.

Autounfälle

Wenn Sie oder andere Verkehrsteilnehmer einen Unfall oder eine ernsthafte Panne auf einer deutschen Autobahn haben, können Sie eine der orangefarbenen Notrufsäulen benutzen, die alle zwei Kilometer auf dem Seitenstreifen stehen. Diese Telefone verbinden Sie zu einem Notrufdienst. Die Notrufnummern 110 und 112 können aber auch von jedem Telefon aus kostenlos gewählt werden, auch von Mobiltelefonen aus.

Deutsche Automobilclubs

Wenn Sie für längere Zeit in Deutschland sind, hat die Mitgliedschaft in einem deutschen Automobilclub mehrere Vorteile. Der größte Club ist der ADAC (Allgemeiner Deutscher Automobil-Club, www.adac.de). Diese Organisation bietet Verkehrs- und Reiseinformationen auch in englischer Sprache, verkauft Versicherungen und hilft bei einer Panne mit ihren Reparatur- und Abschleppfahrzeugen. In den meisten Städten gibt es ADAC-Büros. Der ADAC unterhält Partnerschaften zu ähnlichen Clubs in vielen anderen Ländern, wie beispielsweise den AAA in den USA (www.AAA.com).

Verlorenes und gestohlenes Eigentum

Verluste oder Diebstähle müssen sofort in der nächstgelegenen Polizeistation (www.polizei.de) gemeldet werden. Wenn eine Versicherung in Anspruch genommen werden kann, wird eine Diebstahl- oder Verlustanzeige benötigt, um nachzuweisen, dass der Verlust gemeldet wurde.
Wenn Sie etwas Wertvolles verloren haben, fragen Sie beim städtischen Fundbüro, ob es abgegeben wurde. Diese existieren in jeder deutschen Stadt (www.fundbuero24.de) und befinden sich meist im Rathaus.

Die deutsche Bahn hat ihre eigenen Fundbüros (Fundbüro der Deutschen Bahn AG) für alle Dinge, die in den Zügen oder Bahnhöfen verloren wurden. Gleiches gilt für viele Flughäfen.

Liste der Notrufnummern

◆ Rettungsleitstelle in Deutschland: (Unfall, Krankheit, Feuer und Ambulanz)	☎ 112
◆ In der Schweiz und Österreich:	☎ 144
◆ Polizei:	☎ 110
◆ Deutsche Rettungsflugwacht:	☎ (0711) 70 10 70
◆ Notruf bei Vergiftungen:	☎ (030) 192 40
◆ Fundbüro der Deutschen Bahn AG:	☎ (01805) 99 05 99
◆ Zentrales Fundbüro Berlin:	☎ (030) 69 95

Kreditkartenverlust

◆ Zentrale Nummer für Maestrokarten sowie alle Kreditkarten und Vertragshandys: (innerhalb Deutschlands kostenlos)	☎ 116116
aus dem Ausland:	☎ 0049/116116
◆ American Express:	☎ (069) 97 97 10 00
◆ Diner‘s Club:	☎ (05921) 86 12 34
◆ Euro-MasterCard:	☎ (069) 79 33 19 10
◆ VISA:	☎ (0800) 81 49 100

Deutsche Automobilclubs

◆ ADAC (Allg. Deutscher Automobil Club):	☎ (089) 76760
◆ AvD (Automobilclub von Deutschland):	☎ (069) 66060

Suche nach Telefonnummern

◆ Nationale Telefonauskunft:	☎ 11833 (kostenpflichtig) oder ☎ 11842
◆ Internationale Telefonauskunft:	☎ 11834 (kostenpflichtig)

Botschaften

Botschaften und Konsulate bieten eine Reihe hilfreicher Dienste für ihre Staatsbürger, wenn Sie sich im Ausland aufhalten. Wenn Ihr Reisepass abhanden gekommen ist, können die Botschaften und Konsulate Ihnen einen Ersatzausweis ausstellen. Sie können auch Ausweise verlängern, für rechtlichen Beistand sorgen, Ihnen einen Dolmetscher vermitteln oder Ihre Familie benachrichtigen. Wenn Sie glauben, dass Ihr Ausweis gestohlen wurde, melden Sie dies zuerst der lokalen Polizei, denn diese Diebstahlmeldung hilft Ihnen, wenn Sie zur Botschaft gehen.

Sollten Sie Ihr Geld und die Kreditkarten verloren haben, helfen die Konsulatsangestellten Ihnen eine Bank, Ihren Arbeitgeber oder Ihre Familie zu kontaktieren, damit Sie Geld überwiesen bekommen. Liegen außergewöhnliche Umstände vor, wird das Konsulat oder die Botschaft Ihnen auch Geld leihen und das Rückreiseticket finanzieren.

Die Listen der ausländischen Botschaften in Deutschland und der deutschen Vertretungen im Ausland finden Sie mehrsprachig unter www.auswaertiges-amt.de. Wertvolle Reisetipps finden Sie auch unter www.learn-german-online.net sowie www.deutschland-tourismus.de.

Teil 2: Bewerbungspraxis

18 Neue Strategien für den Job

Wer heute einen Job in Deutschland sucht, sollte so viele Bewerbungswege wie möglich parallel nutzen. Denn die Zahl der Stellenangebote ist seit dem Boomjahr 2000 stetig gesunken, auch wenn die positiven Arbeitsmarktzahlen 2007 kurzfristig wieder einen Anstieg der offenen Stellen gebracht zu haben schienen.

Deshalb bleibt es wichtig, alle Chancen der Karriereplanung zu nutzen:

- Stellenanzeigen in Zeitungen und Zeitschriften studieren,
- Jobbörsen im Internet durchstöbern und Suchprofile an legen,
- Personalberater kontaktieren
- Bewerbermessen besuchen
- Zur Bundesagentur für Arbeit (Arbeitsamt) gehen,
- Branchenmessen wie die HannoverMesse besuchen,
- Initiativbewerbungen versenden,
- Seinen Stellenwunsch und Lebenslauf bei den Jobbörsen im Internet hinterlegen,
- Wunscharbeitgeber regelmäßig im Internet besuchen und deren Jobangebote und Bewerbungsmöglichkeiten prüfen,

- Branchenspezifische Publikationen im Internet nach Jobmöglichkeiten durchforsten,
- Berufsspezifischen Organisationen und Netzwerken beitreten (siehe Kapitel „Schneller erfolgreich durch Networking"),
- Mit seinen Freunden und den professionellen Jobvermittlern über den Stellenwunsch sprechen.

Stellenanzeigen in Zeitungen und Zeitschriften:
Erste Priorität hat das regelmäßige Durchforsten der Stellenanzeigen in den Samstagsausgaben der „Frankfurter Allgemeinen Zeitung" (www.faz.de) und der „Süddeutschen Zeitung" (www.sueddeutsche.de), denn dort werden die interessantesten Jobs deutschlandweit offeriert. Ist man an einem bestimmten Standort und eher an kleinen und mittelgroßen Arbeitgebern interessiert, sollte man die Inserate der lokalen Samstagszeitungen ebenfalls aufmerksam studieren. Weiterhin sind die Publikationen der Zielbranche eine wichtige Informationsquelle, wie z.B. www.wuv.de für die Werbewirtschaft und www.computerwoche.de sowie www.heisejobs.de für die IT-Branche.

Jobbörsen im Internet:
Die Jobsuche im Internet mit anschließender Online-Bewerbung gehört längst zum Standard einer umfassenden Jobsuche. Von den ehemals mehr als 100 Webportalen in den Jahren 2000/01 haben sich nach einer Konsolidierungsphase folgende Jobsuchmaschinen durchgesetzt (Rangfolge nach Popularität):

1. Übergreifende Jobsuchmaschinen
- www.jobrobot.de
- www.jobscanner.de
- www.jobrapido.de
- www.kimeta.de
- www.worldwidejobs.de
- www.crosswater-systems.com
- www.arbeitsagentur.de

2. Jobbörsen

- www.careerbuilder.de
- www.experteer.de
- www.jobpilot.de
- www.jobscout24.de
- www.jobstairs.de
- www.jobware.de
- www.monster.de
- www.placement24.de
- www.rekruter.de
- www.stellenanzeigen.de
- www.stellenmarkt.de
- www.stellen-online.de
- www.stepstone.de

Viele Jobangebote findet man auch bei den Onlineangeboten der Wirtschaftspresse, wie www.wirtschaftswoche.de, www.capital.de, www.jungekarriere.de, www.handelsblatt.com und www.ftd.de, sowie den Zeitungen wie www.faz.de, www.zeit.de und www.sueddeutsche.de. Jobangebote der IT-Branche und die Spezialistensuche sind dabei im Internet immer noch überrepräsentiert. An zweiter Stelle kommt der Vertrieb. Unterrepräsentiert ist dagegen die Produktion, was darauf hindeutet, dass hierfür das Personal eher lokal und kurzfristig rekrutiert wird. Bei den Jobbörsen sollte man ein persönliches Bewerberprofil inklusive Lebenslauf anlegen, was zumeist kostenlos angeboten wird. Ein Jobmailservice gehört bei den meisten Jobbörsen heute ebenfalls zum Standard.

Kontaktieren eines Personalberaters:

Personalberater und Headhunter helfen vor allem Spitzenmanagern. Sollten Sie einen Job oberhalb eines Jahresgehaltes von 100.000 Euro suchen, lohnt es sich auf jeden Fall bei einem Headhunter vorzusprechen. Die größten der Branche in Deutschland sind Kienbaum Executive Consultants, Heidrick & Struggles, Mülder & Partner und Ray & Berndtson

Unternehmensberatung. Die Ansprechpartner und Adressen dieser und vieler anderer Berater finden Sie am besten bei den Stellenausschreibungen in den großen Tageszeitungen und dem Handelsblatt (www.handelsblatt.de). Deren aktuelle Jobangebote werden Ihnen dabei auch über die Klientel- und Branchenorientierung des jeweiligen Beraters Aufschluss geben.

Besuch von Bewerbermessen:
Besonders Hochschulabsolventen und Berufsanfänger sollten Messen nutzen, um dort Kontakte zu knüpfen und das Image Ihrer Traumfirma zu beschnuppern. Dabei sind sowohl die branchenorientierten Messen wie z.B. die Hannovermesse (www.messe.de) interessant, die sich immer häufiger auf Bewerberkontakt einrichten, als auch spezielle Bewerbermessen wie:

- www.academics.de (spezialisiert auf Berufe in der Wissenschaft)
- www.access.de (spezialisiert auf IT-Berufe)
- www.cebit.career-online.de (Jobmarkt der IT-Messe CeBIT)
- www.iqb.de (spezialisiert auf Anwaltsberufe)
- www.jobcenter-medizin.de (spezialisiert auf Mediziner)
- www.jobvector.com (spezialisiert auf Biologen, Pharmazeuten und verwandte Berufe)
- www.consulting-days.de und www.absolventenkongress.de (spezialisiert auf Absolventen und Nachwuchskräfte)
- www.connecticum.de (Internationale Firmenkontaktmesse)
- www.jobfair24.de (virtuelle Bewerbermesse für junge Akademiker)

Wichtig ist vor allem die gute Vorbereitung auf einen ersten Bewerbungskontakt bei einer Messe. Das gilt sowohl für die Selbstdarstellung (Was will ich – Was kann ich – Wie wirke ich) als auch für die mitgeführte Information (Visitenkarten, Kurzbewerbung).

Die staatliche Agentur für Arbeit:
Viele rümpfen über das staatliche Arbeitsamt (heute: www.arbeitsagentur.de) noch immer die Nase, weil ihm das Image anhaftet, Arbeits-

losigkeit eher zu verwalten als aktiv eine gute Beratung und Vermittlung zu leisten. Doch gerade in Zeiten flauer Konjunktur und steigender Zahl von Arbeitssuchenden ist die Agentur für Arbeit von dem Ansturm oft auch schlichtweg überfordert. Dennoch lohnt es sich, gerade zu Beginn der Jobsuche, sich bei der Agentur für Arbeit umzusehen. Dort gibt es neben vielen Stellenangeboten auch Informationen zum Verhalten als Jobsuchender und den staatlichen Fördermöglichkeiten. Wichtig für Interessenten aus dem Ausland: Hier erfahren Sie alles über die Konditionen bei der Jobaufnahme und die Arbeitsbewilligung in Deutschland.

Initiativbewerbung:
Oft hört man von Bewerbern, dass sie sich bereits 50 oder gar 100 Mal (erfolglos) beworben haben. Auf der anderen Seite stehen Unternehmen vor dem Problem, dass sie sowohl jede Menge Zuschriften auf Jobangebote, wie auch unaufgeforderte Bewerbungen („Initiativbewerbungen") erhalten. Als Antwort erhält der Initiativbewerber deshalb oft eine nett formulierte Standardabsage. Doch gerade für den, der eine Spezialqualifikation hat und seinen Arbeitgeberkreis gut einzuschätzen vermag, ist eine Initiativbewerbung durchaus sinnvoll. Zwei Möglichkeiten gibt es dazu:

- Eine konventionelle schriftliche Bewerbungsmappe: Versuchen Sie hier dadurch zu punkten, indem Sie ideenreiche, präzise Bewerbungsunterlagen einreichen.
- Bewerbung via E-Mail und Homepage: Hier machen Sie es sich und der Personalabteilung besonders leicht. Wichtig ist eine kurze, prägnante E-Mail als Bewerbungsanschreiben. Alle persönlichen Daten, Ziele und Zeugnisse befinden sich auf Ihrer Homepage, die per Link im Anhang zu erreichen ist oder als .pdf-Anlage mitgeschickt wird.

Wer Fragen rund um das Thema Bewerbung hat, kann auch bei www.wer-weiss-was.de Rat suchen. Karrierefragen werden dort von Experten per E-Mail beantwortet. Umfassende Auskunft gibt auch Gerhard Winkler auf seiner Seite www.jova-nova.com.

19 Stellenanzeigen richtig lesen

Viele Bewerbungen bleiben schon deshalb erfolglos, weil Bewerber die Stellenanzeigen nicht gründlich genug lesen und sich nicht konsequent genug an den Anforderungen orientieren. Um hier so früh wie möglich die Spreu vom Weizen zu trennen und damit unnötigen Arbeitsaufwand auf beiden Seiten zu vermeiden, sollte ein Bewerber mindestens 80 Prozent der Anforderungen erfüllen können und sich mit den Konditionen der Stelle identifizieren. Kommt man jedoch bereits bei einer Hauptforderung der Stellenausschreibung ins Grübeln, lässt man besser gleich die Finger von einer Bewerbung.

Die Stellenanzeige

Ob man nun im Internet oder in den Printmedien fündig geworden ist, die klassische, gute Stellenanzeige liefert folgende Aussagen:

1. „Wir sind ..."

Die Selbstdarstellung des Unternehmens gibt Auskunft über die Branche, in der das Unternehmen tätig ist, über das vertriebene Produkt beziehungsweise die Dienstleistung sowie über Größe, Marktstellung und Standort der Firma

2. „Wir suchen ..."
Stellenbeschreibung nennt die Bezeichnung der Stelle und beschreibt das Aufgabengebiet sowie weitere Bedingungen (zum Beispiel gewünschter Eintrittstermin)

3. „Wir erwarten ..."
Die Anforderungen und Qualifikationen, die ein Bewerber erfüllen muss: formale Ausbildung, erwünschte Berufserfahrung, Zusatzqualifikationen sowie Persönlichkeitsanforderungen (Softskills und Alter)

4. „Wir bieten ..."
Besondere Leistungen des Unternehmens, wie überdurchschnittliches Gehalt, Dienstwagen, Umzugskostenerstattung, außergewöhnliche Sozialleistungen.

5. „Wir bitten ..."
Informationen zu den Anforderungen an die Bewerbung (z. B. Kurzbewerbung, Referenzen), den Ablauf sowie Name und Telefonnummer des Ansprechpartners, Kennwort.

Das Lesen und Bearbeiten der Anzeige

Hier ein paar Tipps zum systematischen Vorgehen:

1. Schneiden Sie die Stellenanzeige aus der Zeitung aus oder drucken Sie sie aus (Notieren von Quelle und Datum nicht vergessen!)

2. Markieren Sie die Schlüsselwörter und checken Sie die Anzeige auf folgende Aussagen hin:

- Wer ist das suchende Unternehmen? Bekannt? Name? Branche? Größe? Bedeutung?
- Was für eine Position soll besetzt werden?
- Was sind die Aufgaben? Was wird über das Stellenprofil gesagt?
- Welche Qualifikation und Erfahrung soll der Bewerber haben? (Bewertung nach Prioritäten vornehmen)

- Gibt es eine Altersbegrenzung?
- Welche Entwicklungschancen werden in Aussicht gestellt?
- Welche finanziellen Anreize werden geboten?
- Wie soll der Bewerber Kontakt aufnehmen?
- Soll sich der Bewerber mit einer Kurz- oder einer Vollbewerbung vorstellen?
- Ist eine Bewerbungsfrist gesetzt?
- Sind telefonische Rückfragen erwünscht?
- Ist der Gehaltswunsch zu nennen?
- Werden Angaben zum frühesten Eintrittstermin erbeten?
- Gibt es eine Sperrvermerksklausel?

3. Lassen Sie Größe, Wortwahl, und Erscheinungsbild einer Anzeige auf sich wirken. Ob der Bewerber eher sachlich-nüchtern oder betont locker angesprochen wird, lässt auf das gewünschte Image und den Umgangston in der Firma schließen. Die Größe der Anzeige zeigt, wie wichtig die Firma sich und die angebotene Stelle nimmt.

4. Befassen Sie sich sorgfältig mit den Aussagen der Stellenanzeige. Für eine erste Entscheidung, ob Sie die Stellenanzeige weiterverfolgen sollen oder nicht, konzentrieren Sie sich darauf inwieweit Sie den Anforderungen entsprechen, und ob Sie eine eigene Vision (Vorfreude?!) für die Stelle haben. Achten Sie außerdem auf die Altersgrenze. Wenn Sie diese deutlich überschreiten, wird eine Bewerbung nicht erfolgversprechend sein. Denken Sie auch an das zumeist niedrige Gehalt für Jungeinsteiger.

5. Bewerten Sie, was für die Firma als wichtig (Muss-Voraussetzungen) und was als nachrangig (Kann-Voraussetzungen) erscheint.

6. Nehmen Sie nun anhand dieser Kriterien eine Selbstbewertung vor. Wie gut erfüllen Sie (realistisch) die Anforderungen (-- , - , o , + , + +).

7. Beziehen Sie in diese Beurteilung auch ihre Stärken, Schwächen, Neigungen und Schlüsselqualifikationen ein. Wird überhaupt gefordert und benötigt, was Sie alles können oder liegen die Schwerpunkte des Arbeitgebers woanders? Wenn ja, wie können und wollen Sie Ihre Defizite ausgleichen?

8. Gewinnen Sie nun aus den Informationen drei bis fünf Argumente für das Bewerbungsanschreiben

- Warum Sie besonders gut für die Stelle geeignet sind, oder anders gesagt, warum der Arbeitgeber gerade Sie einstellen sollte.
- Warum Sie persönlich in der Stelle eine große Chance für sich sehen, oder anders gesagt, warum Sie gerne die Stelle annehmen wollen.

9. Vergessen Sie nicht, alle Fragen zu notieren, die im Zuge der Bearbeitung der Stellenanzeige auftauchen. Fehlende oder unklare Informationen sollten Sie telefonisch sofort erfragen oder als Frage für das Vorstellungsgespräch im Hinterkopf behalten. Beantworten Sie für sich die Frage: „Warum sollten wir gerade Sie einstellen?“

Floskeln und Standards

Manche Aussagen in einer Stellenanzeige wirken verklausuliert. Zum besseren Verständnis hier ein paar Anmerkungen zu häufig verwendeten Formulierungen:

- Was als Schlüsselqualifikation (Muss-Voraussetzungen) für eine Stelle gefordert wird, lässt sich unter anderem an folgenden Formulierungen ablesen:
  - „Voraussetzung sind sehr gute/perfekte Kenntnisse in ...“
  - „Als Erfolgsvoraussetzungen bringen Sie mit ...“,
  - „Erforderlich sind mindestens ... Jahre Berufserfahrung“.
- Hinweise auf wünschenswerte/zusätzliche Kenntnisse und Erfahrungen (Kann-Voraussetzungen) können folgende Floskeln geben:
  - „Idealerweise verfügen Sie über ...“
  - „Erste Erfahrungen im Bereich ... wären wünschenswert“
  - „Ausbaufähige Kenntnisse über .. wären von Vorteil“

- Lassen sich Muss- und Kann-Voraussetzungen nicht eindeutig differenzieren, sollte man dies telefonisch klären.
- Sucht ein **„junges Team“** Mitarbeiter, dann sollte der Bewerber unter 35 Jahre alt sein. Wenn von einem **„überschaubaren Team“** die Rede ist, dann bedeutet das für den Bewerber, dass er nicht von einem klar umschriebenen Aufgabenfeld ausgehen kann, sondern von Fall zu Fall weitere Aufgaben mit übernehmen muss.
- **„Teamorientierung“** heißt, dass der Bewerber sicher nicht im stillen Kämmerlein alleine vor sich hinarbeiten wird, sondern laufend mit den unterschiedlichsten Leuten zurechtkommen muss und ein gutes Gefühl dafür besitzt, wann es wichtig ist sich durchzusetzen und wann es richtig ist Kompromisse einzugehen. Wenn dazu auch noch ein **„Höchstmaß an Flexibilität“** verlangt wird, muss man auch mit spontanen Einsätzen zu ungewöhnlichen Zeiten und mit Mehrarbeit rechnen.
- Wenn **„hohe Entschlusskraft“** und **„große Belastbarkeit“** gefordert sind, dann herrscht in dem Unternehmen zuweilen ein rauer und wenig rücksichtsvoller Umgangston.
- Wird eine **„Führungspersönlichkeit“** gesucht, so klingt das zunächst reizvoll. Wenn es nicht näher erläutert ist, wirft es je doch die Fragen auf: Wer soll geführt werden? Wie viele Mitarbeiter sind zu führen? Welche besondere Qualifikation ist dafür gefordert?
- Lockt eine Anzeige mit der Aussage **„Die Dotierung ist äußerst interessant“**, so klingt dies attraktiv, jedoch muss man auch hier nachhaken: „Handelt es sich um ein Festgehalt, wie hoch ist die Erfolgsbeteiligung entsprechend dem Geschäftsergebnis oder wird rein auf Honorar- bzw. Stundenbasis bezahlt?
- Wirbt eine Anzeige zuerst mit dem Gehalt, nach dem Motto **„Top-Verdienst von zu Hause aus“**, oder **„Mehr als 7.000 Euro monatlich für leichte Tätigkeit bei freier Zeiteinteilung“,** so ist Vorsicht geboten. Wenn jetzt nichts Näheres über die Art der Tätigkeit kommt, nehmen Sie Abstand von einer Bewerbung. Denn niemand wird etwas verschenken und oft sind solche Anzeigen Lockangebote, bei denen man sich den vermeintlich begehrten Job erst noch mit einem

teuren selbstfinanzierten Lehrgang erkaufen muss. Hier gibt es in der Regel nichts zu verdienen.

- Bei Unklarheiten sollte der Bewerber in jedem Fall beim angegebenen Ansprechpartner sofort telefonisch nachhaken. Jetzt ist auch die Gelegenheit einige interessante Zusatzinfos einzuholen: Warum eigentlich ist die Stelle ausgeschrieben? Hat der Vorgänger entnervt gekündigt, ist er in Ruhestand gegangen oder wird hier ein Geschäftsbereich ausgebaut?

Nebulöses unter Chiffre

Wie in allen Bereichen, gibt es auch bei Stellenanzeigen „schwarze Schafe", die glauben, dass es wichtiger ist, große Versprechungen über Gehalt, Qualifikation und Arbeitsaufwand zu machen, als klar, offen und sachlich zu informieren.

Vorsicht ist bei solchen Anzeigen geboten, die nicht ein Mindestmaß an Informationen zum Unternehmen, der Stelle, den Anforderungen und der Qualifikation bieten. Ein Sonderfall liegt vor, wenn eine vom Arbeitgeber beauftragte Beraterfirma inseriert. Ist man im Zweifel, ob die Firma und die Stelle passen kann, sollte man zunächst in einem Anschreiben kurz den eigenen Werdegang skizzieren und um Kontaktaufnahme bitten. Bei Interesse werden dann die kompletten Unterlagen nachgereicht.

Wenn man sich auf eine Chiffreanzeige bewirbt, sollte man einen so genannten **„Sperrvermerk"** nutzen, in dem man festlegt, an welche Firmen oder Personen die Bewerbung nicht weitergeleitet werden darf.

Wenn Sie bezüglich des Unternehmens unsicher sind, informieren Sie sich vorab über die wirtschaftliche Lage, Ziele und Perspektiven der Firma. Recherchieren Sie dazu im Internet, in der Wirtschaftspresse und Informationsdiensten wie der Firmendatenbank des Hoppenstedt-Verlags, dem „ABC der deutschen Wirtschaft", dem Kompass Deutschland oder WLW („Wer liefert Was"). Wertvolle Ansprechpartner sind auch die vor Ort ansässigen Industrie- und Handelskammern sowie die Handwerkskammern. Aktuelle Adressen finden Sie auch auf der Seite www.businessgerman.com.

Das Gehalt

Last but not least: Meistens machen Unternehmen in der Stellenausschreibung keine Angaben zum Gehalt. Auf der anderen Seite fordern sie jedoch vom Bewerber sich über die Gehaltsvorstellung zu äußern. Unser Tipp: Gehen Sie in Ihrem Bewerbungsschreiben nicht darauf ein, sondern warten Sie, bis dieses Thema beim Vorstellungsgespräch durch den Arbeitsgeber angesprochen wird. Dann jedoch sollten Sie schon eine eigene Vorstellung darüber haben, wie viel Sie mindestens verdienen wollen.

Schnelligkeit ist Trumpf

Reagieren Sie auf Stellenanzeigen immer sofort. Auf regionale Anzeigen sollte man sich innerhalb einer Woche bewerben, auf überregionale Anzeigen innerhalb zwei Wochen. Wenn Ihre Bewerbung noch später eintrifft, könnte der Eindruck entstehen, dass Sie nur geringes Interesse haben.

20 Die Bewerbungsmappe

Die Bewerbungsunterlagen, die von Personalabteilungen erwartet werden, können von Land zu Land sehr unterschiedlich sein:
In Deutschland sollte eine Bewerbungsmappe bei der schriftlichen Bewerbung immer folgende Unterlagen beinhalten (in der Reihenfolge der Sortierung):

- Anschreiben
- Lebenslauf mit Lichtbild
- Zeugnisse

Alle Schriftstücke sollten auf rein-weißem, hochwertigem Papier gedruckt sein, das absolut sauber ist und keine Knicke zeigt. Im Einzelnen:

1. Anschreiben

Dies ist das wichtigste Dokument Ihrer Bewerbung, weil es den direkten Bezug Ihrer Person und Ihres Beschäftigungswunsches mit der ausgeschriebenen Stelle herstellt. Tipps in Kürze: nur 1-Blatt-Darstellung – präzise Aussagen in fehlerfreiem prägnanten Deutsch – kurze Sätze – übersichtliche Blattaufteilung. Detaillierte Tipps zum Anschreiben und ein Muster finden Sie z.B. bei www.dv-job.de.

2. Lichtbild

Hier sollte ein aktuelles, professionell gemachtes Foto verwendet werden, das rechts oben auf dem Lebenslauf platziert sein sollte.

3. Lebenslauf

Der Lebenslauf listet in tabellarisch-übersichtlicher Form alle persönlichen Daten und beruflichen Stationen auf. Sehen Sie selbst anhand eines einfachen Beispiels unter www.jobware.de, Stichwort „Richtig bewerben." Wichtig ist Lückenlosigkeit, und dass eine Kontinuität in der Lebensplanung zu erkennen ist.

4. Zeugnisse

In diese Rubrik fügen Absolventen/Berufsanfänger hochwertige Kopien (!) ihrer wichtigsten Schul- und Hochschulabschlusszeugnisse und evtl.

Praktikumsnachweise bei. Auch jobrelevante Weiterbildungsmaßnahmen wie Sprach- oder Computerzertifikate gehören hierher.
Bei berufserfahrenen Bewerbern treten die (älteren) Schulzeugnisse zugunsten aktueller Arbeitszeugnisse in den Hintergrund (s.a. Kapitel „Das Arbeitszeugnis"). Jedoch sollte das wichtigste Ausbildungszeugnis, wie das Universitätsabschlusszeugnis oder die Diplomurkunde immer als Kopie beigelegt werden.
Arbeitsproben, Referenzen und Handschriftenproben werden nur auf ausdrückliche Anforderung bzw. Erwähnung in der Stellenanzeige beigelegt.
Mit all diesen Unterlagen könnte im Laufe des Berufslebens die Bewerbungsmappe zu einem kleinen Buch anwachsen. Als Richtwert sollten jedoch nicht mehr als zehn bis allerhöchstens 15 Blatt beigefügt werden. Bei mehr kommt der Verdacht auf, dass der Bewerber es nicht versteht Wichtiges von Unwichtigem zu unterscheiden, also: „Klasse vor Masse!". Sollten wichtige Unterlagen fehlen, so können Sie das in einem P.S. auf dem Anschreiben plausibel erläutern. Prüfen Sie vor dem Absenden noch einmal, dass wirklich nur alle entscheidungsrelevanten Unterlagen bei dieser Selbstdarstellung eingereicht werden. Denken Sie dabei auch immer an das Zauberwort „Glaubwürdigkeit".
Ideen für die Gestaltung der versandfertigen Mappe finden Sie unter www.bewerbungsmappe.de, jedoch genügt auch ein hochwertiger Klemmhefter (ohne Lochungen!), vorzugsweise in einer dezenten Farbe. Denken Sie immer daran, dass diese Unterlagen Ihre Visitenkarte und das Spiegelbild Ihrer Person sind.

Hinweis zu Arbeitszeugnissen

Sie sind das wichtigste Dokument Ihres vorangegangenen Berufslebens und enthalten wertvolle Informationen über Ihre Kompetenz und Ihr Verhalten den Kunden, Kollegen und Vorgesetzten gegenüber. Verzichten Sie deshalb keinesfalls darauf, sich vor dem Ausscheiden aus ihrem alten Betrieb ein vollständiges und glaubwürdiges Arbeitszeugnis anfertigen zu lassen. Den größten Einfluss auf eine positive umfassende Darstellung Ihrer bisherigen Leistungen werden Sie erreichen, wenn Sie

es selbst formulieren und dann mit Ihrem bisherigen Vorgesetzten endgültig fertig stellen. In den meisten Fällen ist das für beide Seiten die beste Vorgehensweise. Mehr zum Thema finden Sie im Kapitel „Das Arbeitszeugnis".
Auf eine Stellenanzeige hin sollten Sie sich in einem Zeitraum von drei Tagen bis maximal zwei Wochen hin bewerben.

Was wird nach dem Absenden Ihrer Bewerbung geschehen?
Innerhalb weniger Tage erhalten Sie in der Regel ein standardisiertes Schreiben der Personalabteilung, dass Ihre Bewerbung ordnungsgemäß eingegangen ist. Danach wird sich das Unternehmen in einem Zeitraum zwischen zwei und vier Wochen wieder bei Ihnen melden: Absage, Nachforderung von Unterlagen oder Einladung zum Vorstellungsgespräch. Warten Sie auf eine Rückmeldung länger als sechs Wochen, kommt das in den meisten Fällen einer Absage gleich. Irgendwann werden Sie Ihre Unterlagen dann auch wieder zurückerhalten. Lediglich ihr ehemaliges Anschreiben behält die Firma bei sich.
Viel Glück bei der Bewerbung!

21 Das Bewerbungsgespräch

Im Laufe Ihrer Jobsuche in Deutschland, werden Sie sicherlich mehrere Vorstellungsgespräche führen. Um dabei erfolgreich zu sein, sollten Sie drei Grundregeln unbedingt beachten:

- Gut vorbereitet und glaubwürdig sein
- Ruhe, Kompetenz und Zuversicht ausstrahlen
- Pünktlich und zuverlässig sein

Um im Interview zu bestehen, hier ein paar Erläuterungen zu den wichtigsten Aspekten:

1. Informiert sein:
Werden Sie sich darüber klar, warum das Unternehmen gerade Sie einstellen soll. Verschaffen Sie sich alle wichtigen Informationen über Ak-

tivitäten, Erfolg und Unternehmenskultur Ihres Wunscharbeitgebers. Bis auf wenige Ausnahmen präsentieren sich alle Konzerne im Internet. Weitere ergiebige Quellen sind: Geschäftsberichte, Branchenberichte, Messen, Unternehmensbroschüren, Handelsregister, Wirtschaftsverbände, Zeitungsarchive.

Lesen Sie besonders aufmerksam die Stellenanzeigen des Arbeitsgebers und achten Sie auf aktuelle Projekte oder Probleme. Verschaffen Sie sich nach Möglichkeit auch einen ersten persönlichen Eindruck des Unternehmens. Wenn Sie zum Beispiel in einer Bank arbeiten wollen, betreten Sie ruhig einmal die Schalterhalle als vermeintlicher Kunde oder besuchen Sie den Messestand Ihres Wunschunternehmens. Es zeugt von Interesse und Kompetenz, wenn Sie im Bewerbungsgespräch darauf Bezug nehmen können.

2. Zeit:

Kommen Sie auf keinen Fall zu spät! Um jedes Risiko zu vermeiden, sollten Sie entsprechende Pufferzeit einplanen. Denn schnell ist die Zeit mit Stau oder Parkplatzsuche vergangen und Ihr Auftreten könnte von vorneherein mit einem negativen Vorzeichen besetzt sein. Am besten Sie benutzen anstatt des Autos gleich Bahn, Metro oder Taxi. So wissen Sie ziemlich genau, wann Sie ankommen. Mehr als zehn Minuten zu früh sollten Sie jedoch auch nicht zum Vorstellungsgespräch erscheinen.

3. Outfit:
Planen Sie die Kleiderfrage rechtzeitig. Wenn Sie erst auf dem Weg zum Interview feststellen, dass der Rock zu kurz ist, das Hemd einen Fleck hat, die Socken die falsche Farbe haben oder die Hose beim Sitzen kneift, wird Sie das zusätzlich verunsichern. Kleiden Sie sich immer so, wie Sie dort arbeiten würden, also den Firmengewohnheiten entsprechend. Wenn Sie sich für die Bewerbung neu eingekleidet haben, tragen Sie die Sachen ruhig schon vorher, damit Sie sich wohl darin fühlen. Statt eines starken Parfüms nehmen Sie besser ein duftfreies Deo. Die Geschmäcker sind bekanntlich verschieden.

4. Auftreten:
Viele Psychologen sind davon überzeugt, dass sich in den ersten zehn Sekunden einer Begegnung entscheidet, ob der Gesprächspartner als sympathisch oder unsympathisch, passend oder nicht, empfunden wird. Dieser erste Eindruck ist später nur schwer zu revidieren. Bemühen Sie sich also frisch, ausgeschlafen und aufgeschlossen aufzutreten. Darum: Planen Sie gut, schlafen Sie ausreichend, trinken Sie viel Wasser und schränken Sie den Alkohol- und Zigarettenkonsum ein.

5. Im Gespräch:
Ihr zukünftiger Arbeitgeber wünscht sich, dass seine Stelle Ihre erste Wahl ist. Erklären Sie deshalb, warum Sie gerade dieses Unternehmen so interessant finden und dort Ihre beruflichen Ziele besonders gut verfolgen können. Vergessen Sie nicht: Die Unternehmensziele sind auch Ihre Ziele. Erläutern Sie, warum gerade Sie die Firma oder die Abteilung nach vorne bringen können. Auf der anderen Seite: Hinterlassen Sie nicht den Eindruck, als hätten Sie das Unternehmen schon umorganisiert, bevor Sie es überhaupt gesehen haben.
Seien Sie freundlich ohne überschwänglich zu wirken. Versuchen Sie Ihre Persönlichkeit überzeugend darzustellen. Wer versucht, eine Rolle zu spielen, scheitert in der Regel, denn ein aufgesetztes Verhalten lässt sich kaum über mehrere Bewerbungsrunden konsequent und glaubwürdig durchhalten. Achten Sie bei den weniger spaßigen Bereichen darauf,

dass Sie sich vorsichtig ausdrücken. Blicken Sie dem Gesprächspartner offen in die Augen, ohne zu starren. Lächeln Sie und warten Sie ab, bis der Interviewer Ihnen die Hand reicht, drücken Sie diese fest, ohne zu quetschen. Ein Händedruck ohne Widerstand erinnert manchen an einen toten Fisch in der Hand und vermittelt so, der Bewerber habe kein Rückgrat. Achten Sie aber auch auf Distanz: Wer dem Gesprächspartner zu dicht auf die Pelle rückt, weckt Aggressionen (siehe Kapitel Distanzzonen). Reden Sie nicht zu viel, sondern versuchen Sie gezielt und interessant zu informieren. Verzetteln Sie sich nicht in Randthemen und verlieren Sie den Bezug zur zukünftigen Arbeitsstelle und den Interessen des Arbeitgebers nicht aus den Augen.

6. Aufmerksamkeit:
Prägen Sie sich die Namen Ihrer Gesprächspartner ein. Nichts ist unangenehmer als später nach dem Namen fragen zu müssen. Gut ist es auch, sich einige Kernaussagen des Gegenübers zu behalten, um im weiteren Gespräch darauf Bezug nehmen zu können.

7. Haltung:
Sitzen Sie dem Interviewer nicht mit gesenkten Augen und verschränkten Armen gegenüber, das wirkt abweisend und wenig selbstbewusst. Nähern Sie sich während des Gesprächs der (Sitz)-Haltung Ihres Gegenübers an, das erzeugt ein Gefühl von Sympathie. Lediglich, wenn der Personalleiter mehr im Stuhl liegt, als dass er sitzt, sollten Sie das nicht unbedingt imitieren.

8. Höflichkeit:
Lassen Sie Ihre Gesprächspartner ausreden. Fallen Sie niemals ins Wort, denn das zeugt von Nervosität, übertriebenem Ehrgeiz, Rücksichtslosigkeit und schlechten Manieren. Vermeiden Sie fachfremde und persönliche Fragen, wenn Sie sich nicht unmittelbar aus dem Gespräch ergeben. Zu leicht könnte man dem anderen zu nahe treten und es wird ihm unangenehm sein zu antworten.

9. Selbstbewusstsein:

Stärken Sie Ihr Selbstbewusstsein, indem Sie alle Dinge, die Sie in Ihrem Leben beruflich oder privat erreicht haben, aufschreiben. Machen Sie sich klar, warum Sie gut sind und dementsprechend die erste Wahl für den Arbeitgeber. Vergleichen Sie das Stellenprofil mit Ihrem Qualifikationsprofil. Lesen Sie diese Notizen öfters durch, damit Sie sie für das Vorstellungsgespräch verinnerlichen. Pauken Sie keine Formulierungen, aber üben Sie ruhig einmal laut Antworten auf kritische Fragen. Prüfen Sie vor dem Spiegel Mimik und Gestik.

10. Ablauf:

Machen Sie sich den üblichen Ablauf eines Vorstellungsgesprächs bewusst, damit Sie wissen, was Sie erwartet.

- man macht sich bekannt,
- Ihnen werden die Firma und Stelle beschrieben oder,
- Sie sprechen zuerst über sich, Ihre Ziele und Motivationen,
- unter Umständen wird Ihnen dann der Betrieb gezeigt, (oftmals jedoch auch erst beim 2. Gesprächstermin),
- abschließende Fragen werden geklärt und
- zum Schluss verabredet man das weitere Vorgehen.

Erwarten Sie nicht, dass man Ihnen sofort eine Zusage macht. In aller Regel schläft jeder noch einmal darüber. Auch Sie sollten keine sofortige Zusage machen, sondern besser am nächsten Tag wieder dazu anrufen.

Wichtig: Konfrontieren Sie Ihre Gesprächspartner auf keinen Fall gleich zu Beginn mit Gehaltsvorstellungen, sondern warten Sie auf eine gute Gelegenheit dazu während der Fragestunde. Übrigens wird in Deutschland bei Gehaltsverhandlungen immer über das Jahres-Brutto-Gehalt in Euro gesprochen.

11. Anstand:

Reden Sie nie schlecht über andere. Schimpfen über den letzten Arbeitgeber oder die Kollegen kommt ganz schlecht an. Man wird Sie für schwierig und im Ernstfall für nicht teamfähig halten. Drücken Sie Ihre Unzufriedenheit mit Ihrem bisherigen Beschäftigungsverhältnis diplomatisch aus und greifen Sie niemanden direkt an. „Unsere Vorstellungen gingen immer mehr auseinander“ … „meine Ziele sind andere“. Nennen Sie möglichst objektiv positive und negative Seiten Ihrer alten Arbeitsstelle, wie etwa mangelnde Fortbildungs- oder fehlende Aufstiegsmöglichkeiten. Das sind gute Gründe eine Arbeitsstelle zu verlassen. Versäumen Sie aber nicht, auch etwas Positives zu erwähnen, wie das gute Betriebsklima zum Beispiel. Überlegen Sie sich möglichst schon vorher die passende Antwort. Zum Beispiel könnten Sie sagen, dass Sie lieber in einem netten Team arbeiten, als alleine im Büro. Wenn Sie in dieser Weise ihre Hausaufgaben gemacht haben, werden Sie gut genug wissen, was richtigerweise zu antworten ist.

12. Glaubhaftigkeit:
Sagen Sie offen und ehrlich, welche Fähigkeiten Sie mitbringen und welche Vorstellung Sie von der Stelle haben. So vermeiden Sie, dass Ihnen der Job hinterher keinen Spaß macht, oder dass der Arbeitgeber mit Ihnen unzufrieden sein wird. Sicher beinhaltet eine Entscheidung immer einen Kompromiss aus Für und Wider, doch sollte Ihre Zusage mit einer ehrlichen, inneren Verpflichtung verknüpft sein.

13. Briefing:
Gehen Sie vor dem Interview die Unterlagen Ihrer Bewerbungsmappe, mit der Sie sich beworben haben, noch einmal durch. Welche Fragen könnten sich aus Sicht des Personalleiters dabei ergeben? Welche Qualifikationen und welche Lücken könnten für den neuen Arbeitgeber interessant sein?
Simulieren Sie auch zum Beispiel mit einem guten Freund das Vorstellungsgespräch. Notieren Sie sich die Stolpersteine und die Knackpunkte.
Zum Ende des Vorstellungsgesprächs sollte geklärt werden, wer sich wann beim anderen meldet. Folgt dem höflichen „Wir kommen auf Sie zu“ eine förmliche Absage, grämen Sie sich nicht.

Wenn Sie das Vorstellungsgespräch hinter sich haben, analysieren Sie, was gut und was schlecht gelaufen ist. Welches Bauchgefühl begleitet Sie? Was ist gut und schlecht an dem Job? Und welchen Eindruck haben Sie von dem Miteinander und der Atmosphäre im Betrieb. Am besten Sie gehen für diese Gedanken gleich unmittelbar nach dem Interview in ein Café oder in einen Park, wo Sie Ruhe haben. Und vergessen Sie nicht diese ersten Gedanken aufzuschreiben. Falls Sie wieder einmal ein Vorstellungsgespräch haben, wird dies eine Hilfe sein, um ihre Argumente noch überzeugender darzustellen.

22 Fragen und Antworten im Vorstellungsgespräch

Während des Bewerbungsgesprächs ist es wichtig auch bei kniffligen Fragen die Ruhe zu bewahren. Um größere Sicherheit bei Ihrem großen Auftritt zu haben, hier einige Tipps dazu:

1. Machen Sie sich das Standardprozedere bewusst

Nach kurzem Begrüßungsgespräch werden Sie in den meisten Fällen zunächst etwas zum Thema Mein Werdegang sagen. Dabei geben Sie die wichtigsten Punkte Ihres Lebenslaufs in Kürze wieder. Menschen, die viel reden und dabei wenig sagen, sind in der deutschen Wirtschaft

unbeliebt. Solche, denen man alles aus der Nase ziehen muss und die reserviert auftreten allerdings auch – deshalb sollte man nicht kurz angebunden und emotionslos wirken. Gehen Sie auf jedes Thema ein, doch verlieren Sie sich nicht in unwichtigen Details.
Später wird man mit gezielten Fragen auf Ihren Werdegang zurück kommen. Legen Sie sich hierzu überzeugende Antworten schon vorher zurecht, etwa zu Lücken im Lebenslauf. Auf diese wird man mit großer Sicherheit zu sprechen kommen.

2. Versetzen Sie sich in die Lage Ihres Gegenübers und überlegen Sie:

- Was wird vom idealen Mitarbeiter erwartet?
- Wie schneide ich im Vergleich dazu ab?
- Was muss der Job unbedingt für mich bringen?
- Auf was kann ich leicht verzichten?
- Wie muss die Perspektive aussehen?
- Wie wird sich meine weitere berufliche Entwicklung gestalten, wenn ich diesen Job bekomme?

Je genauer Sie für sich im Vorfeld diese Fragen durchdacht haben, desto sicherer werden Sie antworten können.
Wenig hilfreich ist es dagegen das Psychogramm des idealen Arbeitnehmers in Deutschland zu kennen und zu versuchen, sein eigenes Profil danach zurecht zu biegen. Denken Sie darüber nach, wie Sie sich anderen präsentieren und dass Sie damit Erwartungen provozieren, die Sie vielleicht schon bald unter Beweis stellen müssen. Erwecken Sie deshalb beim Interviewer nie den Eindruck, Sie könnten etwas, was Sie nicht leisten.

3. Bleiben Sie glaubwürdig

Professionelle Interviewer führen strukturierte Bewerbungsgespräche und wollen präzise, klare und ehrliche Antworten. Märchen erzählen fällt auf, wenn die Aussagen nicht zu Ihrem Persönlichkeitsprofil passen. Wenn Sie unglaubwürdig erscheinen und man dennoch Interesse an Ihnen hat, ist es üblich, Referenzen bei Ex-Arbeitgebern oder Ausbildern einzuholen. Auch das letzte Arbeitszeugnis wird dann mit großer Sorgfalt beachtet und gegebenenfalls überprüft.

4. Spielen Sie die beliebtesten Fragen und Antworten durch

Personalentscheider schöpfen oft aus einem reichen Repertoire an Standardfragen. Ihre spontanen Antworten können Sie deshalb recht gut planen. Hier einige Beispiele:

◆ *Was hat Ihnen in Ihrer Ausbildung am meisten Spaß gemacht? Was am wenigsten?*

Lassen Sie bei der Beantwortung dieser Frage Ihrer Begeisterung freien Lauf und beziehen Sie sich auch auf Ihr künftiges Wunschaufgabengebiet. Achten Sie bei den weniger genehmen Bereichen darauf, dass Sie sich vorsichtig ausdrücken. Vermeiden Sie negative Äußerungen, relativieren Sie besser, denn schimpfen und lästern kommt ganz schlecht an.

◆ *Welches sind Ihre Stärken, wo sehen Sie Ihre Schwächen?*

Hinreichend bekannt ist der Trick, Schwächen zu nennen, die auch als Stärken interpretiert werden können: Ungeduld etwa oder Perfektionismus. Erläutern Sie dabei was Sie meinen, indem Sie Beispiele aus dem Schul- oder Berufsleben bringen. Langweilen Sie den Gesprächspartner jedoch nicht mit Standardphrasen. Wenn Sie wie aus der Pistole geschossen bekennen, dass Sie Probleme haben, Ordnung zu halten, haben Sie ausgespielt. Ein bisschen Futter muss man jedoch schon geben, denn jeder weiß: „Nobody is perfect". Für eine gute Taktik überlegen Sie am besten, was Sie selbst in der Rolle des Arbeitgebers akzeptieren würden. Sagen Sie zum Beispiel: „Ich bin sehr kreativ, manchmal auch etwas unordentlich." Am besten dann noch abgemildert durch den Zusatz: „Aber meine Termine halte ich immer ein".

◆ *Sie haben Musikwissenschaften studiert und bewerben sich jetzt für eine Trainee-Position im Bereich Marketing? Wie passt das zusammen?*

Wichtig ist es jetzt die Beweggründe logisch und nachvollziehbar als bewussten Entschluss zu verdeutlichen. Zum Beispiel lässt sich Musik mit Marketing gut vergleichen, wenn man die Elemente betrachtet, die für beide Disziplinen gleichsam notwendig sind: Kreativität, Disziplin, Befähigung, Zeitgefühl, Intuition. So können Sie aus einem vermeintlichen Nachteil einen Trumpf machen.

- *Warum hat Ihr Studium so lange gedauert?*

Speziell Unternehmen aus der Beraterbranche stellen gerne Bewerber ein, die ihr Studium in kürzester Zeit sehr gut abgeschlossen haben. Ansonsten lassen Sie sich durch ein Hinterfragen ihrer Studiendauer nicht provozieren. Man will lediglich sehen, wie Sie mit unangenehmen Fragen umgehen. Schließlich hat man Sie trotz dieses Faktes zur Vorstellung eingeladen. Nennen Sie einen triftigen Grund, warum das Studium lange gedauert hat. Fassen Sie sich kurz, verfallen Sie nicht in langatmige Rechtfertigungen. Denken Sie bereits vor dem Interview über diese Frage nach, um eine treffende und glaubwürdige Antwort zu geben.

- *Wo wollen Sie in fünf Jahren stehen?*

Hierbei will man wissen, ob Sie Perspektiven für sich selbst haben und ob diese zu den Vorstellungen des Unternehmens passen. Längerfristige Planung ist in verantwortlichen Positionen unerlässlich, nur so sind Reichweite und mögliche Konsequenzen von Entscheidungen absehbar. Wenn Sie mit den unternehmensspezifischen Aufstiegsmöglichkeiten noch nicht vertraut sind, sprechen Sie am besten über den Wunsch nach stetig steigender Verantwortung und den speziellen Beitrag, den Sie für das Unternehmen leisten wollen.

- *Warum sollten wir gerade Sie einstellen?*

Diese Frage wird so oder ähnlich eigentlich immer gestellt. Trotzdem sind die wenigsten Bewerber darauf vorbereitet. Hier geht es um Ihre Selbsteinschätzung: Fassen Sie Ihre fachlichen und persönlichen Stärken in Bezug auf die Anforderungen des Unternehmens nochmals kurz zusammen.

- *Wie viel möchten Sie gerne verdienen?*

Vorsicht bei dieser Frage. Etwa ein Drittel aller Bewerber wird auf Grund zu hoher Gehaltsvorstellungen abgelehnt. Erkundigen Sie sich deshalb bereits im Vorfeld über die branchenüblichen Gehälter für die angestrebte Position (zum Beispiel „Gehaltsspiegel", publiziert in den Wirtschaftsmagazinen). Die unterste Gehaltsgrenze sollte dabei der Marktpreis sein, der sich in der gewählten Branche aus Ihrer Qualifikation und standortbezogenen Faktoren (z.B. Mietpreisniveau, Stadt oder Provinz) ergibt. Bietet man Ihnen etwas weniger, machen Sie die Differenz am besten zum Thema von Schulung und Weiterbildung. Achtung: Wer glaubt, beim ersten Gehaltsgespräch nach der Einstellung alle Verdienstwünsche realisieren zu können, wird wahrscheinlich frustriert sein. Denn jetzt ist er in die innerbetriebliche Beförderungshierarchie eingespurt und muss sich erst einmal beweisen.

5. Mit eigenen Fragen Pluspunkte sammeln

Beim Vorstellungsgespräch dürfen und sollen Sie Fragen stellen, die für Ihre Entscheidungsfindung wichtig sind. „Warum"-Fragen sollten Sie vermeiden, sie klingen allzu leicht nach Kritik. Besser sind offene Fragen, die mit „Wer", „Was" oder „Wie" beginnen und eine längere Auskunft erfordern.

Fragen Sie zum Beispiel, mit wem Sie zusammenarbeiten werden. Gern gesehen ist auch das Interesse an der Unternehmensstrategie, den Entwicklungsmöglichkeiten oder die Einordnung der Stelle im Organigramm. Hilfreich ist es, eine Liste von Fragen schon vor dem Vorstellungsgespräch zu erstellen, da man in der Aufregung leicht etwas Wichtiges vergisst. Übrigens: Nehmen Sie Ihre Unterlagen unbedingt mit zum Vorstellungsgespräch. Wenn Sie Ihre Hausaufgaben gemacht haben und damit einiges über das Geschäft und die Branche wissen, sollten Sie dieses Wissen für Ihre Fragen nutzen.

6. Worüber man nicht spricht

Heutzutage steigern Personalchefs das Lampenfieber der Jobanwärter mit dreisten Unterstellungen oder unerlaubten, unangenehmen Fragen nur noch selten. Passiert es Ihnen trotzdem, heißt es cool und freundlich bleiben. Man will von Ihnen wissen, ob Sie homosexuell, schwanger oder pervers sind? Dann fragen Sie einfach zurück, ob das Voraussetzung für den Job sei. Geht die Spanische Inquisition weiter, sollten Sie überlegen, ob Sie in diesem Theater Ihre Zukunft sehen. Stressinterviews zeugen meist von unklaren Vorstellungen auf Seiten des Arbeitgebers oder einfach einer unangenehmen Unternehmenskultur.

Nachfolgende Fragen sind grundsätzlich unzulässig, besonders, wenn der Bezug zur Arbeitsstelle nicht erkennbar ist. So sollte beispielsweise die Religionszugehörigkeit kein Thema sein, es sei denn, Sie bewerben sich um eine Stelle bei der katholischen Kirche. Bedenken Sie bei den nachfolgenden Themen, wie Sie diese im Bedarfsfall wahrheitsgemäß beantworten oder sie zurückweisen, ohne sich Minuspunkte einzuheimsen:

- Austritts- oder Kündigungsgrund im früheren Unternehmen,
- Parteizugehörigkeit,
- Öffentliche Ämter und Ehrenämter,
- Mitgliedschaft in Vereinen und Verbänden,
- Religionszugehörigkeit,
- Gewerkschaftszugehörigkeit,
- Heirat/Scheidung,
- Kinderwunsch,
- Schwangerschaft,
- Vorstrafen,
- Vermögensverhältnisse,
- Auskunft über frühere Kollegen und Arbeitgeber.

Sie können davon ausgehen, dass ein Personaler genau weiß, was er fragen darf und was unzulässig ist. Natürlich ist es in der Praxis oft eine Gratwanderung wie viel man sagt oder nicht, doch weichen Sie im Zweifelsfall der Preisgabe von Informationen so weit wie möglich aus. Sagen Sie zum Beispiel: „Es tut mir Leid, doch ich kann nicht erkennen, inwieweit diese Information mit meiner Qualifikation für den Job zu tun hat“, oder „Entschuldigung, aber meines Wissens darf dieses Thema nicht Bestandteil eines Vorstellungsgesprächs sein“.

Sollten Sie fortgesetzten Druck spüren und wissen, welche Antwort der Interviewer hören will, können Sie in Betracht ziehen, diese wie gewünscht zu beantworten.

7. Eignungstest

Wenn Sie sich für eine Arbeitsstelle bewerben, werden Sie oft mit einem Persönlichkeitstest oder Personalfragebogen konfrontiert. Folgen Sie dabei genau den Anweisungen. Typischerweise zielen die Fragen auf Ihre Motivation, Reife und Ihr Selbstbewusstsein. Die Art und Weise, wie Sie antworten, lässt Rückschlüsse auf Ihr Verhalten, Denken und Ihre Entscheidungen zu, wobei es keine falschen oder richtigen Antworten gibt. In Kombination mit dem Interview, Lebenslauf, der beruflichen Erfahrung und den Referenzen werden diese Informationen dazu benutzt, herauszufinden, wie gut Sie zum Unternehmen passen. Reagieren Sie stets mit diplomatischen Antworten und präsentieren Sie sich nicht als makellose(r) Supermann/-frau! In Eignungstests kommen ganz bestimmte Fragen immer wieder vor, die Ihnen Auswahlmöglichkeiten zwischen verschiedenen Präferenzen und Situationen geben. Dabei ist es aus Erfahrung günstig, tendenziell wie folgt zu antworten:

- keine grundlosen Stimmungsschwankungen, Sorgen und Ängste, keine Unsicherheits-, Minderwertigkeits- und Schuldgefühle,
- kein Hang zum Perfektionismus, aber auch nicht zu impulsivem Handeln,
- keine Konzentrationsprobleme,
- zufrieden mit dem Leben; ein neues Leben würde man genauso führen,
- gern in Gesellschaft, großer Bekannten- und Freundeskreis
- gern Anführer von Gruppen,
- keine Wetterfühligkeit und Migräne,
- kein Ekel vor Schlangen oder Insekten,
- optimistisch, voll Selbstvertrauen, temperamentvoll sein,
- man beschwert sich (zum Beispiel bei schlechter Bedienung), wird aber nicht beleidigend,

- gesellige Freizeitbeschäftigungen: lieber auf eine Party gehen als Bücher lesen,
- lieber telefonieren als Briefe schreiben,
- lieber wissenschaftliche als belletristische Literatur lesen,
- auf der Bahnfahrt mehr Interesse an den Mitreisenden als an der Landschaft haben,
- schlagfertig sein, gern Witze erzählen,
- man hält es für wichtig, beliebt zu sein, hat aber keine Angst, dass andere über einen schlecht reden könnten,
- man schiebt Arbeiten nicht auf,
- man scheut den Wettkampf nicht,
- man möchte gern eine wichtige oder berühmte Persönlichkeit sein,
- im Urlaub lieber aktiv sein als nur entspannt am Strand liegen,
- selbst in den Ferien denkt man an die Arbeit,
- Interesse an Sport; man mag körperliche Tätigkeit,
- Risikobereitschaft gehört dazu:
  - Ab und zu tut man aus Spaß etwas Gefährliches,
  - Allerweltssünden sollte man bekennen, andernfalls macht man sich unglaubwürdig,
  - Als Kind hat man hin und wieder gegen den Willen der Eltern gehandelt,
  - Man ist manchmal schadenfroh oder wütend, sagt gelegentlich die Unwahrheit.

Wir empfehlen dringend nicht zu lügen oder vorzutäuschen jemand zu sein, der man nicht ist, auch wenn in vorstehenden Stichworten die Tendenz erkennbar wird, dass in einem deutschen Unternehmen zumeist einem Macher gegenüber einem wortkargen Theoretikers die Präferenz gegeben wird.

23 Das Arbeitszeugnis

Im Gegensatz zur Praxis in vielen anderen Ländern, wo, wie zum Beispiel in den USA, eine aktuelle Referenzliste mit Ansprechpartnern und ein Empfehlungsschreiben eine große Bedeutung hat, steht in Deutschland das qualifizierte Arbeitszeugnis beim Nachweis über Arbeitserfolge und Arbeitsqualität im Vordergrund. Dabei ist Folgendes zu beachten:

1. Wichtigstes Dokument:
Die Bedeutung des qualifizierten Arbeitszeugnisses ist vermutlich im mittleren Management am größten. Da in Deutschland ein lückenloser Lebenslauf eine große Bedeutung hat, sieht der Arbeitgeber eine existenzielle Notwendigkeit, Zeugnisse zu verlangen und zu prüfen.
Legen Sie Ihrer Bewerbungsmappe möglichst das aktuelle Zwischenzeugnis oder die letzte Leistungsbeurteilung bei. Eine unbeglaubigte Kopie ist dabei ausreichend, Originale werden nur auf Anforderung hin vorgelegt.

2. Inhaltliche und formale Vollständigkeit:
Im ersten Teil des Zeugnisses werden Ihre Aufgaben und Ihre Position beschrieben. Anschließend erfolgt eine Beurteilung zumeist nach folgenden Kategorien:

- Fachwissen und Anwendung,
- Initiative und Aktivität,
- Ausdauer und Belastbarkeit,
- Fleiß und Sorgfalt,
- Arbeitsweise und Leistungsstand,
- Auftreten und Verhalten,
- Zusammenarbeit und Kontaktpflege,
- Führungsverhalten.

Auf der folgenden Seite ein Beispiel für die Bestandteile und den Inhalt eines knapp gefassten Arbeitszeugnisses.

Gliederung eines Arbeitszeugnisses	Beispiel
Titel	Arbeitszeugnis
Einleitung	Frau Adelheid Schaupp, geboren am 26. März 1975 in Morgantown, West Virginia, USA, war vom 1. August 1998 bis 30. September 2008 in der Logistikabteilung der Baugesellschaft Schneider beschäftigt.
Aufgabenbeschreibung	Während dieser Zeit umfasste Frau Schaupps Verantwortungsbereich die Vertragsgestaltung und -erfüllung mit Speditionen sowie das Beschwerdemanagement. Des Weiteren war sie für die Berichterstattung der Speditionsaktivitäten unseres gesamten Unternehmens zuständig.
Leistungsbeurteilung	Wir kennen Frau Schaupp als eine sehr kompetente und engagierte Mitarbeiterin, die stets ihre Termine einhält und ihre Aufgaben zur höchsten Zufriedenheit erfüllt.
Führungsbeurteilung	Ob im Einzelgespräch oder in der Gruppe war es stets eine Freude mit Frau Schaupp zusammenzuarbeiten.
Schlusssatz	Frau Schaupp verlässt unser Unternehmen auf eigenen Wunsch. Wir bedauern ihr Ausscheiden außerordentlich und wünschen ihr alles Gute für die Zukunft.
Ort, Datum, Unterschrift	Bonn, 27. September 2008

Haben Sie selbst gekündigt, so sollte dies unbedingt im letzten Abschnitt erwähnt sein. Beispiel: „... Frau Müller verlässt unser Unternehmen auf eigenen Wunsch. Wir danken ihr für ihre Mitarbeit und wünschen ihr für den weiteren beruflichen und privaten Weg viel Erfolg und alles Gute." Das Zeugnis muss von einem weisungsbefugten Vorgesetzten unterschrieben sein, was jedoch nicht zwingend der direkte Chef sein muss.

3. Zeugnisentwurf selbst erstellen:
Beim Arbeitszeugnis sollten Sie so wenig wie möglich dem Zufall überlassen und, soweit möglich, selbst die Initiative ergreifen. Schlagen Sie Ihrem Vorgesetzten deshalb vor, einen ersten Entwurf des Zeugnisses selbst einreichen zu dürfen. Dies wird von Arbeitgebern in der Regel dankend angenommen. Beim Erstellen greifen Sie nach Möglichkeit auf frühere (gute) Zeugnisse und solche von Kollegen zurück. Auch bieten Ratgeber mit einer Auswahl gängiger Textbausteine auf CD-Rom eine große Hilfe. Erstellt der Arbeitgeber den ersten Zeugnisentwurf, ist es begrüßenswert, wenn er diesen mit Ihnen persönlich durchspricht.

4. Floskeln beachten:
Was gut klingt, muss nichts heißen. Für die Beurteilung im Arbeitszeugnis werden in Deutschland nahezu standardisierte Formulierungen benutzt. Diese klingen wohl alle recht schön, ein erfahrener Personalleiter kann jedoch hieraus eine eindeutige Wertung herauslesen. Die Formulierung einer besten Bewertung wäre zum Beispiel „hat unseren Erwartungen in jeder Hinsicht und in allerbester Weise entsprochen" und für eine schlechte „hat sich immer bemüht". Weitere Bewertungen und die Erläuterung ihrer Bedeutung finden Sie beispielsweise bei www.focus.de unter „Beruf und Karriere".

5. Wahrheitstreue:
Auch wenn der Arbeitgeber gehalten ist das Zeugnis wohlwollend zu formulieren, so heißt das nicht, dass es eine gute Beurteilung werden wird.

6. Das Zwischenzeugnis als Signal an den Arbeitgeber:
Sollten Sie sich für eine neue Arbeitsstelle bewerben, so ist es von Vorteil, seinen Bewerbungsunterlagen ein aktuelles Zwischenzeugnis beizufügen. Doch Vorsicht: Wenn Sie Ihren Chef auffordern Ihnen eines auszustellen, ist dies ein Signal, dass Sie sich nach einer neuen Stelle umsehen. Aus diesem Grunde sollten Sie bei geeigneten Gelegenheiten, wie z. B. einer Beförderung oder dem Wechsel in eine andere Abteilung, um ein Zwischenzeugnis bitten. Rechtlich gesehen geht von diesem Zeugnis soweit eine Bindungswirkung auch auf das Endzeugnis aus, wie es den zeitlichen Anteil des Arbeitsverhältnisses abdeckt.

7. Timing:
Achten Sie unbedingt darauf, spätestens am letzten Tag im alten Unternehmen das Zeugnis in den Händen zu haben. Aller Erfahrung nach gestaltet sich die spätere briefliche und telefonische Kommunikation darüber unbefriedigend und führt in der Regel zu schlechten Ergebnissen. Auf jeden Fall sollte es höchstens drei Tage nach Ende des Arbeitsverhältnisses datiert sein.

8. Rechtlicher Anspruch:
Immer wenn jemand ein Unternehmen verlässt, hat er (gesetzlichen) Anspruch auf ein qualifiziertes (meint: ausführlich und korrekt) und wohlwollendes Arbeitszeugnis. Dies gilt auch beim Wechsel in ein anderes Unternehmen des gleichen Konzerns. Sollte Ihnen bei dieser Leistungsbeurteilung etwas unklar sein, ist zu Empfehlen:

- Unmittelbar um ein Abstimmungsgespräch mit dem Chef zu bitten,
- umgehend einen eigenen Vorschlag zur Nachbesserung einzureichen, wobei Sie nur auf eine einmalige Korrektur Anspruch haben,
- Aufklärung und Begründung zu fordern,
- das Zeugnis mit einem Experten, zum Beispiel des Betriebsrats durchzusprechen.

Sollte es zwischen Ihnen und dem Arbeitgeber zu fortgesetztem Streit über das Zeugnis kommen und auch die Einschaltung eines Fachanwalts

für Arbeitsrecht nicht zum Erfolg führen, können Sie gerichtlich auf Zeugniserteilung oder -berichtigung klagen. Dabei sind die Erfolgsaussichten relativ groß, da der Arbeitgeber beweisen muss, dass Sie Fehler gemacht haben, die zu einer ungünstigen Beurteilung führen.
Bei guten oder sehr guten Zeugnissen sollte man es zu keinem Streit über Details oder wertungsgleiche Begriffe kommen lassen. Denn es ist auch wichtig, sich das Wohlwollen des Arbeitgebers für spätere Referenzen zu erhalten.

9. Zeugnis-Check:

Im Arbeitszeugnis zählt jeder Satz, wobei auch scheinbar beiläufige Formulierungen einem Personalchef sehr viel verraten können. Wenn Sie unsicher sind, ob Ihr Zeugnis tatsächlich eine Empfehlung ist oder eher eine Warnung an zukünftige Vorgesetzte, können Sie es von einem einschlägigen Experten-Service prüfen lassen. Beispielsweise vom Büro für Berufsstrategie (www.berufsstrategie.de).
Nehmen Sie jedes Zeugnis sehr ernst, auch wenn Sie glauben den Job fürs Leben gefunden zu haben und sich nie wieder bewerben zu müssen. Ausnahme: Wenn Sie als Spitzenkraft mehr als 150.000 Euro pro Jahr verdienen, können Sie auf ein Zeugnis verzichten. Was dann zählt, ist Ihr Ruf und die guten Verbindungen. Mit einem schulmeisterlichen Zeugnis macht man sich da eher verdächtig.

Teil 3: Karrierepraxis

24 Die ersten 100 Tage im deutschen Unternehmen

Was beim Antritt von Firmenbossen und den Bundespräsidenten ein fester Baustein in der Erfolgsplanung ist, kann für jeden eine gute Orientierung sein: Die Einarbeitung in einen neuen Job und die schnelle Integration in eine neuen Organisation mit Hilfe eines Meilensteinplans.

Auf der einen Seite wird heute, im Gegensatz zu früherer Praxis, die Probezeit als eine echte Probezeit angesehen. Denn nicht anders ist zu erklären, dass lt. einer Umfrage des Deutschen Industrie-und Handelskammertages (DIHK) bei über 2.100 Unternehmen, jedes zweite Arbeitsverhältnis bereits während der Probezeit wieder aufgelöst wird. Das ist nicht nur für beide Seiten frustrierend, Arbeitsgeber wie Arbeitnehmer, sondern auch ein großer Verlust an Zeit, Geld und Energie.

Auf der anderen Seite wird der umfassenden Einarbeitung eines neuen Mitarbeiters von Unternehmensseite her paradoxerweise immer weniger Aufmerksamkeit gewidmet. Dies kann die Erwartungshaltung widerspiegeln, dass der neue Mitarbeiter alles im Eiltempo zu lernen hat, um schnell produktiv eingesetzt werden zu können. Das Vermitteln übergeordneter Zusammenhänge im Unternehmen, die Regeln der Zusammenarbeit und sogar Hinweise auf Sicherheitsvorschriften kommen dabei

oft zu kurz. Somit dominiert in der Praxis ein turbulentes Tagesgeschäft allzu oft über die besten Vorsätze zur Einarbeitung neuer Mitarbeiter.
Ein Mittel zur Abhilfe ist das Paten-Konzept, bei dem der Vorgesetzte oder die Personalabteilung einen erfahrenen Mitarbeiter beauftragt, einen Einarbeitungsplan zu erstellen, mit zu begleiten und für Schulungsmaßnahmen sowie Rückfragen des neuen Mitarbeiters zur Verfügung zu stehen.
Ist von Unternehmensseite her kein Pate vorgesehen, so ist dem Neuling dringend zu raten, sich selbst einem Kompass zur schnellen und effizienten Einarbeitung zu entwickeln. Hier die besten Tipps dazu:

Fahrplan für die erste Woche

Vom ersten Moment an muss der neue Mitarbeiter für ein positives Image sorgen. Das geht am Besten indem er höflich, akkurat gekleidet und respektvoll auftritt, sowie ein aktives Interesse am Unternehmen, dem Arbeitsumfeld und selbstverständlich an seiner zukünftigen Aufgabe zeigt.
In den ersten Tagen sollten Sie sich als neuer Mitarbeiter auf folgendes konzentrieren:

- **Pünktlichkeit:** Seien Sie stets pünktlich und zeigen Sie sich zeitlich flexibel. Man erwartet unausgesprochen, dass ein neuer Mitarbeiter bewusst seine privaten Interessen den geschäftlichen hinten an stellt.

- **Formalitäten:** An Ihrem ersten Arbeitstag werden Sie sich um allerlei Formalitäten kümmern müssen: Firmenausweis, Passbild, Personalbogen, Schlüssel sowie Arbeitsmittel, zu denen meist der persönliche Computer mit Zugang zum Firmennetz gehört.

- **Einarbeitung:** Was Ihre Aufgabe betrifft, ist es wichtig, einen schnellen Einstieg zu finden und so zu zeigen, dass man einen produktiven Beitrag leisten kann. Bereiten Sie sich deshalb auf anstehende Einweisungen ins Thema bestmöglich vor. Machen Sie sich stets

Notizen, die Sie später noch einmal durcharbeiten, auch wenn alles unter Zeitdruck geschieht.
Vergessen Sie auch nicht nachzufragen, wer vorher Ihre, oder eine vergleichbare Aufgabe wahrgenommen hat, denn dieser Kollege/diese Kollegin wird für Sie eine wertvolle Informationsquelle sein, auch wenn es nicht nur Best-Practises sind, die Sie in Erfahrung bringen werden. Falls nicht ohnehin ein Treffen mit diesem Kollegen/dieser Kollegin angeboten wird, notieren Sie sich die Kontaktdaten.

- **Basisinformationen:** Nutzen Sie alle Informationsquellen (Mitarbeiterzeitschrift, Intranet, Handbücher) um möglichst viel über Ihr neues Unternehmen und Ihre eigenen Aufgaben zu erfahren. Schauen Sie dazu auch auf das Schwarze Brett, den Infoauslagen bei der Personalabteilung und im Intranet unter „Infos zur Einarbeitung".

- **Verhalten:** Gerade wenn man vom ersten Tag an schon mit seinem eigenen Computer und Arbeitsplatz ausgestattet ist, ist die Neigung groß alle Kontakte und Abstimmungen gleich effizient per E-Mail und Telefon zu machen. Nehmen Sie sich dennoch bei Dingen, die für Ihre Arbeit wichtig erscheinen, den Anlass des Jobeinstiegs, um die Kollegen persönlich kennenzulernen. Fragen Sie, ob und wann Sie vorbei kommen können. Oft ist der menschliche Kontakt ausschlaggebend, wenn man später auch schwierige Dinge gut über die Bühne bringen muss.

- **Regeln:** Spätestens wenn die Kaffeepause oder Mittagszeit naht, sollten Sie sich bei unmittelbaren Kollegen oder der Sekretärin des Chefs nach der Pausenregelung und anderen praktischen Kleinigkeiten erkundigen: Wo gibt es Büromaterial? Wo und wie gibt es Getränke? Gibt es eine Kaffeekasse? Wer spült das Geschirr? Wer geht wann mit wem zum Mittagessen? Alles Dinge, die eigentlich unwichtig sind, mit denen man aber unnötig Minuspunkt sammelt, wenn man sie nicht beachtet.

Check am Ende der 1. Woche

Wenn Sie die erste Woche mit einem guten Gefühl gemeistert haben, lassen Sie die zurückliegenden Tage noch mal Revue passieren. Durchdenken Sie dabei folgende Fragen:

- Hat sich mein Vorgesetzter/meine Vorgesetzte in den vergangenen Tagen genügend Zeit für ein ausführliches Einführungsgespräch genommen? Wurden alle Fragen und offenen Punkte geklärt?

- Sind alle Unterlagen, Anmeldungen, Netzwerkzugänge, Freischaltungen und Unterschriften erledigt? Auch alle mit der Personalabteilung?

- Habe ich mir überlegt, wie das Unternehmen funktioniert? Habe ich den Organisationsplan insbesondere auf die Schnittstellen zu meiner Arbeit hin verstanden?

- Habe ich ruhige Zeiten dazu genutzt Arbeitsanweisungen, Organisationspläne und auch die Bürosoftware zu verstehen?

- War ich mit meinen Teamkollegen schon einmal zum Mittagessen? Oder habe ich die Pausenzeiten mit einzelnen Kollegen zu einem Austausch genutzt, der über den üblichen Small Talk hinausgeht?

- Wie beurteile ich die ersten Schritte bei der Erfüllung meiner Aufgabe? Welche Fragen / Unklarheiten sind dabei aufgetaucht?

- Habe ich schon Kontakt zu anderen Firmenneulingen geknüpft?

Sicher wird diese Checkliste je nach Unternehmensgröße und Aufgabe ganz unterschiedlich sein, doch ist es hilfreich planvoll in die 2. Woche zu starten.

Fahrplan für die nächsten 90 Tage

In die zweite Woche starten viele mit der Motivation jetzt aber richtig anzupacken. Sie wollen eine gute Arbeit machen, sich Ihrem Chef gegen über beweisen und auch im Kreise Ihrer Kollegen anerkannt sein. Achten Sie dabei auf folgende Punkte:

1. Pflegen Sie aktives Zuhören, ohne zu insistieren

Egal, ob Sie gerade in Ihrer neuen Aufgabe unterwiesen werden oder an einer Teambesprechung teilnehmen: Lassen Sie sich nicht einfach nur Kopfnickend aber kommentarlos berieseln. Geben Sie mit Mimik, Körperhaltung und auch verbal Rückmeldung und fragen Sie bei Verständnisschwierigkeiten nach. Lassen Sie dabei durchaus Pausen im Gesprächsfluss zu, geben diese doch Gelegenheit sich einer Sache zu vergewissern und diese zu Ende zu denken. Wenn der Lernfortschritt stottert, bringen Sie es ein Beispiel. Im Zweiergespräch sollten Sie wichtige Aussagen mit eigenen Worten noch einmal selbst formulieren. Sagen Sie, wenn Sie etwas nicht verstanden haben, zeigen Sie keine Hemmungen Fragen zu stellen und versuchen Sie den Dingen auf den Grund zu gehen.

2. Nutzen Sie alle Lernmöglichkeiten, ohne die Prioritäten aus dem Auge zu verlieren

Bei der intensiven Beschäftigung mit Ihrem neuen Thema werden Sie insbesondere im Großunternehmen immer wieder auf Themen und Informationsmöglichkeiten stoßen, die Ihre Aufmerksamkeit wecken. Verlieren Sie sich jedoch nicht in Randthemen, sondern prüfen Sie stets welchen Beitrag es momentan zu Ihrer Problemstellung leistet. Vermerken Sie sich die Quelle, damit Sie zu gegebener Zeit darauf zurückgreifen können.

3. Nutzen Sie Seminare und Expertennetzwerke

Gerade in großen Unternehmen existieren zu Spezialthemen oftmals abteilungs- und standortübergreifende Netzwerke, so genannte Communities. Darüber hinaus werden Expertenseminare angeboten. Hier sollten Sie am Ball bleiben und die richtigen Kontakte knüpfen, um Ihr Know-How kontinuierlich zu erweitern. Nutzen Sie alle sinnvollen Info-Möglichkeiten.

4. Achten Sie auf Sorgfalt und Qualität, ohne sich zu blockieren

Machen Sie alles gut, was Sie anpacken. Es ist sehr wichtig, dass Sie von Anfang an Sorgfalt erkennen lassen auch wenn etwas rasch erledigt werden muss. So erwerben Sie sich Vertrauen und einen guten Ruf bei Vorgesetzten und Kollegen. Das gilt auch für vermeintliche Kleinigkeiten und Details.

5. Gehen Sie konstruktiv mit Kritik und Fehlern um ohne Frust aufzubauen

Defizite und Versäumnisse lassen sich gerade in der Einstiegsphase nicht immer vermeiden. Von fundamentaler Bedeutung ist, dass Sie eigene Fehler nicht einfach unter den Teppich kehren, sondern dazu stehen und sie korrigieren. Wenn Sie einen Fehler gemacht haben, den andere für Sie ausbaden müssen, entschuldigen Sie sich bei der betreffenden Person dafür und tun Sie alles, dass es nicht wieder vorkommt.

6. Interessieren Sie sich für die Arbeit Ihrer Kollegen, ohne diese auszufragen

Eine offene und unverkrampfte Beziehungen zu anderen ist eine wesentliche Voraussetzung, um gut und konstruktiv zusammenzuarbeiten. Lassen Sie sich deshalb auf Gespräche ein. Erzählen Sie etwas über sich selbst, ohne jedoch allzu Privates, Politisch-religiöses oder Negatives über andere viel Raum zu geben. Gehen Sie auch von sich aus mal auf andere Kollegen zu, eröffnen Sie das Gespräch und hören Sie anderen zu. Reden Sie mit Ihren Kollegen/innen, fragen Sie sie nach ihren Aufgaben und finden Sie heraus, in welcher Beziehung das zu Ihrem eigenen Job steht. Auf diese Weise sorgen Sie auch für Integration und wirken sympathisch, ohne sich an zu biedern.

7. Kompetenz zeigen, ohne besserwisserisch auf etwas zu beharren

Auch wenn Sie selbst davon überzeugt sind bei einem Diskussionspunkt recht zu haben, ist es geschickter sich mit Kommentaren oder gar Kritik zurück zu halten. Gerade am Anfang ist es wichtig vorsichtig zu reagieren. Die Gelegenheit Ihren Standpunkt unmissverständlich darzulegen sollten Sie sich für einen späteren Zeitpunkt aufheben. Es ist sehr wichtig, dass Sie erst mal zuhören und nachfragen, um alles kennen und die Hintergründe verstehen zu lernen – und (ganz wichtig!) sich das Image eines/r fachlich guten sowie vertrauenswürdigen und engagierten Kollegen/Mitarbeiterin aufzubauen.

8. Hilfsbereit sein, ohne sich zumüllen zu lassen

Zeigen Sie sich hilfsbereit. Natürlich sollen Sie in erster Linie lernen und Ihre eigenen Aufgaben gut erledigen. Seien Sie sich aber gerade in der Einlernphase nicht zu schade für Routinetätigkeiten oder Tätigkeiten, die Sie als banal empfinden. Wenn das allerdings überhand nimmt oder Sie sich ausgenutzt fühlen, können Sie zum Beispiel sagen: „Entschuldigen Sie, das gehört eigentlich nicht zu meinen Aufgaben. Es wäre ein Fehler, wenn ich das jetzt mache". Kollegen sollen nicht das Gefühl haben einen Dummen für allerlei unliebsame Arbeiten gefunden zu haben. Lehnen Sie Aufträge, die nicht zu Ihrer Aufgabe gehören, entschieden aber höflich mit dem Hinweis ab: „Das dürfte aber nicht unser Chef erfahren, das ich so eine Arbeit machen soll".

9. Um Feedback bitten, aber darüber die Zeit nicht aus dem Blick verlieren

Jeder möchte beweisen, dass er seine Sache gut macht und dies auch bestätigt wissen. Wenn Sie Ihre Kollegen, Ihren Chef oder Ihren Paten um Feedback bitten, werden diese vielleicht überrascht sein. Auch wenn zumeist die spontane Reaktion indifferent ausfällt, haben Sie signalisiert, dass Ihnen Feedback wichtig ist, positives wie negatives.

Das hat damit zu tun, das im demokratischen Führungsmodell Kritik zumeist indirekt geäußert wird oder in Form von späterem Verhalten deutlich wird. Dafür aber massiv und unumkehrbar: Bei der nächsten

Auftragsvergabe, der Weiterbeschäftigung oder Beförderung. Doch dann ist das Kind schon in den Brunnen gefallen. Beweisen Sie, dass Sie wirklich möglichst schnell möglichst gut werden wollen und sich für den Eindruck interessieren, den andere von Ihnen haben. Ergreifen Sie die Initiative und fragen Sie nach, wie zufrieden man mit Ihnen ist, was Sie bereits gut machen und was Sie verbessern sollten: bei Ihren Kollegen, Ihrem Einlerner, Ihrem Chef.

10. Den Status quo respektieren, ohne alles beim Alten zu lassen

Es kann sein, dass Ihnen einige Dinge des laufenden Betriebs spanisch vorkommen oder Sie manches anders anpacken würden. Lassen Sie sich dennoch nicht dazu verleiten die gängige Praxis vorschnell auf besserwisserische Manier zu kritisieren. Ratsam ist es Verbesserungsideen für einen Moment aufzuheben, nach dem Sie Ihre Kompetenz bereits unter Beweis gestellt und Vertrauen bei Ihren Kollegen aufgebaut haben.
Vergessen Sie aber nicht Ihre zuvor gut durchdachten Verbesserungsvorschläge auf jeden Fall bei passender Gelegenheit zu erwähnen und das Nutzenpotential zu erläutern, denn „Mitdenken" kommt immer gut an.

11. Nehmen Sie an einem Netzwerk zu Ihrem Fachthema teil oder bauen Sie es auf

Gerade im Schwung der Anfangszeit möchte man viele Ideen umsetzen und sich einen Namen machen. Falls Sie ein sehr spezielles Thema betreuen und Fachwissen aufbauen, ist gerade jetzt der Bedarf an Wissen und der Kontakt zu den Wissensträgern besonders hoch. Professionalisieren Sie diesen Bedarf und die Kontakte doch am besten als Mitglied oder gar Moderator einer Community. Die virtuellen Plattformen, wie MS SharePoint bieten Ihnen vielfältige Unterstützungsfunktionen dazu.

Status-Check nach den ersten 100 Tagen

Wer nach den ersten drei Monaten ein gutes Gefühl für die zu bewältigenden Aufgaben sowie das Verhältnis zum Chef und zu den Kollegen hat, sollte auch die nächsten drei Monate sich weiter gut entwickeln können. Hilfreich können dennoch folgende Fragen an sich selber sein:

- Was habe ich bisher in meinem neuen Job bewirkt?
- Was habe ich erlebt und gelernt? Wo sind noch meine Defizite?
- Welche Beziehungen habe ich aufgebaut? Wer könnte Mentor sein? Wer ist eher eine Barriere? Wie gehe ich damit um?
- Wird mein Leistungswille anerkannt?
- Wie ist meine Position innerhalb des Kollegenkreises?
- Wo muss ich eine Richtungskorrektur vornehmen?
- Bin ich auf dem richtigen Weg, um meine Hauptaufgabe so auszufüllen, wie es bei meiner Einstellung fixiert wurde?
- Kann ich meine persönlichen Ziele in diesem Job und in diesem Unternehmen verwirklichen?

Was tun, wenn es schiefgeht...

Ein Sprichwort sagt „Ein Hund beißt sich nicht alleine." In diesem Sinne gehören zum Scheitern im neuen Job immer beide Parteien. Natürlich sollte und muss man sich die Gründe zu Herzen nehmen, doch sollte man sich auf der anderen Seite auch nicht zu sehr grämen. Immer ist es besser „Ein Ende mit Schrecken als ein Schrecken ohne Ende". Wenn es nicht funktioniert, bemühen Sie sich um ein würdevolles Ausscheiden. Das tut beide Seiten gut, auch wenn es noch während der Probezeit passiert. Nehmen Sie sich vor, beim nächsten Mal wachsamer und aufmerksamer zu sein, Anforderung des Job und Ihre Motivation dazu genau zu abzuwägen sowie offen und ehrlich zu kommunizieren.

Immer ist einem „Ende mit Schrecken" dem „Schrecken ohne Ende" vorzuziehen. Wenn die Mit- und Zusammenarbeit nicht funktioniert, bemühen Sie sich um ein würdevolles Ausscheiden. Das tut beiden Seiten gut, auch wenn es noch während der Probezeit passiert. Achten Sie darauf beim nächsten Mal aufmerksam zu prüfen ob die Anforderungen des Jobs und des Umfeldes mit Ihrer Motivation gut harmonisieren könnte und kommunizieren Sie offen und ehrlich.

25 Die ungeschriebenen Regeln und Gesetze in deutschen Unternehmen

Kontinuierliche Veränderungsprozesse, Change Management, gehören heute zum Alltag in jedem Unternehmen. Angetrieben durch Globalisierung, internationale Firmenübernahmen und Fusionen, treffen verschiedene Kulturen und unterschiedliche Denkweisen immer unvorbereiteter aufeinander. Für den einzelnen Mitarbeiter bedeutet dies, möglichst schnell für sich herauszufinden:

- Wie werden die offizielle Unternehmenspolitik und die kommunizierten Leitbilder durch die Mitarbeiter tatsächlich wahrgenommen und umgesetzt?
- Welche Regeln und ungeschriebenen Gesetze wirken im Unternehmen?

Gerade im innerbetrieblichen Umgang traditioneller Firmen mit geringer Fluktuation wird der Kodex des richtigen Verhaltens nicht ausreichend mitgeteilt. Das Spektrum des Fehlverhaltens kann dabei für den neuen Mitarbeiter recht weit sein: Wenn er, zum Beispiel aus Kostengründen einen Mietwagen, statt eines Taxis genommen hat, was jedoch im

Betrieb – unausgesprochen – nur den Hierarchien ab Abteilungsleiter zusteht, wird er später bei der Reisekostenabrechnung ein paar unangenehme Fragen beantworten müssen. Ein anderes Beispiel wäre, dass der durchsetzungsstarke Einzelkämpfer zwar eine besondere Anerkennung erfährt, das Unternehmensleitbild jedoch vorgibt, Teamgeist und Teamleistungen zu bevorzugen.
Um Fehltritten möglichst aus dem Wege zu gehen, muss es daher für jeden Neuen im Unternehmen vordringliches Anliegen sein, diese Spielregeln schnell zu durchschauen. Hierzu ein paar Tipps:

1. Bereits beim Einstellungsgespräch (in der Regel das zweite Vorstellungsgespräch) kann man bei einem weniger formalen Gespräch, wie etwa beim gemeinsamen Essen, versuchen, diese Spielregeln zu hinterfragen. Fragen Sie etwa...

- „Worauf legen das Unternehmen, mein Chef, meine zukünftigen Kollegen besonderen Wert?“
- „Womit würde ich im Unternehmen unangenehm auffallen?“
- „Was wäre positiv?“
- „Können Sie mir ein Beispiel nennen, bei dem die Initiative eines Mitarbeiters besonders honoriert wurde?“
- „Welche Leitfiguren, wie zum Beispiel oft der Unternehmensgründer, gibt es im Unternehmen? Was sind deren herausragende Verdienste?”

2. Während der Einarbeitung: Häufig wird Ihnen ein erfahrener Kollege genannt, der Sie bei allen Fragen während der Einarbeitung – ob fachlich oder organisatorisch – unterstützen wird (siehe voriges Kapitel). Suchen Sie jedoch auch das Gespräch mit anderen Kollegen, besonders über Abteilungsgrenzen hinweg. So knüpfen Sie schnell ein wertvolles, persönliches Netzwerk über die gesamte Firma.
Bringen Sie das Gespräch mit Kollegen auch auf die ungeschriebenen Regeln. Achten Sie jedoch darauf, nicht aus der Perspektive des neutralen Außenstehenden zu fragen, sondern machen Sie Ihre ersten Eindrücke und Unsicherheiten respektvoll zum Thema. Hier können Sie

als Neuer bzw. Neue den Bonus nutzen, nach allem fragen zu dürfen, ohne dass Ihnen jemand etwas übel nimmt. Die daraus resultierenden Antworten können sehr aufschlussreich sein:

- Werden die Gegebenheiten durchaus differenziert dargestellt, so ist dies ein Hinweis auf einen breiten, konstruktiven Dialog untereinander. Wird jedoch versucht, ein Thema mit Plattitüden wie „Eigeninitiative ist immer gut", „Bei uns macht man das so" oder „Bei uns gibt's das nicht" schnell zu Ende zu bringen, kann man davon ausgehen, dass die innerbetrieblichen Mauern massiv sind und eine Menge Fallstricke unterschwelliger Gesetze lauern. Dann heißt es wachsam sein.
- Spricht man zum Beispiel von „wir" und von „denen"? Dann kann man sicher sein, dass viele unterschwellige Demarkationslinien bestehen.

3. Achten Sie auf das Sprachverhalten. Darin offenbaren sich häufig Hierarchien und verdeckte Spielregeln?

- Wie sagt jemand etwas im Kollegenkreis, und wie, wenn der Chef dabei ist?
- Wer spricht mit wem worüber und wie? Geht es um Sachthemen oder um Gefühle, Vermutungen, Wünsche und Gerüchte?
- Wird über Abwesende gesprochen?
- Achten Sie auch auf das, worüber nicht gesprochen wird: Erfolge und Misserfolge? Verhalten von Vorgesetzten? Das Betriebsklima und die Kollegen?

4. Analysieren Sie Abläufe und Entscheidungsprozesse:

- Wie werden Entscheidungen getroffen, kommuniziert und umgesetzt?
- Wie geht man mit Kritik und Konflikten um?
- Wie verbindlich sind Vereinbarungen?
- Wer führt das Wort? Wer schweigt? Wer wird regelmäßig um Stellungnahme gebeten?

5. Wenn Sie einmal in eine unsichtbare Falle gegangen sind, versuchen Sie nicht sich zu rechtfertigen, vor niemandem. Das führt oft zu weiterem Gesichtsverlust. Besser ist eine ehrliche Entschuldigung mit dem Versprechen, in Zukunft sorgsamer mit den Dingen umzugehen.

Abschließend: Machen Sie sich bewusst, dass es bei jeder Position im Unternehmen, ob fachlich oder nicht-fachlich, letztlich um Macht geht. Und damit kommt es immer auf das Endergebnis an. Macht ist jede Chance, innerhalb einer sozialen Beziehung den eigenen Willen auch gegen Widerstreben durchzusetzen, gleichwie, worauf diese Chance beruht, so formulierte es vor über 100 Jahren der Soziologe Max Weber. Dabei werden Ihnen Menschenkenntnis, soziale Kompetenz, die Fähigkeit sich in die Denkweise anderer hineinzuversetzen, Überzeugungskraft und ein waches Auge helfen, sich schnell mit den ungeschriebenen Regeln und Gesetzen zurechtzufinden.

26 Effiziente Besprechungen

Besprechungen gehören zum beruflichen Alltag. Bei Managern kommen sie oft im Viertelstundentakt und sind darauf ausgerichtet, Entscheidungen vorzubereiten oder zu treffen. Damit sind sie Schlüssel für unternehmerischen Erfolg, Zukunftsfähigkeit und Stärke, denn für keine Tätigkeit nehmen sich Führungspersönlichkeiten mehr Zeit als für Besprechungen.

Bis hierher alles klar? Also: Auf zur nächsten Besprechung! Die macht mich erfolgreich! Leider ist die berufliche Wirklichkeit für die meisten von diesem Rezept weit entfernt. Richtig ist, dass man viele Dinge auch heute noch nicht per E-Mail, Online-Konferenz und Telefon erarbeiten, beurteilen und entscheiden kann. Oft braucht es das Von-Angesicht-zu-Angesicht, um die Denkweise des anderen zu verstehen, die nächsten Schritte innerhalb eines Teams zu initiieren oder eine Partnerschaft neu zu beleben.

Wie Umfragen jedoch zeigen, sind die Teilnehmer mit jeder zweiten Sitzung, wie eine Besprechung im Amtsdeutsch noch immer genannt wird, unzufrieden. Dabei trifft man sich in deutschen Unternehmen besonders häufig: 2,1 mal pro Woche für mehr als eine Stunde. Und je größer das Unternehmen und je höher die Hierarchiestufe desto häufiger. Da ist Effizienz erste Mitarbeiterpflicht, denn kein Kommunikationsmedium ist für ein Unternehmen so teuer wie eine Besprechung. So ist auch leicht zu verstehen, warum es jede Menge Bücher gibt, die sich nur mit diesem Thema beschäftigen. Deshalb haben wir uns im Folgenden auf wesentliche Aspekte und Kontrollfragen beschränkt, anhand derer schnell überprüft werden kann, ob man für eine anstehende Besprechung gut gerüstet ist.

Gute Gründe für eine Besprechung

Eine Besprechung zu initiieren oder daran teilzunehmen ist immer dann wichtig, wenn

- auf die Entwicklung eines Themas Einfluss genommen werden soll,
- ein Team gebildet und gefestigt werden soll,
- bei kontrovers diskutierten Themen auf anderem Wege keine tragfähige gemeinsame Lösung gefunden werden kann.

Ich bin Teilnehmer an einer Besprechung

1. Kontrollfragen zur Vorbereitung

- Habe ich das letzte Besprechungsprotokoll gelesen und die mich betreffenden Punkte abgearbeitet?
- Habe ich sichergestellt, dass ich pünktlich zur Besprechung komme oder muss ich eine Verspätung mitteilen?
- Habe ich mein persönliches Besprechungsziel ausformuliert?
- Habe ich eine positive Grundeinstellung zu dieser Besprechung? Oder muss ich vorab noch Informationsdefizite klären?
- Bin ich inhaltlich gut vorbereitet?
- Meine Fragen?
- Eigene Beiträge?
- Unterlagen?
- Bin ich die Teilnehmerliste durchgegangen? Gibt es interessante Themen und Kontakte, die ich in den Pausen wahrnehmen kann?

2. Kontrollfragen zum Verlauf der Besprechung

- Spreche ich freundlich und in kurzen Sätzen?
- Vermeide ich Abstraktionen und bringe ich stattdessen Beispiele?
- Höre ich aufmerksam zu, was andere zu sagen haben?
- Spreche ich meine Meinung offen aus?
- Lasse ich die anderen zu Wort kommen?
- Entwickle ich die Ideen anderer weiter?
- Arbeite ich konzentriert und aufmerksam mit?
- Helfe ich mit, die Besprechungsziele zu erreichen?
- Helfe ich mit, Missverständnisse zu vermeiden?
- Bleibe ich mit meinen Argumenten beim Thema?
- Frage ich im richtigen Moment präzise und sachlich?
- Gebe ich Informationen weiter, die für andere nützlich sind?
- Lasse ich andere Meinungen gelten und vermeide ich Killerphrasen wie: „Das funktioniert doch niemals!“ oder „Das kennen wir schon alles!“?
- Vermeide ich persönliche Angriffe und Beleidigungen?

Ich bin der Moderator einer Besprechung

1. Kontrollfragen zur Vorbereitung

- ◆ Sind die Teilnehmer richtig ausgewählt?
- ◆ Habe ich den Termin vorab mit den wichtigsten Teilnehmern abgestimmt und mich deren Teilnahme versichert?
- ◆ Wurde der Termin und die Dauer allen mitgeteilt und wurde die Teilnahme bestätigt?
- ◆ Habe ich die Tagesordnung, Ziele, Beiträge, Termine und Anreiseinformationen rechtzeitig an die Teilnehmer weitergegeben? Üblich sind mindestens sieben Tage, jedoch nicht mehr als 14 Tage vorher.
- ◆ Ist alles vor Ort organisiert? Raum, PC-Anschluss, Whiteboard, Schreibmaterial, Getränke, Korb mit Früchten, Mittagessen, Wegbeschreibung...
- ◆ Habe ich alles getan, um mein Lampenfieber zu reduzieren? Dazu ein paar Tipps:
  - Bereiten Sie so gründlich wie möglich Ihre Argumente vor!
  - Analysieren Sie die Tagesordnung und notieren Sie sich, zu welchen Punkten Sie etwas sagen wollen!
  - Machen Sie sich Stichpunkte zu Ihrem Beitrag während der Besprechung. Sie sind eine gute Orientierung und Rettungsanker, wenn Ihnen plötzlich nichts mehr einfällt!
  - Wenn Sie unsicher sind, diskutieren Sie Ihre Ideen und Argumente vorher mit einem Freund oder Partner als Übung zu Hause.
  - Bei Lampenfieber hilft es, ein paar Mal tief durchzuatmen.

Überwinden Sie auch Ihre Unsicherheit, indem Sie als ausländischer Mitarbeiter zum Beispiel als einleitenden Satz sagen: „Entschuldigung, ich fühle mich noch ein wenig unsicher bei meinen Formulierungen (auf Deutsch), doch ich möchte es versuchen. Fragen Sie bitte gleich, falls Sie mich nicht richtig verstehen.“

2. So beginnen Sie die Besprechung

- Starten Sie pünktlich!
- Begrüßen Sie die Teilnehmer!
- Machen Sie in wenigen Worten deutlich, was das Ziel der Veranstaltung ist!
- Informieren Sie über den zeitlichen Ablauf (Referenten, Pause, Kaffee, Mittagessen, Diskussion, Behandlung von Fragen, Ende)!
- Benennen Sie spätestens jetzt einen Protokollführer!

3. So gestalten Sie das Ende einer Besprechung

Rekapitulieren Sie den Erfolg der Gruppe, indem Sie das Wichtigste noch einmal zusammenfassen. Sie stärken so die Überzeugungskraft des Erreichten bei allen Teilnehmern. Beachten Sie dabei Folgendes:

- Erinnern Sie nochmals an die weiteren Aufgaben und wer was bis wann erledigen wird. Lassen Sie diese Aufgabenzuweisungen von den Betroffenen bestätigen.
- Stellen Sie sicher, dass jeder die Ziele, Erwartungen und Termine verstanden hat.
- Verdeutlichen Sie, wie und an wen das Ergebnis der Arbeiten kommuniziert werden muss.
- Fordern Sie Rückfragen heraus: „Gibt es hierzu noch Fragen?“
- Ist eine weitere Besprechung geplant, haben Sie jetzt noch Gelegenheit mit allen Teilnehmern Tag, Zeit und Ort der nächsten Besprechung festzulegen. Noch sind alle da und haben ihre Terminkalender dabei. Das spart Zeit, Geld und spätere Telefonate
- Danken Sie allen für die Teilnahme

4. Kontrollfragen zum Verlauf der Besprechung

- Beginne ich bei der Begrüßung und Einstimmung stets positiv?
- Benenne ich die Besprechungsziele (Prioritäten setzen, Maßnahmen ansprechen)?
- Erläutere ich die Agenda und den Zeitplan?
- Teile ich stets meine Erwartungen an die Zusammenarbeit mit?
- Beginne und komme ich pünktlich zum Schluss?

- Sorge ich für ein angenehmes Besprechungsklima, hole aus jedem das Beste heraus und schaffe ein Umfeld, in das sich jeder gerne einbringen will?
- Achte ich darauf, dass jeder Teilnehmer Gelegenheit hat, sich einzubringen?
- Höre ich immer aktiv und aufgeschlossen zu?
- Versuche ich bei Entscheidungen stets einen Gruppenkonsens herbeizuführen?
- Motiviere ich die Gruppe auf ein verwertbares Ergebnis hin?
- Motiviere ich einzelne Teilnehmer, indem ich sie für gute Beiträge lobe und auch zulasse, dass sie zeitweise die Führung übernehmen?
- Verteile ich Verantwortlichkeiten für Aufgaben, die bis zur nächsten Besprechung erledigt werden müssen?
- Habe ich die weitere Vorgehensweise klar gemacht und den nächsten Besprechungstermin festgelegt?

Ich bin Protokollführer einer Besprechung

Keine professionelle Besprechung ohne Protokoll! Von diesem Grundsatz sollte niemand abweichen, denn auch wenn während der Besprechung alles noch so einleuchtend ist und die Aufgaben klar verteilt erscheinen, bei späteren Streitpunkten hat jeder seine eigene Version einer Vereinbarung. Das Protokoll ist eine Zusammenfassung dessen, was während einer Besprechung diskutiert und entschieden wurde. Außerdem lässt sich nachvollziehen, wer für einzelne Maßnahmen zuständig ist und wann sie abgeschlossen sein sollen.

Hier die Kontrollfragen zu einem guten Protokoll:

- Habe ich alle Basisinformationen notiert?
  Firma, Adresse und Abteilung, Datum und Zeit, Namen und Adressen (mindestens E-Mail-Adresse) der Teilnehmer, Diskussionspunkte (in der Reihenfolge ihrer Behandlung), die zu ergreifenden Maßnahmen (von wem, bis wann)
- Orientiere ich mich an der Tagesordnung?
- Formuliere ich knapp und bleibe ich objektiv?

- Vermeide ich Abkürzungen oder erläutere sie?
- Habe ich die benutzten Unterlagen als Anlage zur Verfügung?

Handelt es sich um die Routinebesprechung eines eingespielten Teams, sollte man sich das Leben jedoch auch nicht komplizierter machen, als es ohnehin ist. So ist es kein Fehler, die beschriebene, formale Protokollerstellung radikal zu verkürzen: Ein Teammitglied schreibt während des Treffens die Beschlüsse in knapper Form mit („Was wurde besprochen?" und „Wer macht was bis wann?") und am Ende bekommt jeder eine Kopie davon als Besprechungsprotokoll. Fertig.

Zu guter Letzt: Bereiten Sie die Besprechung nach, denn nach der Besprechung ist vor der Besprechung. Der zusätzliche Aufwand für das Nachbereiten zahlt sich aus, weil

- sich das während der Besprechung entstandene Gruppengefühl verstärkt,
- Missverständnisse und überflüssige Tätigkeiten verringert werden,
- das Team immer wieder an die gemeinsamen Ziele erinnert wird,
- Sie dem Team zeigen, dass jeder persönlich eingebunden ist und das Engagement sich auszahlt.

27 Erfolgreich verhandeln

Verhandeln müssen Sie ständig: mit Kunden, Lieferanten, Partnern, Kollegen oder Vorgesetzten. Beachten Sie die nachfolgenden zwölf Hinweise und es wird Ihnen gelingen, für alle Verhandlungspartner Entscheidungsfreiheiten aufzubauen und zu tragfähigen Ergebnissen und Abschlüssen zu kommen:

1. Fingerspitzengefühl:

„Der Verhandler muss die Geduld eines Uhrmachers besitzen und frei von persönlichen Vorurteilen sein." So beschrieb es einmal ein berühmter Diplomat. Darum: Konfrontieren Sie Ihr Gegenüber nicht sofort mit Argumenten und Forderungen. Nehmen Sie sich zu Beginn Zeit, um eine angenehme Gesprächsatmosphäre herzustellen und einen guten Status an Übereinstimmungen zu erzielen. Dies erreichen Sie beispielsweise mit Hilfe von ein paar persönlichen Worten oder der Diskussion unstrittiger aktueller Ereignisse aus Sport, Film, Fernsehen oder der Kulturszene. Dieser Smalltalk sollte jedoch nur Themen beinhalten, die Sie wirklich interessieren. Sonst wirkt es aufgesetzt oder Sie langweilen die Zuhörer, was negativ wirken könnte. Vermutlich wird Ihnen dann der Stau auf der Autobahn, die Parkplatzsuche oder das schlechte Wetter nicht mehr als einen Halbsatz wert sein und Sie haben Zeit für Themen mit Profil.

2. Ziele verfolgen und Verhandlungsspielraum einplanen:
„Wer nicht weiß, wohin er will, wird auch nie ankommen", sagt ein Sprichwort. Gehen Sie also mit konkreten Zielen in eine Verhandlung, die Sie möglichst in Etappenziele aufgeteilt haben:

- Was ist das Wichtigste für mich?
- Was ist verhandelbar?
- Was wünsche ich mir alternativ und als Ausgleich für eventuelle Zugeständnisse?
- Wo liegt meine Schmerzgrenze?

Um die Schmerzgrenze möglicher Zugeständnisse deutlich zu machen, können Sie sich durchaus auf eine höhere Instanz berufen. Doch gehen

Sie sorgsam mit diesem Trumpf um, sonst könnte der Eindruck entstehen, Sie seien nicht genügend autorisiert. Wenn andere die höhere Instanz ins Gespräch bringen, hinterfragen Sie genau deren Intention. Viele werden sie für das endgültige Einverständnis oder zur Prüfung des anstehenden Übereinkommens benötigen. Jeder, der verhandelt, muss seine Grenzen des Verhandelbaren genau kennen oder er riskiert, dass den Ergebnissen nicht zugestimmt wird.
Beachten Sie jedoch, nicht nur die eigenen Ziele im Auge zu haben. Um glaubwürdig zu bleiben, müssen Sie auch die Bedürfnisse des Gegenübers berücksichtigen, sonst lenken Sie die Diskussion in eine Sackgasse. Denn erfolgreiche Verhandlungsergebnisse werden für beide Seiten etwas Positives beinhalten. Beispiel: Wenn Sie beim Gehaltspoker selbst keine Punkte nennen können, die für Ihren Chef von Nutzen sind, brauchen Sie erst gar nicht in die Verhandlung zu gehen – ein Flop wäre programmiert.
Versuchen Sie gleich zu Beginn herauszufinden, wen Sie vor sich haben: Den ewigen Nörgler, einen Idealisten, Bedenkenträger oder Macher und Umsetzer. Das wird Ihnen helfen die Argumentationsketten des Gegenübers nachzuvollziehen und Sie können gezielter Kompromisse so aufbereiten, dass Sie Ihre eigenen Ziele weitgehend durchsetzen.

3. Authentisch die eigene Stärke kommunizieren:
Sorgen Sie dafür, dass Sie Ihre Stärke kommunizieren, unabhängig davon, ob andere diese auch haben oder nicht. „Sag, was Du denkst“, empfehlen erfahrene Trainer heute. Festgelegte Formulierungen und Verhaltensschemata sind dagegen out. Authentizität und Glaubwürdigkeit ist wichtig, denn die Diskrepanz zwischen verbaler und nonverbaler Kommunikation wird den Spieler schnell entlarven. Wenn Sie innerlich toben, nimmt Ihnen stoische Ruhe keiner ab. Sprechen Sie also Ihre Gefühlslage an, wenn Ihnen danach ist. Zur Situation sollte es allerdings passen und es muss einen konstruktiven Hintergrund haben.

4. Der richtige Zeitpunkt:
Überlegen Sie in der Vorbereitung nicht nur, welche Argumente Sie einsetzen, sondern auch wann Sie diese einsetzen, um deren Schlagkraft voll auszuschöpfen. Zum richtigen Timing gehört auch das Ritual des Termine-Machens: Für Dinge, die als wichtig erachtet werden, egal ob von Ihnen, Ihren Mitarbeitern oder Projektpartnern, sollten Sie immer einen gesonderten Termin vereinbaren und für einen angemessenen Rahmen sorgen. Denn zwischen Tür und Angel trifft man nur selten Entscheidungen mit Tragweite.

5. Fair und sachlich bleiben:
Bewahren Sie Ruhe und lassen Sie die Emotionen nicht allzu sehr mit sich durchgehen. Buchen Sie es nicht als Erfolg, wenn Ihre Attacke den Gegner schlecht aussehen lässt, denn meist ist dies kein Erfolg, sondern ein Hindernis auf dem Weg zur Einigung.
Durch Statements, die mit „Sie sind ..." oder „Sie haben ..." beginnen, fühlen sich Gesprächspartner oft angegriffen und werden daraufhin versuchen sich zu rechtfertigen, was meist eine Blockade für kreatives Nachdenken ist. Provoziert oder verletzt Sie Ihr Gegenüber, senden Sie eine Ich-Botschaft, indem Sie das Verhandlungsklima ansprechen. Wenn Ihr Kontrahent versucht, Sie durch Brüllen einzuschüchtern oder mit Weinen Mitleid zu erregen, reagieren Sie am besten überhaupt nicht. Warten Sie einfach eine Weile ab und setzen Sie an einem unstrittigeren Punkt neu an, als wäre nichts geschehen.
Sollten Sie selbst beginnen überzuschäumen, kann es helfen langsam bis fünf zu zählen und dann erst zu antworten oder Sie kühlen den ersten Ärger mit einer angenehmen Assoziation ab. Denken Sie zum Beispiel an einen Sonnenuntergang am idyllischen Strand.

6. Aktiv zuhören, nachfragen, wiederholen und zusammenfassen:
Um Missverständnissen und Unklarheiten vorzubeugen sowie die Gesprächspartner wirksam zu steuern, sollten Sie Folgendes beachten:
- Versuchen Sie sich auf die **Botschaft des Gesprächspartners** zu konzentrieren. Mit leicht nach Vorne geneigtem Körper, Blickkontakt,

Kopfnicken und gelegentlichen kurzen Äußerungen („hm“, „verstehe“, „aha“ ...) signalisieren Sie Interesse. Hören Sie bis zum letzten Wort zu, anstatt nach dem ersten Satz bereits über das eigene Argument nachzudenken.

- **Üben Sie sich in Geduld**, dabei kann weniger reden und abwarten kleine Wunder bewirken. Denn eigenes Schweigen fördert das Reden des anderen, dieser fühlt sich ernst genommen und Sie haben Zeit den Überblick zu gewinnen. Dabei zahlen sich Ausdauer und Durchhaltevermögen meist aus.
- **Fragen Sie nach**, anstatt in eine Aussage hineinzuinterpretieren, was Sie zu verstehen glauben. Greifen Sie mit Ihren Ausführungen gezielt Schlüsselbegriffe aus den letzten Ausführungen des Gegenübers auf. „Wer fragt, der führt“, heißt es im Volksmund. Geschickte Fragen zeigen, dass Sie interessiert zuhören, um Motive und Hintergründe herauszufinden. Sie geben Ihnen auch die Möglichkeit nachzudenken und die Gesprächsrichtung elegant zu ändern. Je nach dem auf welche Antwort Sie abzielen, sollten Sie mit verschiedenen Frageformen arbeiten:
  - **Offene Fragen**, wie zum Beispiel, „Was spricht gegen meinen Vorschlag?“. Damit ermutigen Sie den anderen, sich auszusprechen und alles mitzuteilen, was er weiß. So ergeben sich gute Ansatzpunkte als Einstieg in einen weiteren Dialog.
  - **Geschlossene Fragen** sind solche, für die es genügt mit ja oder nein zu antworten. Sie eignen sich, um Dinge klarzustellen und konzentrieren das Gespräch auf wichtige Punkte. Reiht man allerdings mehrere Fragen aneinander, auf die der andere wahrscheinlich mit ja antwortet, kann der Gesprächspartner sich bedrängt fühlen und könnte aggressiv reagieren.
  - **Suggestivfragen** leiten häufig eine Selbstverständlichkeit oder Manipulation ein. Beispiel: „Sie wollen doch auch, dass wir expandieren?“. Dabei ist der Fragende selten an einer differenzierten Meinung des anderen interessiert. Gehen Sie in diesem Fall gar nicht auf die Frage ein und antworten Sie gegebenenfalls mit einer Gegenfrage.

- **Indirekte Fragen**, auch Fangfragen genannt, werden häufig in Vorstellungsgesprächen eingesetzt. Beispiel: „Wie würde Ihr bester Freund Sie beschreiben?“ Hier gilt äußerste Vorsicht und Sie sollten ausweichend antworten: „Die Gedanken meines Freundes sind reine Spekulation“.
- Verwenden Sie in Verhandlungen so oft wie möglich die Frage: „Was schlagen Sie vor?“ Das erzeugt nicht nur einen positiven Kitzel bei dem Gesprächspartner, sondern es wird später auch niemand sagen, er hätte sich nicht einbringen können.

◆ **Nehmen Sie nicht alle Probleme an**, die Ihnen zugespielt werden, sondern geben Sie den Ball zurück. Oft haben Schwierigkeiten nicht die Bedeutung, wie es den Anschein hat. Versuchen Sie Probleme zurückzustellen, so entlasten Sie sich und können sich in der Kreativphase stärker auf das Machbare und Erreichbare konzentrieren. Apropos Probleme: Im geschäftlichen Umgang in Deutschland ist das Wort manchmal regelrecht verpönt und sollte vermieden werden. Stattdessen spricht man von Schwierigkeiten oder Herausforderungen, deutet es doch stärker auf die Lösbarkeit und das positive In-Angriff-Nehmen hin.

◆ **Wiederholen Sie zwischendurch elementare Aussagen** im Sinne von „Ich habe doch richtig verstanden, dass ...“. Sagen Sie mit eigenen Worten, wie eine Aussage bei Ihnen angekommen ist und versichern Sie sich der Richtigkeit. Vermeiden Sie eigene Interpretationen, Bewertungen oder Unterstellungen. Wenn eine Diskussion in die Irre zu laufen droht, hilft es sie auf den Hauptaspekt zurückzuholen, indem man einen Vorschlag oder eine Verhandlungsposition wiederholt. Wiederholungen haben darüber hinaus folgende Vorteile:
- Wollen Sie nicht sofort oder gar nicht antworten, gewinnen Sie mit Wiederholungen Zeit.
- Redet jemand viel, sagt aber wenig, pointieren Sie mit Ihrer Wiederholung die Kernaussage.
- Sagt jemand zwar etwas, legt sich aber nicht fest, können Sie ihn mit einer Wiederholung zu einer eindeutigen Aussage hinsteuern („Sie sind also dafür, dass ...“).

- Wenn viele Argumente genannt werden, identifizieren Sie die Prioritäten („Am wichtigsten scheint Ihnen zu sein, dass ...“).

- Etwas zu wiederholen verführt andere häufig dazu, weitere Argumente nachzuschieben. Wenn Sie den anderen aushorchen wollen, setzen Sie diese Methode ein.

◆ **Am Ende einzelner Gesprächsabschnitte** sollten Sie jeweils ein Zwischenfazit ziehen. Fassen Sie zusammen, worauf Sie sich geeinigt haben und was noch einer weiteren Klärung bedarf. Das bringt Sie immer wieder zurück zum roten Faden der Verhandlung, strukturiert den weiteren Ablauf und dient als Basis für das weitere Gespräch.

7. Argumente verbildlichen:

Stellen Sie nicht nur Behauptungen auf, sondern teilen Sie etwas in nachvollziehbaren Schritten mit. Bei einer Präsentation setzen Sie Schaubilder ein, am besten am Flipchart oder auf einer Overheadfolie. Beim Gespräch am Tisch kann es schon sehr hilfreich sein eine kleine Skizze zu machen. So werden Ihre Argumente und Berechnungen besser verstanden und schneller akzeptiert.

8. Geschickt formulieren:

Um eine Verhandlung nicht in eine Sackgasse münden zu lassen, widersprechen Sie nicht direkt, sondern versuchen Sie die Argumente...

◆ **umzuwandeln:** Statt „Das sehe ich aber anders ...“ sagen Sie besser „Sie sprechen ein Problem an, das viele Seiten hat. Für mich ist in diesem Zusammenhang wichtig...“

◆ **umzudeuten:** Statt „Da bin ich ganz anderer Ansicht ...“ sagen Sie lieber „Das ist auch eine richtige Überlegung, vielleicht sollten wir aber Folgendes nicht außer Acht lassen...“

◆ **zu überhören**: Statt „Nun, das geht so bestimmt nicht ...“ sagen Sie eher „Ja, das ist ein wichtiges Problem, konzentrieren wir uns jetzt aber auf folgenden Umstand...“

◆ **weiterzuleiten:** Statt „So kommen wir aber zu keinem Ergebnis“ sagen Sie lieber „Bevor wir hier Folgerungen ziehen, müssen wir noch Folgendes beachten...“

9. Ich-Botschaften und Wir-Botschaften:
Benutzen Sie die Ich-Form, wenn Sie über eigene Überzeugungen sprechen. Geht es jedoch um Leistungen, sollten Sie immer die Wir-Form verwenden („Wir haben/sind ...“, „Unserer Ansicht nach ...“), denn jeder weiß, dass hinter komplexen Leistungen immer ein gutes Team steht. In Deutschland kommt es außerdem besser an, wenn man sich selbst nicht zu sehr ins Rampenlicht stellt.
Teilen Sie Niederlagen ebenfalls in Ich Botschaften mit: „Ich bin enttäuscht ...“, „Ich wundere mich, dass ...“. Denn es ist viel weniger bedrohlich zu hören, was der Gesprächspartner empfindet, als wenn man mit einer Beschuldigung konfrontiert wird.

10. Umgang mit Niederlagen:
Machen Sie sich bewusst, dass Verhandeln ein ständiges Geben und Nehmen, Ausloten, Abgleichen, Aufeinanderzugehen und Abwarten ist. Werten Sie ein Entgegenkommen Ihrerseits nicht automatisch als Niederlage. Verhandlungen laufen nicht nach dem Prinzip alles oder nichts ab. Reine Verteilungskämpfe, die auf eine Vernichtung des Gegners abzielen, sind hier nicht das Thema, da diese nicht auf ausgewogene, konstruktive Geschäftsbeziehungen ausgerichtet sind. Halten auch Sie es am besten mit Bismarck: „Wer seinen Gegner zerstört oder seinen Stolz bricht, dem muss bewusst sein, dass er sich einen Feind schafft, der sich später rächen wird.“

11. Spontane Verabredungen:
Gerade wenn Sie kurzfristig einen Termin vereinbaren, informieren Sie kurz, am besten per E-Mail als Besprechungsanfrage, worum es Ihnen geht und welche Tagesordnung Sie planen. Damit ermöglichen Sie dem Geschäftspartner etwas eine Vorbereitungszeit und man wird sich wesentlich gezielter unterhalten können.

12. Ende gut, alles gut:
Beim Abschluss einer Verhandlung ziehen Sie das Gesamtfazit. Wiederholen Sie noch einmal alle wichtigen Punkte, die Sie vereinbart haben.

Denn was die Gesprächspartner am Ende hören, bleibt in der Regel am besten in Erinnerung und man geht mit dem guten Gefühl auseinander, ein Ergebnis erreicht zu haben. Wenn die Verhandlungen in einer Gruppe geführt wurden, ist es zu empfehlen, die Vereinbarungen stichpunktartig auf einem Flipchart festzuhalten. Im Falle einer persönlichen Diskussion, sollten Sie eine nachfassende Notiz zur Bestätigung schreiben. Dies minimiert auch das Risiko zukünftiger Missverständnisse.

28 Das Gespräch mit dem Chef

Wer ohne Strategie bei seinem Chef anklopft, blitzt ab. Denn der muss sich ständig mit den vielfältigen Anliegen seiner Mitarbeiter herumschlagen und hat entsprechend Erfahrung. Das Gespräch mit dem Chef hat drei Brennpunkte:

- Wie gestalte ich das optimale Gespräch über Arbeitseinsatz, Beförderung und Gehalt?
- Wie melde ich Kritik an?
- Wie setze ich meine Meinung durch?

Wer sich Zeit nimmt, eine Strategie für die Gesprächsführung zu entwickeln, hat gute Chancen auf offene Ohren. Denn gute Vorbereitung bringt oft bereits dreiviertel des Erfolgs, der Rest hängt von der Tagesform und auch einem Quäntchen Glück ab. Hier die Checkliste dazu:

Fit fürs Gehaltsgespräch?

Gehen Sie erst dann ins Gespräch, wenn Sie folgende Fragen erschöpfend bearbeitet haben:

1. Welche Aufgaben hatte ich im vergangenen Jahr und wie gut habe ich diese erfüllt? Welche Erfolge habe ich vorzuweisen?

2. Habe ich den richtigen Zeitpunkt gewählt? Besonders nach einem erfolgreichen Projektabschluss oder Geschäftserfolg wird der Chef bei Laune sein.

3. Ist mein Gesprächsleitfaden vollständig? Habe ich die wichtigsten Gesprächspunkte in die richtige Abfolge gebracht? Habe ich auch ein paar Höhepunkte meiner Arbeit und Rückmeldungen zu meinen Arbeitserfolgen vorbereitet, um sie bei Bedarf vorzulegen?

4. Wie ersetzbar bin ich für meinen Chef? Wie wichtig sind meine Aufgaben für das Unternehmen und für sein eigenes Fortkommen? Hegt er Sympathie für meine Arbeit und meine Leistungen? Oder glaubt er eher, ich gehöre zur austauschbaren Hilfsmannschaft? Wie steigere ich den Wert der Leistung seines Bereiches?

5. Was erwartet er an Leistung? Woran misst er mich? Womit kann ich mich nützlich machen?

6. Habe ich meine eigene Einstellung genügend von emotionalen Vorbehalten bereinigt? Die eigene Erfolgsstrategie sollte man nicht auf den Schwächen anderer aufbauen: Besser ist es auf eigene Stärken und Qualitäten aufmerksam zu machen, denn nur so beziehen Sie

sich auf das Positive. Bei Vergleichen beziehen Sie sich nur auf Funktionen und nicht auf Personen.

7. Welche alternative Vergütung kann ich mir vorstellen? Projektbezogene Prämien, leistungsorientierte Provisionen, Fortbildungsmaßnahmen wie Führungstraining und Crash-Sprachkurse im Ausland oder bezahlter Sonderurlaub? Gerade Weiterbildung ist bei Arbeitnehmern und Arbeitgebern in Deutschland eine gleichermaßen beliebte Vergütungsvariante, denn sie bieten einen attraktiven Ausweg aus den oftmals starren Gehaltspyramiden durch allgemein gültige Tarifvereinbarungen.

8. Kommt für mich die Drohung „Mehr Geld oder ich gehe“ in Frage? In diesem Falle sollten Sie auch wirklich ein konkretes Jobangebot in petto haben. Im Übrigen müssen Sie sich darauf einstellen, dass bei einem solchen Erpressungsversuch ohnehin nach einer Alternative für Sie gesucht wird.

Auch wenn es mit einer Gehaltserhöhung diesmal nicht klappt: Fragen Sie Ihren Chef, was er an Ihrer Stelle tun würde, um sich für die nächste Gehaltsrunde optimal zu qualifizieren.

Wenn Sie sich geärgert haben

1. **Reagieren Sie zeitnah, doch achten Sie auf einen günstigen Moment:**
Lassen Sie Ihre Wut zunächst abkühlen, bis Sie in der Lage sind, ein sachliches Gespräch zu führen. Wer spontan kritisiert, riskiert eine allzu emotionale Reaktion und äußert womöglich Dinge, die er später bereut. Obwohl sich deutsche Chefs gerne damit brüsten, dass ihre Büros immer für die Mitarbeiter offen stehen, sollte man genau abschätzen, wann der Chef für persönliche Anliegen am besten aufnahmebereit ist. Rufen Sie vorher an, oder, noch besser, schreiben Sie eine E-Mail und bitten Sie um einen Termin. Treffen Sie zufällig

aufeinander, sprechen Sie das heikle Thema nicht an, sondern bitten Sie um einen gesonderten Termin und sagen Sie, wie viel Zeit Sie sich wünschen. Beachten Sie dabei: „In der Kürze liegt die Würze".

2. **Das Wichtigste zuerst:**
   Um ein offenes Ohr beim Chef zu finden, sollte man zuerst ein Thema ansprechen, das im Interesse des Chefs liegt, als Appetitanreger sozusagen. Dazu bietet sich beispielsweise eine fachliche oder organisatorische Leistung an, die einen aus der Masse hervorhebt. Kommen Sie jedoch spätestens nach fünf Minuten zum eigentlichen Thema, denn üblicherweise hat der Chef wenig Zeit, sodass er ungeduldig werden könnte und seine Aufmerksamkeit darunter leidet.

3. **Fragen, nicht kritisieren:**
   Fallen Sie nicht mit Ihrer Kritik über den Chef her, sondern fragen Sie zunächst nach den Gründen für sein Handeln, auch wenn Sie den Grund dafür zu kennen meinen. Schließlich ist es immer gut, O-Ton zu hören, anstatt Versionen aus der Gerüchteküche. Machen Sie keine Vorwürfe, sagen Sie lieber, wie sein Verhalten auf Sie wirkte. Äußern Sie Ihre Kritik vorwurfsfrei. Das gelingt immer, wenn Sie erläutern, wie Sie die Aktion des Vorgesetzten empfunden haben.

4. **Erklären, nicht angreifen:**
   Sagen Sie deutlich, was Sie wünschen. Schildern Sie dabei, wie Sie die Folgen für Ihre eigene Arbeit und Ihren Bereich einschätzen. Bringen Sie Ihre Argumente sachlich, in Ruhe und in einzelnen Schritten vor, die Sie sich vorher schon genau überlegt haben. Wägen Sie dabei die verschiedenen Positionen und Alternativen ab. So schaffen Sie genügend Raum, verständnisvoll zu reagieren und helfen, den Weg für neuerliche Korrekturen frei zu machen.

5. **Nicht persönlich nehmen:**
   Sollten Sie im Gespräch wenig erreicht haben, ziehen Sie sich nicht frustriert zurück. Sie sollten eine Ablehnung, die rein sachliche

Gründe hat, als Ansporn verstehen, Ihre Argumente nochmals zu überarbeiten und das Prozedere des Überzeugens zu überdenken.

6. **Cool bleiben:**
„Frau Jonas, das ist doch Unfug!“ Lassen Sie sich durch Killerphrasen wie diese nicht aus der Fassung bringen. Bleiben Sie ruhig und sachlich, hinterfragen Sie: „Warum ist das Unfug? Die Fakten liegen doch auf dem Tisch“. Aus den Erläuterungen sollten sich genügend Ansatzpunkte ergeben, wie man weiter vorgehen könnte.

Gewinnen Sie Ihren Chef für sich

1. **Konzept haben:**
Gerade wenn Sie innovative Ideen haben, schreiben Sie vorher die Fakten auf und sammeln Sie Argumente, die für Sie sprechen. Checken Sie am Schluss, ob Ihre Ideen und Forderungen auch wirklich realistisch sind.

2. **Nutzen aufzeigen:**
Nichts überzeugt einen Chef besser als der objektive, nahe liegende Nutzen. Dieser muss greifbar und nachvollziehbar verdeutlicht werden. Argumentieren Sie jedoch typgerecht. Ist Ihr Chef ein Kreativer, so erläutern Sie, wie Ihr Vorschlag neue Ideen fördert und Perspektiven eröffnet. Ist er ein Erbsenzähler, zeigen Sie ihm auf, wie sein Streben nach Exaktheit und Zuverlässigkeit der innerbetrieblichen Abläufe befriedigt wird.

3. **An Alternativen denken:**
Schaffen Sie mit Vorschlägen eine Basis, mit der in Zukunft solche Angelegenheiten konfliktfreier gelöst werden können. Damit helfen Sie Ihrem Chef und er erkennt, dass Sie konstruktiv mit an einer besseren Zukunft arbeiten, anstatt sich verärgert zurückzuziehen. Wichtig ist jedoch zu wissen, was Sie letztendlich erreichen wollen.

Bringen Sie Ihr Anliegen klar und deutlich vor und machen Sie die Vorteile auch für Ihren Chef deutlich. Das ist die beste Voraussetzung, dass Ihre Wünsche anerkannt und akzeptiert werden.

Übrigens: Die aufgezeigten Tipps zum Umgang mit dem Chef können und sollen im Kollegenkreis ebenfalls Anwendung finden. Der einzige Unterschied besteht vielleicht darin, dass die Etikettetipps für den Umgang mit dem Chef unter dem Vorzeichen „Respekt" stehen. Für den Umgang mit Kollegen heißt das Motto dagegen „Höflichkeit, konstruktive Zusammenarbeit und gegenseitige Wertschätzung". Sprechen Sie dabei mit Ihren Kollegen jedoch nur Themen an, auf die Sie direkten Einfluss haben. Ansonsten laufen Sie Gefahr eine fruchtlose Gerüchteküche anzurühren und das wäre kontraproduktiv.

29 Wie bin ich selbst ein guter Chef?

Spannungsfeld Chef-Mitarbeiter

Auch wenn das Bild des autoritären, streng hierarchisch orientierten Vorgesetzten noch in vielen Köpfen als Prototyp eines deutschen Bosses gilt, so ist die Realität in den meisten Betrieben in Deutschland längst eine andere. Der Chef muss heute vielmehr Motivator, Coach, Visionär, Koordinator und Kommunikator sein.

Dies umso mehr, ist er Mitarbeiter in einer der großen Publikumsgesellschaften, wie beispielsweise VW, Siemens, E on, Mercedes oder der Deutschen Bank. Hier hat sich der kooperative gegenüber dem autoritären Führungsstil längst durchgesetzt.
Im Gegenzug wird von den Mitarbeitern ein hohes Maß an Eigeninitiative, Begeisterungsfähigkeit, Selbstmotivation, Teamwork und Frustrationsfestigkeit erwartet. Dabei ist es heute üblich, dass jeder seine Aufgaben weitaus stärker hinterfragt als früher: Warum? Für wen? Wofür? Wer ist mein Kunde?
Nach diesen Prämissen müssen heute alle Beteiligten, Chefs wie Mitarbeiter, die Prioritäten ihres Tuns kontinuierlich selbst austarieren.
Tipps über die Art, wie sich eine gute Führungskraft zu verhalten hat, füllen mittlerweile ganze Bücherregale. Dabei wird meist die klassische Unterscheidung der Führungsstile vorangestellt:

- autoritär/direktiv
- demokratisch/kooperativ oder
- laissez-faire.

Natürlich wird ein Führungsstil sehr stark von der Persönlichkeit des Chefs geprägt. Doch es lohnt sich darüber nachzudenken, welche persönlichen Anlagen man als Boss eher stärken oder dämpfen sollte.
Im Folgenden beziehen wir uns auf den häufig gefragten demokratisch-kooperativen Führungsstil. Deshalb zunächst eine Abgrenzung zu den anderen Führungsstilen:

- Der **autoritäre Stil** mit dem Chef als Patriarchen wirkt direkt und schnell. Er hat allerdings den Nachteil, dass die Motivation der Mitarbeiter oft geringer ist als bei anderen Führungsmethoden und ein großer Kontrollaufwand von oben nach unten erforderlich erscheint. Auch ist die Gefahr von Fehlentscheidungen groß.
  Man trifft ihn am häufigsten bei eigentümergeführten Firmen und in der öffentlichen Verwaltung an.

- **Laissez-faire** mit dem Chef als Primus inter Pares kommt hingegen mit weitaus weniger Kontrollen aus, da alle weitgehend eigenverantwortlich arbeiten. Das funktioniert aber dann immer schlecht, je stärker die Arbeiten verteilt sind, denn parallel dazu steigt der Abstimmungsaufwand im Team. Am häufigsten trifft man Laissez-faire bei spezialisierten Dienstleistern wie Anwaltssozietäten, Ingenieurbüros sowie Presse- und PR-Agenturen, denn hier hat oft jeder seinen eigenen in sich geschlossenen Arbeits- und Kundenkreis.

Kompetenz

Um sich die Stellschrauben seiner persönlichen Fähigkeiten zum Chef besser bewusst zu machen, sollte man sein Verhalten nach der Ausprägung seiner Kompetenzen beleuchten. Die Modelle des Kompetenzmanagements formulieren dabei vier Kompetenzfelder:

- **Fachkompetenz**

Hierbei geht es darum, wie man fachliche Aufgabenstellungen und Probleme mit seinem Fachwissen, den Methodenkenntnissen und technischen Erfahrungen bewältigt. Dabei beweist man die Fähigkeit

- komplexe Sachverhalte schnell zu durchdringen,
- Situationen sowohl aus abstrakter Perspektive wie auch in konkreter Weise zu durchdenken,
- Erfolgsstrategien und Maßnahmenpläne zu entwickeln.

- **Handlungskompetenz**

Hier beurteilt man inwieweit Absichten und Ziele aktiv und willensstark umsetzt werden können. Dabei kann man

- neue Geschäftsideen aufgreifen und diese in ambitionierte unternehmerische Ziele umsetzen,
- Innovationen und visionäre Ideen fördern,
- sich schnell wachsende herausfordernde Märkte erschließen.

Personelle Kompetenz

Dabei wird betrachtet wie jemand sich selbst gegenüber reflektierend und kritisch sein kann, was sich beispielsweise in Eigenverantwortung und gutem Selbstmanagement zeigt. Außerdem versteht man es

- klar seine strategischen Absichten zu kommunizieren,
- eine motivierende und kreative Teamatmosphäre zu schaffen
- personelle Besetzungen mit Sorgfalt vorzunehmen und die Stärken der Mitarbeiter zu fördern

- **Soziale Kompetenz**

Der Chef verhält sich intuitiv typgerecht und beziehungsorientiert und zeigt dabei eine ausgeprägte Anpassungs-, Kooperations-, und Kommunikationsfähigkeit. So kann er

- andere überzeugen und deren Unterstützung gewinnen,
- mit internen und externen Partnern ein gutes Verhältnis aufbauen und zusammen arbeiten,
- gezielt und fair Einfluss nehmen.

Jede Führungspersönlichkeit wird im Unternehmensalltag eine Balance zwischen den verschiedenen Anforderungen finden müssen. Richtig spannend wird es allerdings, wenn ernste Konflikte aufkommen. Erst dann kristallisiert sich heraus, wer ein souveräner Chef ist und seine Mitarbeiter erfolgreich durch alle Klippen und Untiefen führen kann. In Untersuchungen wurden insbesondere folgende Gefahren deutlich:

- **Stichwort „Fachkompetenz"**

  Auf Fehler und Ineffizienz wird häufig mit einer Flut schriftlicher Arbeitsanweisungen reagiert oder gar ein IT-gestütztes Prozesshaus aufbaut, um alle betrieblichen Vorgänge bis ins Details abzubilden. Damit steigt die Gefahr durch den Praxisalltag ausgebremst zu werden, in dem doch Abweichungen und spontane Anpassungen die Regel sind. Nachbesserungen und Regelmissachtung sind dann an der Tagesordnung, von den Fehlleistungskosten ganz zu schweigen.

- **Stichwort „Handlungskompetenz"**
  Wer die Messlatte für Leistungserbringung und Umsetzungsgeschwindigkeit zu hoch ansetzt, läuft Gefahr seine Mannschaft schon bald resigniert hinter sich zu lassen. Es gilt zwar die Psychologie des Ziels, welche besagt, dass Ziele hoch gesteckt sein müssen, doch muss auch der Chef im Blick behalten, wie weit seine Leistungsträger ihm noch folgen können.

- **Stichwort „Personelle Kompetenz"**
  Wer hier übersteuert und unangemessen selbstbewusst auftritt, sucht gerne die Schuld für Misserfolge bei anderen, ohne selbstkritisch sein eigenes Handeln einzubeziehen.

- **Stichwort „Soziale Kompetenz"**
  Wenn die Chemie im Team nicht mehr stimmt und die Ergebniszahlen stagnieren, konzentrieren sich viele Führungskräfte auf Sachfragen, da Sie glauben diese mit ihren Intellekt am ehesten bewältigen zu können. Tendiert dann der Chef dazu Abstimmungsdefizite arrogant zu übergehen, leidet die vertrauensvolle Zusammenarbeit immer mehr. Ineffizienz und Fehlentscheidungen sind die Folge.
  Das Gegenteil kann jedoch ebenso fatale Folgen haben: Wer versucht, alles im Team abzustimmen, riskiert Debattierrunden, in denen zu viel zerredet und zu wenig entschieden und gehandelt wird.

Zehn Grundregeln zum demokratischen Führungsstil

Um im Unternehmensalltag von Anfang an Defizite zu vermeiden, wird ein guter Vorgesetzter zehn Grundregeln beherzigen:

1. Leben als Vorbild

Sorgen Sie dafür, dass den Mitarbeitern ein positives Bild von Ihnen, dem Chef erhalten bleibt. Dazu gehört

- 200 Prozent Identifikation, Loyalität, Begeisterungsfähigkeit,
- 150 Prozent Arbeitsleistung,
- 100 Prozent Kompetenz,

- unbegrenzte Leistungsbereitschaft,
- außerordentliche Effizienz,
- großes Durchhaltevermögen,
- Vertrauen in seine Mannschaft.

Apropos Kompetenz: Zum Status des Vorgesetzten gehört, dass er den Mitarbeitern in entscheidenden Situationen keine Schwächen oder gar Unkenntnis offenbart. Denn viele warten nur darauf, solche Schwächen zum Etablieren eigener Ziele und Marotten zu nutzen. Eine kleine Schwäche jedoch zum richtigen Zeitpunkt platziert, bringt den Chef als Menschen in den Vordergrund und macht ihn damit sympathisch.

2. Führen Sie mit Authentizität und Vertrauen

Autorität ist nicht Macht über Menschen, sondern eine Entscheidungsbefugnis zur Erreichung von Geschäftszielen. Das notwendige Vertrauen dafür schaffen Sie nachhaltig, indem Sie sich mit großer Energie für die Sache und Ihre Mitarbeiter engagieren. Wenn Sie dabei sie selbst, das heißt authentisch bleiben, strahlen Sie Glaubwürdigkeit und Charisma aus. Ihre Autorität darf sich nämlich nicht aus der Position, Kraft des Amtes“ herausbilden, sondern mit der Anerkennung Ihrer Persönlichkeit.

Auch ist im deutschen Wirtschaftsraum, dabei noch am ehesten in der Schweiz, eine gewisse Bescheidenheit im Auftreten unerlässlich, will man von seiner Mannschaft als Alpha-Tier voll und ganz akzeptiert werden.

3. Mit Körperhaltung positiv wirken

Achten Sie auf Ihre Körperhaltung. Sie sollte offen und gesprächsbereit wirken. Vor der Brust verschränkte Arme signalisieren das Gegenteil. Finden Sie auch die nötige Balance zwischen Nähe und Distanz zu Ihren Mitarbeitern. Als Führungskraft sollten Sie sich am Arbeitsplatz in jeder Hinsicht objektiv verhalten und damit angemessenen Abstand auch zu befreundeten Mitarbeitern wahren.

4. Achten Sie auf den richtigen Ton

Nichts ist demotivierender als eine persönliche Verletzung, unangemessene Kritik oder wenn der Chef sich keine Zeit nimmt mit den Mitarbeitern zu reden. Kurze Anordnungen ohne klare Auskünfte tragen nicht zur Motivation der Mitarbeiter bei. Erwartungen und Aufgaben sollten klar deutlich gemacht, aber auch Unklarheiten angesprochen werden. So bleibt der Chef glaubwürdig.
Auch wird erwartet, dass der Chef zu jeder Zeit mit jedem respektvoll umgeht. Selbst den jüngsten Azubi sollte er nicht herumkommandieren. Denn wer Untergebene herablassend behandelt sammelt Minuspunkt, denkt doch so mancher Mitarbeiter dann „Distanz! Das nächste Mal kann mich das auch treffen."

5. Zur Motivation gehört Lob genauso wie Humor

Humor lockert die oftmals stressige Arbeitsatmosphäre auf. Wenn Sie über etwas scherzen können, signalisiert es, dass Sie über den Dingen stehen und optimistisch Problemlösungen entgegen sehen. In diesem Moment haben Sie auch die beste Chance offen und ehrlich einen Verbesserungsvorschlag oder eine Kritik zu platzieren.

6. Geben Sie klare und glaubwürdige Ziele vor

Kommunizieren Sie Ihre Ziele und Maßnahmen zu deren Umsetzung eindeutig und glaubwürdig. Wenn Sie öfter und ohne Grund Richtung und Prioritäten ändern, nimmt Ihnen niemand mehr die Ernsthaftigkeit eines gesetzten Ziels ab. Begründen Sie Ihr Handeln damit die Mitarbeiter den Sinn Ihrer Entscheidungen erkennen.

7. Delegieren Sie Arbeiten und beteiligen Sie die Mitarbeiter an Zielvorgaben

Ein Chef muss natürlich Arbeit an seine Mitarbeiter delegieren. Das ist für viele die einschneidenste Erfahrung in der neuen Position des Chefs. Doch das müssen klare Aufträge sein zu denen Erläuterungen über Sinn und Zweck genauso gehören wie Ergebnistermine. Außerdem muss kontrolliert werden, ob eine Aufgabe auch tatsächlich erledigt wurde.

Wichtig ist mit Blick auf die herausragenden Fähigkeiten der Mitarbeiter zu delegieren:

- Wem kann ich eine Aufgabe übertragen, ohne viel erläutern zu müssen?
- Wer arbeitet stets terminbewusst?
- Wer sucht eine Herausforderung, um sich zu bewähren?
- Vermeide ich Unter- wie auch und Überforderung?

Das Hawaii-Hemd Ihres Mitarbeiters sagt nichts über seine Qualifikation und auch der Körperumfang steht in keinem Verhältnis zur Leistungsfähigkeit einer Kollegin. Hüten Sie sich deshalb vor eigenen Vorurteilen, sondern überprüfen Sie eher, zum Beispiel auch als Übung, Ihre letzte Personalentscheidung: Was hat Sie beeinflusst? Sind im Nachhinein Zweifel aufgekommen? War es die beste Entscheidung, die Sie treffen konnten?

Achten Sie nach Übertragen einer Aufgabe darauf, keine losgelösten, einsamen Entscheidungen mehr darüber zu treffen. Beziehen Sie Ihren Mitarbeiter stets mit ein.

8. Gewinnen Sie Schlüsselpersonen für sich

In jeder Organisationseinheit, mag sie auch mehrere hundert Köpfe groß sein, gibt es einige wenige Personen bei denen alle Fäden zusammenlaufen. Wichtige Einschätzungen, Insider-Informationen und das Schlüssel-Know-How. Gerade in Produktionsbetrieben sind es oft die langjährigen Mitarbeiter, immer die Fachexperten und dabei die eher kritischen eingestellten, die im Sinne des Unternehmens sehr engagiert sind, dabei aber oft besserwisserisch wirken. Die Kollegen, die sich auch bei der Umsetzung hervortun und nicht nur große Reden schwingen, sollten Sie zu einem Teil Ihres Netzwerkes machen. Diese Mitarbeiter lassen sich über die formale Hierarchie des Organisationsplanes meist nicht identifizieren. In den vielen Gesprächen gerade in Ihrer Startphase müssen Sie deshalb darauf achten, wer im Kollegenkreis immer wieder erwähnt werden. Bei einem günstigen Anlass sollten Sie bewusst zu diesen Mitarbeitern das Gespräch suchen, um sich ein eigenes Bild zu machen. Signalisieren Sie auch bei Kontroversen, ständig hinzulernen zu wollen, damit erhalten Sie sich eine offene Atmosphäre des Gesprächs mit gegenseitigem Respekt. Können Sie auf Dauer diese Meinungsführer jedoch nicht für sich gewinnen, schrecken Sie auch vor einer Trennung nicht zurück.

9. Informieren Sie zeitnah und angemessen

Engagierte Mitarbeiter wollen über neue Projekte, Unternehmenserfolge, Organisations- und natürlich Personaländerungen immer auf dem Laufenden sein. Und diese Information erfahren Sie am liebsten direkt aus dem Mund des Chefs und nicht über den Buschfunk oder in der Kaffeeküche. Welche Neuigkeiten Sie direkt an die Mitarbeiter weitergeben oder durch andere kommunizieren lassen, müssen Sie mit Blick auf die Organisationsgröße und den Stellenwert der Information entscheiden. Feste Termine, wie zum Beispiel das häufig übliche Jour Fix am Montagmorgen, sind für viele eine gute Möglichkeit engen Kontakt zu den Mitarbeitern zu halten. Und dabei werden gleich zwei Aufgaben erledigt: Information und Kontrolle. Bedenken Sie auch: Wer News nur über ausgewählte Mitarbeiter verbreiten lässt, gibt anderen das Gefühl, nicht dazu zu gehören.

10. Zu guter Letzt: Lassen Sie sich beim Einstieg helfen

Auch wen die neue Aufgabe als Führungskraft Ihren Terminkalender zu sprengen droht, planen Sie für das erste Vierteljahr ein Managementtraining ein. Dann schaffen Sie Gelegenheit die Knackpunkte der neuen Aufgabe durchzuspielen und Rückmeldungen Ihres Umfeldes zu reflektieren.

Genauso sollte man während dieser Phase einen Menschen identifizieren, den man in einer kritischen Situation als Ratgeber ansprechen kann. Besser noch: Für jedes Thema eine Person Ihres Vertrauens. Stellen Sie sich nach den ersten „100 Tagen“ (siehe eigenes Kapitel) aber auch die Gretchenfrage: Mache ich weiterhin am liebsten alles selber? Schiebe ich Entscheidungen und Gesprächsanfragen meiner Mitarbeiter ewig vor mir her? Übertrage ich ungern Verantwortung auf andere und habe ich auch keine Lust habe sie zu kontrollieren? Wenn ich diese Fragen mit „ja“ beantworten muss, werde ich mit dem Chefposten auf Dauer vermutlich nicht glücklich werden. Dann kann es schon wieder Zeit für eine Umorientierung sein.

Mythos Demotivation

Ein verbreitetes Missverständnis besteht darin, dass Führungskräfte glauben Ihre Mitarbeiter von Grund auf motivieren zu müssen. Richtig ist jedoch, dass jeder per se motiviert ist. Denn warum sollte er sich sonst um den Job bemüht und ihn angenommen haben? Vielmehr muss darauf geachtet werden demotivierendes Verhalten erst gar nicht zuzulassen. Und das ist sicher der schwierigere Teil, denn dazu muss der Chef sich wieder in die Rolle des Mitarbeiters versetzen und sich vor Entscheidungen fragen „Wie käme das eigentlich bei mir an?“. Ein angemessenes persönliches Verhalten des Chefs, ein ständiges Bemühen um eine gute Teamatmosphäre und der qualifikations-, wie typgerechte Einsatz der Mitarbeiter sind bewährte Mittel gegen die Demotivation.
Zu guter Letzt: Bleiben Sie als Chef immer im Gespräch und vertrauen Sie in der neuen Rolle gelegentlich auch mal auf das Bauch-Gefühl. Denn wer sich auf Dauer in einer Führungsverantwortung nicht wohlfühlt, wird langfristig scheitern.

* Hinweis: Wenn Sie Ihren Job als Chef gerade beginnen, finden Sie im Kapitel „Die ersten 100 Tage im neuen Job“ weitere wertvolle Tipps.

30 Konfliktgespräche richtig steuern

Stellen Sie sich vor, Sie werden als Manager mit Personalführungsaufgaben nach Deutschland entsandt. Abgesehen davon, dass Sie noch dabei sind, Ihre sprachlichen Fähigkeiten zu verbessern, sind Sie als Chef von Anfang an mit Situationen konfrontiert, in denen Sie ein hohes Maß an Sensibilität für Mitarbeiter erkennen lassen müssen. Denn überall, wo Menschen zusammenarbeiten, kommt es auch zu Missverständnissen, Meinungsverschiedenheiten, Spannungen und Rivalitäten. Dies kann für den Erfolg Ihrer Gruppe – und damit Ihren eigenen, persönlichen Erfolg – sehr abträglich sein.

Damit im Umgang mit deutschen Mitarbeitern und Partnern Konflikte nicht zu unüberbrückbaren Hindernissen werden, hier sieben Tipps zur Verhaltensweise:

1. Persönlich präsent sein.

Bei Besprechungen, von denen Sie erwarten, dass es Ärger gibt und das gute Zusammenarbeiten innerhalb der Gruppe bedroht wird, nehmen Sie immer persönlich teil. Versetzen Sie sich als Vorgesetzter dabei in die Rolle des Moderators. Ufert die Diskussion in einen wenig konstruktiven Schlagabtausch aus, bitten Sie die Kontrahenten zu einem gesonderten Termin in ein Besprechungszimmer. So vermeiden Sie, dass Konflikte, die nur in peripherem Bezug auf die aktuelle Diskussion stehen, die gesamte Besprechung behindern.

2. Sprechen Sie das Problem direkt an.

Folgende Punkte sollten Sie für ein erfolgsorientiertes Konfliktgespräch immer beachten:

- Menschen und Probleme getrennt voneinander behandeln! In anderen Worten: Werden Sie nicht persönlich!
- Nicht Positionen, sondern Interessen in den Mittelpunkt stellen! Welche Motive, Ängste, Bedürfnisse führen eigentlich zu dem Konflikt?
- Vor einer Entscheidung verschiedene Wahlmöglichkeiten entwickeln!
- Das Ergebnis auf objektiven, überprüfbaren Entscheidungsprinzipien und nicht auf Vermutungen aufbauen!

3. Halten Sie die Kontrahenten an, eine deutliche Sprache zu sprechen.

Das strittige Thema darf weder übertrieben noch verharmlost werden. Versuchen Sie zu objektivieren, indem Sie versuchen Emotionen heraus zu nehmen. Ergreifen Sie dabei nicht Partei und vermeiden Sie Vorwürfe und Schuldzuweisungen. Machen Sie begreiflich, dass man das Problem von verschiedenen Seiten her betrachten kann, und es somit immer mehrere Lösungsansätze gibt.

4. Zwingen Sie die Kontrahenten einander zuzuhören.

Bekunden Sie immer wieder Ihr Interesse an einer ausgewogenen Lösung und nehmen Sie die Argumente beider Standpunkte auf. Achten Sie darauf, dass jeder den anderen ausreden lässt, ohne sich gegenseitig ins Wort zu fallen. Fragen Sie immer nach, wenn Ihnen etwas unklar erscheint. Damit stellen Sie auch als Nicht-Deutscher sicher, alles richtig verstanden zu haben. Bitten Sie zwischendurch die Gesprächspartner, das zu wiederholen, was der andere gesagt hat. Auf diese Weise können Sie prüfen, ob die Aussagen jeweils angekommen und verstanden worden sind. Ziehen Sie Resümees, damit die Fortschritte auf dem Weg der Einigung deutlich werden.

5. Achten Sie auf die Körpersprache.

Um die Wirkung des gesprochenen Wortes bei den Kontrahenten richtig zu verstehen, sollte man auf Körpersignale achten. Sicher haben die Deutschen im Allgemeinen nicht eine solch extrovertierte, ausdrucksvolle Gestik, wie es beispielsweise bei den Südeuropäern zu beobachten ist, doch spricht auch ein verhaltenes Minenspiel oder die Haltung der Hände eine deutliche Sprache. Wenn beispielsweise ein Argument auf der Gegenseite mit dem Herunterziehen der Mundwinkel kommentiert wird, signalisiert das bestimmt keine Zustimmung sondern tief liegende Skepsis. Auch ein Verschränken der Arme bei gleichzeitigem Zurücklehnen kann man häufig beobachten. Der Mensch verschließt sich in diesem Fall förmlich den vorgebrachten Argumenten und gibt somit zu verstehen: „Das ist nicht meine Sache!“. Im Gegenzug lässt sich natürlich durch den Einsatz einer offenen, optimistisch stimmenden Gestik die Überzeugungskraft der Argumente stärken.

6. Steuern Sie die Rückmeldungen.

Sprechen Sie offen und ehrlich aus, wie Sie das Gespräch vom Gefühl her empfinden. Fragen Sie dann jeden Gesprächsteilnehmer, wie seine Meinung über das Gespräch ist und wie das Verhalten des Gegenübers auf ihn wirkt. Nur wenn Rückmeldungen gegeben und angenommen werden, ist ein konstruktiver Dialog möglich und Vertrauen wird aufgebaut. Am Schluss: Verabreden Sie Termine für weitere Besprechungen, um den Fortschritt nachzuverfolgen.

7. Drängen Sie auf eine schnelle Umsetzung.

Schlagen Sie einen Zeitplan für die Erarbeitung und zügige Umsetzung der Problemlösung vor. Machen Sie deutlich, dass Sie von den Kontrahenten ein für beide Seiten akzeptables Ergebnis und Verhalten erwarten. Zeigen Sie nochmals das gemeinsame Ziel sowie den für beide Seiten zu erwartenden Erfolg auf. Legen Sie eine Zeitspanne fest, innerhalb derer die einzelnen Schritte der Annäherung und Problemlösung zu vollziehen sind. Setzen Sie Termine für weitere Besprechungen und für die Vorlage der gemeinsam erarbeiteten Lösung an.

8. Wagen Sie einen Blick in die Zukunft.

Machen Sie eine Schlussbetrachtung zu der erarbeiteten Lösung. Ist Sie ausgewogen? Ist es eine tragfähige Lösung für alle Konfliktparteien im Sinne einer zukünftigen Konfliktvermeidung? Oder hat etwa eine der Konfliktparteien nur klein beigegeben, um endlich Ruhe zu haben.

Für eine dauerhaft erfolgreiche Arbeitsgruppe kann Harmonie und das **gemeinsame Ziehen an einem Strang** als gar nicht wichtig genug angesehen werden. Bedenken Sie, dass Sie im Mittelpunkt stehen und als Vorbild angesehen werden. Wenn Sie Ihre Aufgabe im Umfeld mit Deutschen antreten, machen Sie sich bewusst, dass Sie umso mehr als Führungspersönlichkeit anerkannt werden, je mehr Sie in Ihrem eigenen, persönlichen Arbeitsumfeld vorleben, was Sie propagieren. Denken Sie also auch an Ihre eigenen Leichen im Keller: Ihr eventuelles schlechtes Benehmen, ungeschicktes Verhandeln, Ausrasten, schlecht über andere Reden. Bewerten Sie, welche Schlüsse Ihre Mitarbeiter für sich daraus ziehen, wenn Sie davon erfahren. Denn: Es spricht sich herum, ob ein Chef das, was er von seinen Mitarbeitern verlangt, auch sich selbst zum Grundsatz macht. Die Wahrheit kommt immer ans Licht – es ist lediglich eine Frage der Zeit.

31 Schneller erfolgreich durch Networking

Beim Wechsel im Berufsleben nutzt in Deutschland fast jeder Zweite seine guten persönlichen Kontakte. Stellenangebote in der Zeitung oder im Internet führen dagegen nur für jeden dritten Stellensucher zum gewünschten Erfolg. Deshalb sollte man mit dem Aufbau und der Pflege persönlicher Beziehungen möglichst früh beginnen, denn sie basieren heutzutage immer weniger auf geerbten Beziehungen, sondern man legt auf gute Erfahrungen und gute Arbeit Wert, die natürlich von gegenseitiger Sympathie getragen werden muss. Aber auch die systematische Suche nach Gleichgesinnten in einem institutionalisierten Netzwerk kann sehr hilfreich sein. Neben Xing.de, das sich mittlerweile als Community der beruflich und kommerziell Aktiven in Deutschland auf breiter Basis etabliert hat, gibt es eine Reihe weiterer Zirkel deutscher UnternehmerInnen, Manager und Studenten.

Zur Orientierung: Allen hier genannten Foren und Clubs ist gemeinsam, dass sie auf eine bestimmte Zielgruppe ausgerichtet sind und klare Ziele verfolgen. Im Einzelnen:

1. „Nur auf Empfehlung":
Atlantik-Brücke

Orientierung:	„Stärkung der deutsch-amerikanischen Freundschaft"
Anzahl der Mitglieder:	Etwa 360
Aufnahme:	Auf Empfehlung des Vorstands
Kosten:	nach Absprache
Website:	www.atlantik-bruecke.org

Gesellschaft zur Förderung des Unternehmernachwuchses

Orientierung:	„In Unternehmergesprächen den besonders qualifizierten Nachwuchskräften ein Forum bieten"
Anzahl der Mitglieder:	rund 100 namhafte deutsche Unternehmen
Aufnahme:	max. 50 Jahre, auf Empfehlung des Arbeitsgebers
Kosten:	- -
Website:	www.bbug.de

Lions Club

Orientierung:	„wohltätige Zwecke"
Anzahl der Mitglieder:	Etwa 40.000 in Deutschland
Aufnahme:	Auf Empfehlung von Mitgliedern
Kosten:	etwa 150 Euro pro Jahr
Website:	www.lionsclubs.org

Rotary Club

Orientierung:	„humanitäre Hilfe und Völkerverständigung"
Anzahl der Mitglieder:	Etwa 38.000 in Deutschland
Aufnahme:	Auf Empfehlung von drei Mitgliedern
Kosten:	425 Euro pro Jahr (im Durchschnitt)
Website:	www.rotary.de

Überseeclub Hamburg

Orientierung:	„für ein einheitliches Handeln von Wirtschaft und Politik" und „Beziehungen Hamburgs zu den Märkten der Welt"
Anzahl der Mitglieder:	Etwa 1970 in Deutschland
Aufnahme:	Auf Empfehlung von zwei Mitgliedern
Kosten:	614 Euro pro Jahr (im Durchschnitt)
Website:	www.ueberseeclub.de

Wirtschaftsjunioren

Orientierung:	„Mehr Demokratie, Marktwirtschaft, Privatisierung und weniger Reglementierung"
Anzahl der Mitglieder:	Etwa 11.000 organisiert in Regionalclubs in Deutschland
Aufnahme:	Führungskräfte bis 40 Jahre mit Unterstützung des Arbeitgebers
Kosten:	160 Euro pro Jahr und 160 Euro Aufnahmegebühr
Website:	www.wjd.de

World Economic Forum

Orientierung:	„Kontakte zwischen Persönlichkeiten aus Wirtschaft, Politik, Wissenschaft"
Anzahl der Mitglieder:	Etwa 1.000 Unternehmen
Aufnahme:	Auf Empfehlung der Mitglieder
Kosten:	18.000 Euro pro Jahr
Website:	www.weforum.org

Young Presidents Organization
in Deutschland vertreten durch „Rhine Chapter"

Orientierung:	„Gedankenaustausch zwischen jungen Chefs"
Anzahl der Mitglieder:	Etwa 9.000 weltweit, alle jünger als 50
Aufnahme:	maximal 44 Jahre, auf Empfehlung von Mitgliedern
Kosten:	etwa 5.000 Euro pro Jahr
Website:	www.ypo.org

2. Speziell für Frauen

Business and Professional Women

Orientierung:	„engagierte Frauen knüpfen Kontakte und geben Karrieretipps"
Anzahl der Mitglieder:	Etwa 1.300 in Deutschland in 33 Regionalclubs
Aufnahme:	Studium oder Berufstätigkeit
Kosten:	75 bis 150 Euro pro Jahr
Website:	www.bpw-germany.de

Bund der Akademikerinnen

Orientierung:	„Know-How-Austausch und gesellschaftliches Engagement"
Anzahl der Mitglieder:	Etwa 1.800 in Deutschland
Aufnahme:	Voraussetzung ist Hochschulabschluss
Kosten:	77 Euro pro Jahr
Website:	www.dab-ev.org

European Woman´s Management Development (EWMD)

Orientierung:	„Förderung von Frauen in Führungspositionen“
Anzahl der Mitglieder:	Etwa 300 in Deutschland
Aufnahme:	Führungskräfte, die Frauen fördern wollen
Kosten:	250 Euro pro Jahr
Website:	www.ewmd.org

Frauen im Management

Orientierung:	„Fach- und Führungskräfte geben sich gegenseitig Karrieretipps“
Anzahl der Mitglieder:	Etwa 170 in Deutschland
Aufnahme:	Auf Empfehlung einer Regionalgruppe
Kosten:	150 Euro pro Jahr
Website:	www.fim.de

Wbgrrls

Orientierung:	„Fach- und Führungskräfte aus dem Bereich Neue Medien geben sich gegenseitig Tipps“
Anzahl der Mitglieder:	etwa 550 in Deutschland
Aufnahme:	Frauen aus der Branche
Kosten:	60 Euro pro Jahr
Website:	www.webgrrls.de

Zonta

Orientierung:	„Stärkung der gesellschaftlichen Stellung der Frau“
Anzahl der Mitglieder:	Etwa 2.500 in Deutschland
Aufnahme:	Berufstätige Frauen auf Empfehlung
Kosten:	150 Euro pro Jahr
Website:	www.zonta-international.de

3. Speziell für Unternehmer und Manager

Bund junger Unternehmer

Orientierung:	„Stärkung der Idee der freien Marktwirtschaft“
Anzahl der Mitglieder:	Etwa 2.500, organisiert in 47 Regionalclubs in Deutschland
Aufnahme:	Firmenchefs bis 40 Jahre mit mindestens zehn Beschäftigten oder einer Million Euro Umsatz
Kosten:	450 Euro pro Jahr
Website:	www.bju.de

CAPup!

Orientierung:	„Menschen verbinden, die bewegen“
Anzahl der Mitglieder:	Etwa 300
Aufnahme:	Unternehmer, Selbstständige, Führungskräfte
Kosten:	180 Euro pro Jahr (Exclusive Club)
Website:	www.cap-up.com

Kreis deutscher Führungskräfte in Spanien

Orientierung:	„Kontakte zwischen Managern deutscher Unternehmen in Spanien“
Anzahl der Mitglieder:	Etwa 220
Aufnahme:	Persönliche Bewerbung, Entscheidung des Vorstands
Kosten:	416 Euro pro Jahr
Website:	www.kdf-online.net

Manager Lounge

Orientierung:	„Der Businessclub des Manager Magazins „
Anzahl der Mitglieder:	Etwa 2.000 in Deutschland
Aufnahme:	Manager mit Jahresgehalt ab 75.000 Euro
Kosten:	250 Euro pro Jahr (im Durchschnitt)
Website:	www.manager-lounge.com

Senior Experten Service

Orientierung:	„Ehemalige Unternehmer und Führungskräfte stellen ihre Fachkenntnisse ehrenamtlich zur Verfügung“
Anzahl der Mitglieder:	n.v.
Aufnahme:	Experten, die ihr aktives Berufsleben abgeschlossen haben, wirtschaftlich unabhängig sind und ihr Wissen weitergeben wollen
Kosten:	Keine (Ehrenamt)
Website:	www.ses-bonn.de

Young Entrepreneurship Organization

Orientierung:	„Diskutieren von unternehmerischen Fragen auf kurzen Wegen“
Anzahl der Mitglieder:	Etwa 20 in Deutschland, 4.200 weltweit
Aufnahme:	Firmenchefs bis 40 Jahre mit mindestens einer Million Euro Umsatz
Kosten:	1.000 Euro pro Jahr
Website:	www.yeo.org

4. Speziell für Absolventen und Studenten

Geradezu ein Muss für alle Studenten ist ein Mitgliedschaft in der Studenten-Community www.studiVZ.de, darüber hinaus sind bedeutsam:

Alumniclubs

Orientierung:	„Initiative der Hochschulen ehemalige Absolventen an die Hochschule zu binden"
Anzahl der Mitglieder:	Etwa 800 Clubs in Deutschland
Aufnahme:	Absolventen der jeweiligen Uni, oft auch Fördermitglieder
Kosten:	Unterschiedlich
Website:	www.alumni-clubs.de

Studentenverbindungen

Orientierung:	„breites Spektrum studentischer Interessen"
Anzahl der Mitglieder:	Mehr als 1.100 Clubs in Deutschland
Aufnahme:	Studenten, die sich mit dem jeweiligen Ziel (gesellschaftlich, religiös, politisch) der Verbindung identifizieren
Kosten:	nach dem Studium in unterschiedlicher Höhe
Website:	www.horlogia.de

Tönissteiner Kreis

Orientierung:	„Karriereplattform für Jungmanager mit internationaler Erfahrung"
Anzahl der Mitglieder:	Etwa 600 in Deutschland
Aufnahme:	Führungskräfte bis 32 Jahre mit mindestens zweijährigem Auslandsaufenthalt in zwei Ländern, auf Empfehlung von Mitgliedern
Kosten:	200 Euro (im Durchschnitt)
Website:	www.toenissteinerkreis.de

Haben Sie ein Netzwerk Ihres Interessengebietes gefunden? Hier noch fünf Anhaltspunkte für erfolgreiches Networking:

1. Werden Sie aktiv:

Networking ist eine Tätigkeit. Wer sich auf den Zufall verlässt, hat wenig Chancen den richtigen Partner kennen zu lernen. Seien Sie aufmerksam, wenn Sie mit Verwandten und Freunden sprechen. Jeder Kontakt kann Gold wert sein. Beziehungskünstler sind offen und interessieren sich für das Leben und die Ideen anderer Menschen. Sie gehen auf Leute zu und eröffnen das Gespräch, ob im Job oder auf Partys. Achten Sie jedoch immer auf ein ausgewogenes Gespräch: Soviel Information sie geben, so viel sollten Sie sich auch für andere interessieren. Denn es hat keinen Sinn einen Gesprächspartner damit voll zu stopfen, was man selbst für ein toller Hecht ist, wenn man nicht erfährt wie der Mensch gegenüber einzuordnen ist.

2. Mein Nutzen – Dein Nutzen:

Lassen Sie sich im Gespräch von Neugier leiten. Machen Sie jedoch die Beziehung zu einem Menschen nicht von dem zu erwartenden Nutzen abhängig und denken Sie daran, dass es nie ein Nehmen ohne ein Geben sein wird. Ob sich ein Gespräch zu einer nützlichen Beziehung entwickelt, hängt zumeist von den ersten vier Minuten des Dialogs ab. In dieser Zeit lernt man, wie der Blickkontakt, die Körpersprache und die Argumentation wirken: Ob Vertrauen aufgebaut werden kann oder sich nur eine begrenzte Sympathie entwickeln wird. Beginnen sollten Sie mit einem möglichst unverfänglichen Thema. Machen Sie das Gespräch insgesamt zu einem positiven Erlebnis, indem Sie Gemeinsamkeiten mit Ihrem Gesprächspartner suchen.

3. Glaubwürdig sein:

Langfristig wird im Netzwerk nur derjenige profitieren können, der durch Austausch und Hilfsbereitschaft andere wirklich unterstützt. Man erwartet dabei nicht, sich die Beiträge gegenseitig aufzurechnen, doch der Nutzen, den ein Netzwerkmitglied stiftet, muss für jeden erkennbar sein. Auf Dauer kann sonst der anfängliche Sympathiebonus ins Gegenteil umschlagen. Auch wer Interesse vorgaukelt, um eine fremde Visitenkarte später nur zum eigenen Vorteil zu nutzen, wird nicht weit kommen. Profis sammeln Informationen, ohne ihre Gesprächspartner auszuspionieren. Sie behandeln vertrauliche Daten diskret.

4. Das Netzwerk managen:

Klar ist, dass man auf Dauer nicht 100 oder gar 200 Beziehungen wirklich aktiv pflegen kann, wenn man Kontaktpflege nicht zu seiner zentralen Lebensaufgabe machen will. Auf der anderen Seite reicht es jedoch nicht aus, mal zum Geburtstag oder zu Weihnachten einen Gruß zu senden. Dabei ist sicher nicht entscheidend, wie oft man Kontakt zu seinen Partnern hat, sondern wie positiv und nachhaltig die Qualität des einzelnen Kontaktes war. Verlässlichkeit und Relevanz sind hier Schlüsselbegriffe. Eine Richtschnur für die angemessene Zahl von nützlichen Kontakten gibt es nicht, hängt sie doch von den eigenen Karrierewünschen, dem Sendungsbewusstsein und der Hilfsbereitschaft ab.

5. Langfristig denken:

Networking ist keine Strategie für kurzfristige Erfolge. Entscheidend für dauerhaften Nutzen ist, dass man immer offen für andere ist. Die Neugier kann durchaus über berufliche Themen hinaus gehen – das wird sich automatisch aus der Sympathie füreinander ergeben.

Zwischen Anerkennung und Lässigkeit

Zu feiern gäbe es ja immer etwas. Auch im Unternehmen: Beginn und Ende einer Beschäftigung, Jubiläum, Geburtstag, Geburt des Kindes, Verlobung, Hochzeit, Beförderung. Sogar der Frühlingsanfang wird gefeiert, so manche Kreative sehen da keine Grenzen. Und wenn der Abteilungszusammenhalt am Bröckeln ist, wird auch mal gerne noch eins drauf gesetzt. Teambuilding nennt man das dann auf Neudeutsch
Wer sich jedoch wieder weg vom Funktionalisierten einer Veranstaltung hin zum Persönlich-Emotionalen bewegen will, sollte folgende drei Aspekte bedenken, die den Wandel beim Feiern im Unternehmen verdeutlichen:

1. Gewandelte Arbeitswelt:

Hohe Fluktuation, flexible Teams und Arbeitszeiten, verteilte Arbeitsplätze – heute arbeiten viele nicht mehr in so festen Strukturen, wie das noch vor wenigen Jahren der Fall war. Damit sind die Anlässe, mit gut bekannten Kollegen auch eine enge Beziehung aufzubauen und zu pflegen sehr viel geringer geworden. Die Gelegenheit und Bindung ist einfach nicht mehr vorhanden, andere wie früher an seinen persönlichen Anlässen teilhaben zu lassen.

2. Hierarchie:

Wer zu welchem Anlass zu etwas einlädt, wird in den meisten Organisationen mit Blick auf die Hierarchie entschieden. Und das richtet sich meist nach der erreichten Position und dem entsprechenden Gehalt. Dabei gibt es oft recht feste Regeln und die sollte man in Erfahrung bringen.

3. Erfolgsdruck und Zeitmangel:

Für viele ist es einfach lästig und zeitraubend zu allen möglichen Anlässen einzuladen und eingeladen zu werden. Auch dies ist ein Grund, weshalb die Neigung zu Abteilungsfeiern gesunken ist.
Grundsätzlich gilt: Je länger jemand in einem Unternehmen oder in einem festen Kollegenkreis arbeitet, desto eher ist es geboten eine kleine Feier zur passenden Gelegenheit zu machen.
Vorsicht mit Alkohol: Da viele Firmenrichtlinien den Genuss von Alkohol während der Arbeitszeit verbieten, sollte man ihn besser generell weglassen, es sei denn, die Party findet zum Tagesausklang nach 17:00 Uhr statt.
Ist die Frage positiv entschieden, ob überhaupt eine Feier stattfinden soll, bleibt nur noch die Frage: Wer, wo und womit?

Einstand (Firmen- und Abteilungswechsel)

Wer mehr verdient und eine begehrte Stelle bekommen hat, lädt auch zu mehr ein. Damit wird von den Chefs erwartet, dass sie ihren Ein- und Ausstand mit den Mitarbeitern feiern. Wenn es eine kleine Abteilung (bis zehn Mitarbeiter) ist, lädt der Chef beispielsweise alle zum Essen ein. Wenn es eine größere Abteilung ist, so bringt er zum Beispiel das Frühstück mit. Von normalen Mitarbeitern wird eine solche Party auch erwartet, aber es ist nicht so schlimm, wenn es umstandsbedingt ausfällt.

Ziel	Sich bekannt machen und kennen lernen
Wer veranstaltet	Jeder, der beabsichtigt, fest bzw. länger in einem Unternehmen oder einer Abteilung zu bleiben. Ausnahme: Geringverdiener wie Werkstudenten und Praktikanten. In diesen Fällen übernimmt der Chef die Einladung, um bei dieser Gelegenheit neue MitarbeiterInnen vorzustellen.
Wer wird eingeladen?	Kollegen der gleichen Abteilung oder des (Großraum-) Büros, maximal 20 Personen.
Wie wird eingeladen?	Rechtzeitig per E-Mail oder Memo alle zeitgleich einladen.
Wann?	Der Einstand sollte in der zweiten oder spätestens dritten Arbeitswoche stattfinden und etwa eine Stunde dauern.
Bewirtung	Kaffee und Kuchen sowie Wasser.
Tipps	– Grundsätzlich: Wer als einfacher Mitarbeiter heute keinen Einstand oder Ausstand gibt, wird nicht mehr unbedingt schief angeschaut. Wenn der Chef jedoch das Jubiläum eines Mitarbeiters vergisst, ist das schon ein großer Fauxpas. – Den Einstand als Abschluss oder in die Pause einer Teambesprechung mit einbauen. Falls es dazu ein gesondertes Einladungsschreiben gibt, sollte das mit erwähnt werden. – Als Neue(r) fragt man im Zweifelsfall am besten die Sekretärin des Chefs, was üblich ist und was in der Abteilung erwartet wird. Ausstand (Firmen- und Abteilungswechsel) – Wie Einstand, jedoch sollten die Einzuladenden um den Kreis der Kollegen erweitert werden, mit denen man oft und gerne zusammen gearbeitet hat. – Der Abteilungschef dankt bei dieser Gelegenheit dem Ausscheidenden für die Zusammenarbeit und Leistung mit einer kurzen Ansprache und übergibt ein kleines Geschenk, zum Beispiel Buch, CD/DVD oder Blumen. – Der Ausstand findet am letzten Arbeitstag statt.

Geburtstag

Ziel	Ehrung
Wer veranstaltet	Das Geburtstagskind / Der Jubilar.
Wer wird eingeladen?	Kollegen der gleichen Abteilung oder des (Großraum-)Büros sowie diejenigen, mit denen man häufig und gerne zusammen arbeitet, maximal 20 Personen
Bewirtung	Kaffee und Kuchen sowie Wasser durch das Geburtstagskind/den Jubilar
Tipps	– Der direkte Chef schenkt – am besten gleich am Morgen – dem Geburtstagskind / dem Jubilar einen Strauß Blumen. Für Mann und Frau gleichermaßen. Mit den Blumen auf dem Tisch weiß jeder, wer Geburtstag hat. – Nur ein persönlicher Freund / Freundin, macht ein Geschenk – Glückwunschkarten, auf der jeder Kollege unterschreibt, sind zunehmend unüblich – Wenn mit Sekt angestoßen werden soll, dann besser erst nach der Arbeit!

Jubiläum

Ziel	Ehrung
Wer veranstaltet	Der Jubilar in Abstimmung mit seinem Vorgesetzten.
Wer wird eingeladen?	Kollegen der gleichen Abteilung und Wegbegleiter.
Bewirtung	Kleiner Empfang mittags mit Büffet oder außerhalb des Unternehmens
Tipps	– Pünktlich sein wegen des gemeinsamen Mittagessens, einreihen in die Schlange der Gratulanten – Einzelgeschenke der Wegbegleiter, Untergebene machen gemeinsam ein Geschenk – Häufig sind Ablauf, Kosten und Geschenke in spezieller Firmenrichtlinie geregelt – besonders gute Gelegenheit für Networking, da Kollegen aus mehreren Abteilungen zusammen kommen.

Spezielle Fragen

Stichwort: Ein- und Ausstand

1. Was ist als Ein- oder Ausstand angemessen und was übertrieben?

Das lässt sich so pauschal nicht beantworten. Sprechen Sie am besten mit einem langjährigen Mitarbeiter aus der Firma.

2. Mit welchem Getränk wird angestoßen, Sekt oder Orangensaft?

Mit purem Sekt meist erst nach Feierabend. Von vielen wird eine Mischung aus Sekt und Orangensaft bevorzugt oder auch nur Orangensaft.

Stichwort: Geburtstage

1. Gibt es einen Geschenke-Knigge? Ist es notwendig beziehungsweise wichtig, einem Kollegen zum Geburtstag etwas zu schenken oder reicht ein Glückwunsch?

Unter gleichrangigen Kollegen reicht der Glückwunsch mit Händedruck. Oft schenkt der Chef etwas im Namen der gesamten Abteilung. Manchmal wird dafür auch ein kleiner Obolus eingesammelt. Hinweis: Geschenke bis 40 Euro sind in Deutschland steuerfrei (Sachzuwendung, Gelegenheitsgeschenk)

2. Nach welchen Kriterien sollten Geschenke vom Arbeitgeber ausgewählt werden (Stichwort: unsinnige Geschenke)?

Hier gibt es keine festen Regeln, der Blick auf die Hobbys des Jubilars gibt die richtigen Anregungen. Doch: Machen Sie das Ganze nicht zu kompliziert und nicht zu einem Staatsakt, denn über etwas Frisches, Blühendes freut sich jeder!

3. Wie verhält man sich als Mitarbeiter richtig, wenn der Chef Geburtstag hat, damit es nicht schleimig wirkt?
Regel: Keine Geschenke von Unten nach Oben, es sei denn, ein gemeinsames Geschenk durch alle Mitarbeiter. Dies ist aber nur noch bei runden Geburtstagen angebracht.

4. Was bewirkt es, wenn der Geburtstag von Mitarbeitern vergessen, beziehungsweise ignoriert wird?
Geburtstage sollten vom Chef auf gar keinen Fall vergessen werden, denn es macht einen nachlässigen, unprofessionellen Eindruck. In heutigen Zeiten der elektronischen Terminplaner wie MS-Outlook sollte das Erinnern an anstehende Geburtstage wirklich kein Problem mehr sein.

Ein Schlusswort zum Thema **Geschenke**: Ein Beschenkter fühlt sich häufig genötigt, bei passender Gelegenheit das Schenken zu erwidern. Um hier keine ungewollte **Geschenklawine** zu provozieren, unser Tipp: Lassen Sie das Herz entscheiden, ob Geschenk oder nicht. Schalten Sie Absichten und Verstand am besten aus. Wenn Sie Lust haben etwas zu schenken, schenken Sie, solange Sie sich auf gleicher Hierarchieebene bewegen. Erwarten Sie jedoch keine Gegengeschenke. Wie bereits erwähnt, sollten Sie persönlich Ihre Chefin oder Ihren Chef nicht beschenken, denn das kann Misstrauen bei den Kollegen hervorrufen. Und beim Schenken von Oben nach Unten müssen Sie auf die Gleichbehandlung achten. Denn eine Feier soll nicht zum Anlass von Eifersüchteleien und Gerüchten werden.
Zu guter Letzt: Nehmen Sie an kleinen Feiern im Unternehmen teil. Sie erweisen dem Einladenden damit nicht nur Ihre Referenz, sondern nutzen die gute Gelegenheit auch für Ihre eigene Beziehungspflege (siehe Kapitel Networking) zum gezielten Aufbau neuer Kontakte.

33 Frauen am Arbeitsplatz in Deutschland

Schlendern Sie während der Mittagszeit durch die Cafeteria, egal welches große Unternehmen in Deutschland, und Sie werden vermutlich über den hohen Anteil Männer in Anzug und Krawatte erstaunt sein. Ironischerweise dies gerade in einem Land, in dem die Frauenbewegung von Anfang an mit aktiv war und das derzeit zum ersten Mal in seiner Geschichte von einer Kanzlerin regiert wird. Somit wird überraschen, wie wenige Geschäftsfrauen in Deutschlands Unternehmen etabliert sind. Schaut man gar die Fotos der Vorstandsebene in einem deutschen Geschäftsbericht an, wird man so häufig eine Frau finden, wie ein vierblättriges Kleeblatt auf einer großen Wiese. Das Fehlen von Frauen in Führungspositionen, speziell im oberen Führungskreis, ist nicht nur in Deutschland extrem, es ist ein sonderbares Phänomen.

Während etwa 60 Prozent aller Frauen zwischen 15 und 65 außer Haus arbeiten, sind doch nur 30 Prozent in einem qualifizierten Beruf tätig und davon wiederum nur zweidrittel Vollzeit. Was ist es also, das Frauen von einem hochqualifizierten Arbeitsplatz und Karriereambitionen fernhält, stellen Frauen doch mittlerweile die Mehrheit der Universitätsstudenten in Deutschland? Die Meinungen hierüber gehen auseinander und reichen von Diskriminierung am Arbeitsplatz über Ungleichbezahlung bis zu fehlenden beruflichen Zielen des weiblichen Geschlechts. Festzuhalten bleibt, dass in Deutschland eine solche Mischung aus kultureller Tradition und sozialer Gesetzgebung herrscht, dass Frauen eher geneigt sind sich für eine Alternative zur beruflichen Karriere zu entscheiden.

Wenn Sie sich als Frau also plötzlich in einem männergefüllten Konferenzraum wiederfinden, behalten Sie deshalb ein paar Dinge im Gedächtnis:

Kultur und Tradition

Jahre ist es her, da waren die Pflichten einer deutschen Frau von den drei K's bestimmt: „Kinder, Küche, Kirche". Heutzutage spielen die ersten beiden, auch wenn nicht länger als Pflichten bezeichnet, weiterhin eine wichtige Rolle im Leben einer deutschen Frau. Während es in vielen Ländern für Frauen üblich ist, Vollzeit zu arbeiten, auch während die Familie wächst, halten viele Deutsche an der traditionellen Einstellung fest, dass eine Frau nicht versuchen sollte, beides unter einen Hut zu bringen. Ganz im Gegensatz zu vielen anderen Industrienationen wird dies in Deutschland von Frauen nicht erwartet. Es mag einem merkwürdig vorkommen, doch auch junge Frauen in Deutschland sind weiterhin stark von dieser Tradition geprägt. Wenn sie sich dafür entschieden haben, eine Familie zu gründen, geben sie häufig ihren Arbeitsplatz auf, um für einige Jahre zu Hause zu bleiben. Eine so lange Arbeitspause hat natürlich zumeist einschneidende Konsequenzen für eine Karriere. Wenn eine Frau sich tatsächlich dagegen wehrt, ihren Beruf an den Nagel zu hängen, um die Kinder aufzuziehen und sie nicht von einem außerordentlichen Umstand belastet ist (behinderter Ehepartner, Alleinerziehend, unter anderem), könnte es passieren, dass sie von der Familie, von Freunden und Kollegen kritisiert wird.

Sozialgesetzgebung und der demographische Wandel

Vor dem Hintergrund einer dramatisch sinkenden deutschen Bevölkerung hat das deutsche Sozialrecht eine Unterstützungsleistung eingeführt, die Einzelpersonen helfen soll, sich für Kinder zu entschieden. Leider hat es den unglücklichen Nebeneffekt, auch viele Frauen von ihrer beruflichen Karriere fern zu halten. Denn die finanzielle Unterstützung des Staates für junge Familien ist so verlockend, dass Frauen auch nach dem ersten Kind nicht an ihren Arbeitsplatz zurück kehren:

- **Elterngeld** – diese steuer-finanzierten Mittel werden Eltern für das Jahr nach Geburt des Kindes angeboten. Die derzeitige Regelung sieht für angestellte Mütter oder Väter vor, zweidrittel des Jahresgehaltes eines Elternteils bis zu einer Höchstgrenze von derzeit 25.200 Euro zu kompensieren.
- **Kindergeld** – Zusätzlich zum Elterngeld erhalten Eltern je nach Anzahl der Kinder mindestens 150 Euro pro Monat und Kind. Das Kindergeld wird beschäftigungsunabhängig für alle Kinder unter 18 Jahren gezahlt und verlängert sich bis 26 Jahre, wenn sie noch in Ausbildung sind.
- **Arbeitsschutz** – Mütter, die sich entschieden haben, nach der Geburt ihres Kindes zu Hause zu bleiben, wollen oft irgendwann wieder an den Arbeitsplatz zurückkehren. Dieser Prozess wird durch die deutsche Gesetzgebung insoweit begünstigt, da ein Arbeitgeber bis zu drei Jahren nach der Schwangerschaft den Arbeitsplatz für die Rückkehr offen halten muss. Diese Zeitspanne wird als so genannte Elternzeit bezeichnet. Wenn sich Frauen entscheiden, mehrere Kinder zu bekommen, wird diese Periode von drei Jahren jedoch weit überschritten. Eine so lange Auszeit verhindert dann oft einen Aufstieg in echte Managementjobs oder andere Führungspositionen. Meist entscheiden sich Frauen dann für einen Teilzeitjob und können sich damit weiterhin wenigstens für einen halben Tag um die Familie kümmern.

Eine große Lücke trotz eines hohen Lebensstandards

Eine Pause durch die Elternzeit oder Teilzeit-Arbeit, sowie die Befürchtung vieler Arbeitgeber, dass eine Frau im gebärfähigen Alter weniger an das Unternehmen gebunden sein könnte, tragen wesentlich dazu bei, dass Frauen im Durchschnitt 22 Prozent weniger verdienen als Männer in einem vergleichbaren Job. Dass dieser Umstand auch das Resultat einer Mischung mehrerer Einflüsse ist, wie beispielsweise zu wenige Kindertagesstätten und zu geringe Berufsfördermöglichkeiten für Frauen, muss eigentlich in Deutschland beunruhigen, leidet das Land doch unter dem dritthöchsten geschlechterbedingten Gehaltsunterschied innerhalb der Europäischen Union. Allerdings haben deutsche Männer auch eines der höchsten Durchschnittsgehälter in Europa. Das öffnet nicht nur die Gehaltsschere noch weiter, sondern fördert auch die Entscheidung der verheirateten Frauen, sich zuhause um die Kinder zu kümmern, anstatt sich um einen Job zu bemühen.

Tipps, wenn man trotzdem die Karriereleiter nach oben will

Obwohl es so viele Gründe gibt, die verhindern, dass eine Frau in Deutschland eine berufliche Karriere anstrebt, befindet sich die Rolle der Frauen am Arbeitsplatz im Wandel. Die schrumpfende Arbeitsbevölkerung in Deutschland ist nicht nur davon beeinflusst, dass Frauen weniger Kinder bekommen wollen, sondern auch weil die Zeit näher rückt, dass sich die in den Babyboom-Jahren Geborenen in staatsfinanzierte Renten zurückziehen. Damit wird zusätzlich die weibliche Arbeitskraft zunehmend unverzichtbar.

Zur gleichen Zeit haben viele jüngere deutsche Frauen einfach keine Kinder mehr, oder widersetzen sich der Tradition mit dem Versuch, sowohl Karriere als auch Familie unter einen Hut zu bringen. Diese Trends tragen zu einer sich ändernden deutschen Arbeitsgesellschaft bei.

Nun, wenn Sie zu den Frauen gehören, die gegenwärtig auf einer unteren Sprosse der Karriereleiter stehen, brauchen Sie trotzdem nicht resignieren. Frauen können ebenso gut aufsteigen wie Männer – sie müssen einfach nur wissen, wie sie vermeiden, sich selbst im Wege zu stehen. Hier einige Tipps, die helfen sollen, die nächste Stufe zu erklimmen:

Verhalten im Büro

Immer wieder sind wir in diesem Buch auf das unterschiedliche Verhalten im beruflichen und privaten Leben eingegangen. Die meisten dieser Unterschiede gehen auf den Einfluss des Ranges innerhalb der Hierarchie am Arbeitsplatz zurück.

Als Frau können Sie sich manchmal in einer etwas peinlichen Situation befinden, wenn sich nämlich männliche Kollegen nicht an die Regeln halten und, zum Beispiel Ihnen zuerst die Hand schütteln wollen oder Ihnen die Tür aufhalten, einfach weil Sie eine Frau sind. In solchen Fällen seien Sie nicht verlegen und denken Sie daran, dass Sie nicht diejenige sind, die die Fehler macht.

Akzeptieren Sie am besten einfach diese kavalierhaften Gesten, aber erwarten Sie sie auch nicht. Viele Männer (und Frauen) merken nicht, dass solches Benehmen eher im privaten Leben seinen Platz hat als am Arbeitsplatz. In der Tat versuchen manche, außerordentlich höflich zu sein und einen guten Eindruck zu machen. Eine solche Geste zurück zu weisen, wäre nicht nur unhöflich, sondern würde in den meisten Fällen einfach nicht verstanden werden. Dies sei auch gesagt, um die Etiketteregeln zu den Rangfolgen aktiv zu leben und damit Ranghöhere zuerst ein Zimmer oder den Aufzug betreten zu lassen, wenn Sie selbst die Situation in der Hand haben.

Eine andere typische Fallgrube, die sich einer Frau in einem männlich-dominierten Büro öffnet, ist die Neigung sich um häusliche Dinge zu kümmern, ganz so wie sie es im eigenen Haushalt zu sein scheint. Wichtig ist jedoch, dass eine Frau aus der Gefälligkeit, einmal den Kaffee zu kochen, das Geschirr zu spülen, oder die Pflanzen zu gießen, nicht etwas macht, von dem die männlichen Kollegen den Eindruck gewinnen, es sei die Normalität oder gar eine Verpflichtung. Im Gegenteil, diese Aufgaben sollten von jedem im Büro ohne Rücksicht auf das Geschlecht wahrgenommen werden und, außer sie sind in der Stellenbeschreibung festgeschrieben, sollten nicht der gewohnheitsbedingten Verantwortung einer einzelnen Person zukommen. Sowohl männliche als auch andere weibliche Kollegen werden wahrscheinlich mütterliche Gesten schätzen. Wenn sie sich jedoch um die Anerkennung für solche Taten bemühen, gehen Sie das Risiko ein, für ihre wahren Kompetenzen, die sich aus Ihrer Aufgabe ergeben, weniger geschätzt zu werden.

Was sollte ich anziehen?

Noch mehr Ablenkung von professioneller Kompetenz einer Frau als das Bemuttern kann bei männlichen Kollegen eine unpassende Kleidung auslösen. Am Arbeitsplatz ist es für Frauen wichtig daran zu denken, dass sexy nicht dasselbe ist wie attraktiv oder modisch. Obwohl wir bereits einige Kleidertipps für Frauen im Kapitel „Geschäftskleidung" vorstellten, sollte eine Frau, die auf einen seriösen und professionellen Eindruck Wert legt, sich für den Erfolg kleiden. Hier die Regeln:

- **Haut zeigen ist out nicht in**

  Wenn es irgendetwas gibt, das Menschen, sowohl Männer als auch Frauen, davon abhält Ihrem Vortrag die gebührende Aufmerksamkeit zukommen zu lassen, dann ist es eine tief ausgeschnittene Bluse, ein zu kurzer Rock, ein rückenfreies Kleid, nackte Beine oder ein Stück Bauch, das zu sehen ist. Wenn die Sommertemperaturen steigen und manche weiblichen Kollegen herum laufen als seien sie am Strand, fühlen sich weitere Frauen dazu verleitet, mehr Haut zu zeigen als es ihrer Position angemessen ist. Für die Geschäftsfrau jedoch, für die Anerkennung der intellektuellen und geistigen Fähigkeiten sehr wichtig ist, ist dieses Verhalten völlig ungeeignet. Vergessen Sie auch nie, einen Unterrock und Nylonstrümpfe unter Röcken und Kleidern zu tragen, egal wie groß die Hitze auch sein mag.

- **Diese Schuhe sind zum Laufen da**

  Ihre Schuhe sollten nicht das Erste sein, was Leute an Ihnen bemerken, insbesondere wenn Sie versuchen, mit sehr hohen Absätzen sich Ihren Weg durch das Konferenzzimmer zu bahnen. Die Schuhe, die Sie zur Arbeit tragen, sollten klassisch, von guter Qualität, stilvoll und komfortabel sein. Am besten wählen Sie dunkle Pumps mit mäßig hohem oder flachem Absatz. Vermeiden Sie Stilettos, Keilabsätze, grelle Farben und schrille Muster, genauso wie Beschläge und lange

Bänder, die möglicherweise zu abwegigen Assoziationen verleiten. Vergewissern Sie sich auch, dass die Schuhe etwas eingelaufen und damit komfortabel sind, bevor Sie sie zur Arbeit tragen. Es ist verführerisch, zu einem großen Firmenereignis ganz neue Schuhe zu tragen, doch nichts ist peinlicher, als wenn Sie am Ende des Tages vor lauter Blasen an den Füßen barfuß, die Schuhe in der Hand, auf Zehenspitzen in Richtung Auto laufen müssen.

- **Der Arbeitsplatz außerhalb des Arbeitsplatzes**
  Im Laufe eines Jahres werden Sie gelegentlich Ihre Kollegen für eine Veranstaltung außerhalb des normalen Arbeitsumfeldes treffen. Ob Sie sich nun in einem firmen-finanzierten Zelt auf dem Oktoberfest oder auf einem formellen Weihnachtsball Ihres Unternehmens befinden, ist es immer wichtig, dass Ihre Kleidung angemessen und passend zum Ereignis gewählt ist. Die Tatsache, dass Sie nicht mehr im Büro sind, bedeutet nicht, dass Sie ein professionelles Erscheinungsbild ablegen können, auch dann nicht, wenn der Alkohol beginnt zu fließen und die Etikette ins Wanken zu geraten droht. Sollte Ihre Leistung beginnen auf Ihrem engen, kleinen Schwarzen, dem Herunterlassen Ihres Haars oder dem Füßeln mit dem Sitznachbarn beim Aufspielen der Musik zu bestehen, könnte ein falscher Eindruck bei Ihrem Chef und Ihren Kollegen entstehen. Haben Sie Spaß an diesen Ereignissen, aber respektieren Sie immer sich und andere, denn Sie wollen Ihren nächsten Arbeitstag nicht mit einem sozialen Kater beginnen.

Romanzen bei der Arbeit

Nicht nur ein Unternehmen gruppiert automatisch bestimmte Personen nach ihren Fähigkeiten und Interessen, auch gibt das tägliche Arbeitsleben uns die Chance, andere über einen langen Zeitraum zu beobachten und in vielen verschiedenen Situationen kennenzulernen. Hat man dies im Hinterkopf und bedenkt, dass Romanzen im Büro von deutschen Unternehmen akzeptiert werden, wundert es nicht, dass so manche ihren Lebenspartner bei der Arbeit kennen lernen. Dies sind gewiss gute Neuigkeiten für alleinstehende Männer und Frauen. In einer männer-dominierten Arbeitswelt ist jedoch der gute Ruf einer Frau stärker gefährdet, wenn es zu einem Techtelmechtel kommt. Sollten Sie also mit einem Kollegen ausgehen wollen oder Sie haben sich gar in einen Kollegen verguckt, beachten Sie Folgendes:

- Widerstehen Sie der Versuchung, jeden sofort wissen zu lassen, dass Sie mit einem Kollegen ausgehen. Selbst wenn Sie das Gefühl haben, vor lauter Schmetterlingen im Bauch zu platzen, versuchen Sie diskret zu bleiben. Es fällt immer schwer einen Korb zu bekommen, doch es ist ungleich schmerzhafter, wenn so etwas jeder im Büro weiß. Erst wenn beide sicher sind, dass es mehr als ein kurzer Flirt ist, ist es auch möglich, es die Kollegen wissen zu lassen. Während der Arbeit sollten Sie jedoch Gesten der Zuneigung unbedingt unterlassen. Es ist nicht nur unprofessionell, sondern kann sehr peinlich sein, wenn ein Kollege mitbekommt, dass Sie sich im Aufzug, der Kaffeeecke oder im Treppenhaus umarmen oder küssen.

- Wenn Sie eine Beziehung zu einem Kollegen haben, vergeuden Sie nicht Ihre Arbeitszeit mit Plaudern, Anrufen oder E-Mails. Ein solches Benehmen ärgert nicht nur andere Kollegen, die bei privaten Gesprächen zuhören müssen, sondern verführt auch dazu Ihre Aufgaben zu vernachlässigen. Strapazieren Sie auch die gemeinsame Mittagspause nicht über Gebühr und warten Sie mit irgendwelchen Zuneigungsbekundungen bis der Arbeitstag vorbei ist.

- Die Dinge können noch komplizierter werden, trifft man sich privat aus unterschiedlichen Hierarchiestufen zu einem Rendezvous. Gerüchte über den Versuch, sich den Weg nach oben „beizuschlafen“ sind schnell in die Welt gesetzt und durchaus nichts Ungewöhnliches. Aus diesem Grunde ist es äußerst wichtig, dass die Beziehung das Berufsleben oder die Verantwortung als Kollege beziehungsweise Kollegin nicht beeinflusst. In der Tat ist es sogar empfehlenswert, dass einer der Partner beginnen sollte, sich nach einer anderen Stelle umzusehen, wenn für beide klar ist, dass sie langfristig eine Beziehung eingehen wollen. Das ist auch anderen Arbeitskollegen gegenüber nur fair, die sonst glauben könnten, dass jemand unangemessene Vorteile auf Basis der Beziehung ziehen könnte.

- Wenn Ihr Chef oder ein verheirateter Kollege beginnt, mit Ihnen zu flirten oder zweideutige Kommentare zu machen, sollten Sie sich nicht dazu gedrängt fühlen, ihm ebenso durch Flirten zu schmeicheln. Dies sind Situationen, die einen negativen Einfluss auf den Ruf einer Frau haben können und dies ist umso unfairer, wenn man bedenkt, dass die meisten Frauen sich darüber ärgern, mit solch unangenehmen Situationen konfrontiert zu werden. Antworten Sie in einem ernsten Ton, nicht positiv oder unzweideutig auf Anspielungen und Annäherungsversuche, sondern setzen Sie gegen das Gesäusel sofort einen deutlichen Akzent. Wenn Sie ständig von irgendjemandem belästigt werden, sprechen Sie mit der Frauenbeauftragten Ihres Unternehmens oder einer Arbeitnehmerorganisation. Sie kann Ihnen mit Rat und Tat zur Seite stehen und bei hartnäckigen Fällen auch mit dem Kollegen in Ihrem Namen sprechen. In solchen Fällen jedoch ist eine gute Arbeitsatmosphäre ohnehin schon vergiftet und Sie können sich in letzter Konsequenz noch mit gesetzlichen Mitteln gegen die sexuelle Belästigung wehren (AGG-Allgemeines Gleichbehandlungsgesetz, siehe unseren Artikel zu diesem Gesetz unter http://www.german-business-etiquette.com/).

Mentoren und andere Steigbügelhalter für die Karriere

Wenn Sie als junge Frau ihre Karriere in Deutschland beginnen, sollten Sie versuchen mit einer älteren Berufskollegin eine Beziehung aufzubauen, die Sie beraten und betreuen kann. Manche Großunternehmen in Deutschland haben über die Personalabteilung sogar formelle Gruppen ins Leben gerufen, die jüngere mit älteren, erfahren Mitarbeiterinnen in Kontakt bringen. Auch wird durch spezielle Förderprogramme versucht, Frauen bessere Karrierechancen in Berufssparten zu eröffnen, in denen sie bislang unterrepräsentiert waren, so zum Beispiel das Programm Yolante bei Siemens (www.siemens.de/yolante), das junge Frauen durch ein technisch oder naturwissenschaftliches Studium begleitet. Wenn keine solche Gruppe in der Firma existiert, versuchen Sie über andere berufs- und karriereorientierte Kontakte Rat und Betreuung zu erhalten. Ein großes Netzwerk, in dem es mehr als 10.000 themenorientierte Communities gibt, ist der Business-Club Xing.de. Aber auch Arbeitnehmervertreter, wie die Gewerkschaften IGMetall.de und Verdi.de haben Ansprechpartner, an die Sie sich direkt wenden können. Machen Sie klar, dass Sie sie oder ihn als Mentor respektieren und welches Ziel Sie im Unternehmen sowie im Beruf erreichen wollen. Obwohl der Mentor einer Frau nicht unbedingt eine andere Frau sein muss, sind Frauen doch geeigneter, Probleme zu verstehen, mit denen Sie sich konfrontiert sehen. Auch ist es vermutlich einfacher, mit einer Frau Vertrauen zu gewinnen.

Während ein Mentor Ihnen bei vielen Dingen einen professionellen Rat geben kann und Ihnen beim Aufbau eines Netzwerkes hilft, sollte eine Frau zusätzlich folgende Dinge beim Aufstieg auf der Karriereleiter beachten:

- Wenn Sie mehrere gute, berufsbezogene Kontakte pflegen, werden Sie auch mehr Vertrauen in Ihre Aufgabe und Ihre Zukunft im Unternehmen haben. Hüten Sie sich jedoch davor diese Kontakte oder Freundschaften zu verwenden, um mit ihnen zu prahlen oder andere Kollegen manipulieren zu wollen. Dazu gehört auch, beispielsweise, nicht zu erwähnen, dass Sie zur Hochzeit des Sohnes des Vorstandsvorsitzenden eingeladen sind. Dies untergräbt das Vertrauen der Kollegen Ihnen gegenüber und macht sie eifersüchtig.

- Selbst wenn Sie noch immer als Neueinsteiger gelten, lehnen Sie sich nicht zurück und lassen Sie sich von jedem über alles beraten. Mentoren und andere Kollegen freuen sich wohl, Rat zu geben und Ihnen einen besten Start zu ermöglichen. Kommunizieren Sie aber auch, dass Sie Fortschritte machen und geben Sie eine Rückmeldung über die Erfolge und die Freude, die Sie auf Basis der Bemühungen anderer haben. Denken Sie auch daran, dass die Investition von Zeit und Aufwand durch Andere immer ein Kreislauf sein muss: Was Ihnen Gutes widerfahren ist durch Andere, vergüten Sie wiederum in Form eines Hilfsangebotes für diejenigen, die nach Ihnen kommen. Speziell für weibliche Angestellte mit beruflichen Ambitionen ist es wichtig, dass sie zuweilen eine Kostprobe ihrer Kompetenzsteigerung zeigen und damit demonstrieren, dass sie sich in der Erledigung ihrer Aufgaben unabhängig von anderen gemacht haben.

- In jedem Büro treffen unterschiedliche Charaktere und Persönlichkeiten aufeinander. Das da in der täglichen Zusammenarbeit Konflikte auftreten, ist unvermeidlich. Wenn Sie nur eine von wenigen Frauen an diesem Arbeitsplatz sind, ist es gar nicht abwegig, dass Sie ein beliebtes Ziel für die Eifersüchte des Alpha-Tieres, die Tiraden der wetteifernden Kollegen, die schlechten Witze der Machos oder sogar der Kummerkasten für deprimierte Kollegen sind. Dann ist es wichtig, dass Sie den Kollegen begreiflich machen, dass Sie weder Sozialarbeiter noch ein Sandsack sind. Wichtig jedoch ist, dass Sie diese Kollegen nicht ein-schüchtern, vor den Kopf stoßen, sich unsensibel zeigen oder sich in deren Probleme zu sehr hineinziehen lassen. Zeigen Sie sich dennoch stets offen und positiv-optimistisch und haben Sie Vertrauen in Ihre situationsbedingten Entscheidungen und Ihre Arbeitsleistung.

- Zu guter Letzt: Denken Sie daran, jedem in der Unternehmenshierarchie ohne Unterschied auf seine Position mit Rücksicht und Respekt zu begegnen. Denn nicht umsonst gibt es die Redensart: „Man sieht sich immer zwei mal im Leben". Daran sollten Sie auch beim Erklimmen der Karriereleiter denken: Wenn Sie jemanden überholen, kann es gut sein, dass Sie ihn beim Heruntergehen noch einmal treffen. Schon deshalb ist es wichtig zu zeigen, dass Sie jeden Kollegen respektieren. Und das beginnt schon damit, sich beim Büroklatsch zurückzuhalten, wenn manche negativ hinter dem Rücken anderer reden.

34 Arbeitsplatzwechsel

Zehn Tipps für einen reibungslosen Ausstieg und einen erfolgreichen Einstieg:

1. Informieren Sie Ihren direkten Chef über ihre Kündigung als ersten.
Dies ist in jedem Fall immer ein Vertrauensbeweis. Damit geben Sie ihm die uneingeschränkte Möglichkeit zu handeln, so dass er gegenüber den weiteren Vorgesetzten sein Gesicht als souveräner Abteilungsleiter wahren kann. Spätestens bei der Formulierung des Arbeitszeugnisses, bei dem er das gewichtigste Stück mitzureden hat, wird sich dieses Verhalten auszahlen. Taktieren Sie nicht in dem Kündigungsgespräch und äußern Sie Ihre Entscheidung unumwunden. Die offene oder verdeckte Androhung einer Kündigung, um beispielsweise eine Gehaltserhöhung durchzusetzen, hat noch in den seltensten Fällen zum Erfolg geführt.

2. Planen Sie konsequent die laufenden, anstehenden und noch unerledigten Arbeiten.
Transferieren Sie die Informationen Ihres Arbeitsfeldes an Ihre Vertreter, auch ohne dass Sie ausdrücklich dazu aufgefordert sind. Das hilft, besonders in den letzten Tagen, die Übersicht zu bewahren und Prioritäten zu erkennen. So wird Ihnen niemand vorwerfen können irgendetwas

liegen gelassen zu haben. Übergeben sie systematisierte Übersichten zu den einzelnen Aufgaben. Mögliche Rubriken, wie Sie Ihre Aufgaben darstellen sollten, sind:

- Ziel der Aufgabe
- Was bisher getan wurde
- Was als weiteres wann und von wem getan werden sollte
- Worauf zu achten ist
- Derzeitig erkennbare Defizite

3. Schreiben Sie Ihr Arbeitszeugnis selbst.

Überlassen Sie die Beurteilung nicht dem Zufall eines standardisierten Zeugnisses der Personalabteilung. Bitten Sie Ihren Vorgesetzten darum, einen eigenen Entwurf einreichen zu dürfen. So ermöglichen Sie es, in Ihrem Sinne schon frühzeitig über die Bewertung Ihrer Arbeit zu diskutieren. Nehmen Sie dieses Dokument sehr ernst, denn es wird später das wichtigste Schriftstück sein, das Sie über Ihren abgeschlossenen Berufsabschnitt haben. Gerade in kleineren Unternehmen, in denen keine regelmäßigen und systematischen Leistungsbeurteilungen durchgeführt werden oder auch Stellenbeschreibungen fehlen, sollte noch vor Ihrem Ausscheiden der Inhalt des Arbeitszeugnisses durchgesprochen werden. Nur so haben Sie auf eventuelle gewünschte Änderungen ausreichend Zugriff. Nachgereichte Zeugnisse werden beim Nichteinverständnis von Seiten des Arbeitnehmers meist nur ein einziges Mal nachgebessert. Ein weiterer Anspruch besteht nicht mehr. Einschlägige Ratgeber und auch Software-Hilfen, mit denen Sie aus Textbausteinen Ihr individuelles Arbeitszeugnis stricken können, bieten Ihnen geeignete Unterstützung.

4. Informieren Sie alle Ihre Kollegen über Ihr Ausscheiden möglichst gleichzeitig und einheitlich.

Lassen Sie auch hier keine Informationslücken entstehen, die zu Spekulationen und Getratsche Anlass geben könnten. Stimmen Sie jedoch den Zeitpunkt der Veröffentlichung und den bekannt zu gebenden Grund Ihrer Kündigung mit Ihrem Chef ab. Versuchen Sie in Gesprächen bei einer knappen, schlüssigen Darstellung zu bleiben.

5. Machen Sie keine pompöse Abschiedsfeier.

Hier gibt es in den seltensten Fällen wirklich etwas zu feiern, schon gar nicht im Sinne des Arbeitgebers. Da kommt es auch schon einmal vor, dass er eine solche Veranstaltung als gestohlene Arbeitszeit betrachtet. Ein guter Zeitpunkt für die Einladung ist beispielsweise ein kleiner Umtrunk mit einem Glas Sekt/Orangensaft zum Ende des letzten Arbeitstages. Diese Einladung soll vor allem die Wertschätzung gegenüber dem Kollegenteam ausdrücken.

6. Ihr Abgang sollte wie Ihr Neuanfang sein.

Mit vorbildlichen, dem Betrieb angepassten Umgangsformen. Viele lassen in den letzten Tagen in Ihrem alten Betrieb noch einmal richtig die Sau raus, nach dem Motto: Nach mir die Sintflut. Gibt es wirklich einen Grund für dieses Verhalten? Viele wollen sich lediglich für erlittene Unbilden auf irgendeine Art rächen. Doch bedenken Sie, dass Sie sich durch ein solches Verhalten auch selbst keinen Gefallen erweisen, denn am Schluss bleibt nur ein bitterer Nachgeschmack – auf beiden Seiten.

7. Was Sie am ersten Tag im neuen Unternehmen tun.

Kleiden Sie sich neutral und angemessen, im Zweifelsfalle elegant, denn der erste Eindruck prägt in jeder Beziehung am nachhaltigsten. Dies gilt gegenüber Vorgesetzten gleichermaßen wie für Kollegen. Begegnen Sie Ihren Kollegen mit höflicher Zurückhaltung. Heben Sie sich ausgedehntes Plaudern für einen späteren Zeitpunkt oder für die Mittagspause auf. Nutzen Sie anfängliche Leerlaufzeiten zum Studium der Arbeits- und Organisationspläne, um sich über Ihr Arbeitsumfeld und die Kollegen zu informieren. Was ist der Input-, und Output der Abteilung und zu welchen Zeiten passiert was? Welches sind die Tätigkeitsfelder Ihrer Kollegen? Notieren Sie dabei alle spontan auftretenden Fragen. Während der nachfolgenden Einarbeitungszeit werden Sie nach der Beantwortung dieser Fragen fahnden.

8. Nachfragen ist besser als abwarten.

Noch immer kommt es vor, dass der neue Mitarbeiter als ein zusätzlicher Kollege angesehen wird, den man noch vor Tagen nicht gebraucht hat. In diesem Falle sind häufig zwei Verhaltensvarianten zu beobachten: Entweder ignorieren die Kollegen den neuen Mitarbeiter, da alle bis zur Halskrause mit Arbeit eingedeckt sind und es somit Mehrarbeit bedeutet, den neuen Kollegen einzuweisen. Oder man beschäftigt ihn mit billigsten Arbeiten, die möglichst wenig erklärungsbedürftig sind und die Alteingesessenen ohnehin als lästig empfinden. In beiden Fällen wird der neue Mitarbeiter in den ersten Tagen bereits eine gehörige Portion Frust verspüren und sein Anfangsschwung droht zu verpuffen. Die geeignete Weichenstellung des Arbeitgebers gegen Demotivation ist in diesem Falle einen Mentor für die Einarbeitungszeit zu delegieren, der sich allen Fragen des neuen Mitarbeiters annimmt und ihn in den Betrieb einführt.

9. Vereinbaren Sie einen strukturierten Einarbeitungsplan.

Systematik ist die beste Methode, um schnell mit einem Thema intensiv und effizient bekannt zu werden. In einem ersten Schritt sollten die Kollegen, die wesentliche Aufgabenschnittstellen mit dem neuen Kollegen haben, Ihre Arbeitsbereiche vorstellen. Dies sollte spätestens in der zweiten Arbeitswoche erfolgen, wobei ein Zeitaufwand von etwa 30 Minuten eingeplant werden sollte, um einzelne Arbeitsgebiete ausreichend vorzustellen. Am besten passiert das in Einzelgesprächen.

Halten Sie größtes Augenmerk darauf, so schnell wie möglich arbeitsfähig zu werden. In erster Linie gehören dazu der Firmenausweis, das Einrichten Ihres Arbeitsplatzcomputers und das Anlegen eines Accounts mit Ihrer E-Mail-Adresse. Sobald Sie Zugang zum Intranet und eventuellen Abteilungslaufwerken haben, sollten Sie anfängliche Leerlaufzeiten nutzen, um sich über Arbeitsgebiete, die Organisation und die Arbeitsfelder der Kollegen einen Überblick zu verschaffen. Legen Sie auch gleich ein Archiv für die Passwörter und Zugänge an.

10. Dokumentieren Sie Schwerpunkte und erkannte Defizite

Machen Sie einen wöchentlichen Check, ob das Etappenziel der Einarbeitungsphase erreicht wurde. Die Sammlung dieser persönlichen Einschätzungen wird Ihnen spätestens bei dem ersten Mitarbeitergespräch (Leistungsbeurteilung) von Nutzen sein, Hier sollten Sie Argumente und Beispiele parat haben, wenn die eine oder andere Sache nicht so rund läuft wie erwartet.

Viel Erfolg im neuen Job!

35 Start up in Deutschland

Sie wollen eine Geschäftsidee in Deutschland umsetzen? Nur zu! Die Chancen auf Erfolg stehen gut. Denn zum einen folgen Sie dem Beispiel vieler erfolgreicher Unternehmer aus dem Ausland und zum anderen finden Sie in Deutschland nicht nur ein zahlungskräftiges Klientel, sondern auch eine hervorragende Infrastruktur, verlässliche Rahmenbedingungen und, im Vergleich zu anderen Ländern, sinkende Arbeitskosten.

Nachfolgend einige Tipps zur Unternehmensgründung und möglichen Ansprechpartnern für die Geschäftspartnersuche, damit Sie ohne Umwege und Pannen ihre Geschäftstätigkeit aufnehmen können.

Wie ist der Ablauf?

Setzen wir an dieser Stelle voraus, dass Sie bereits grundsätzliche Vermarktungsfragen für Ihr Produkt oder Ihre Dienstleistung geklärt haben. Wer ist meine Zielgruppe? Wie groß ist mein Geschäftspotenzial? Wer sind meine möglichen Partner? Wo wird mein Firmensitz sein? Wie ist mein Zeitplan? Wie organisiere ich die nötigen Geldmittel?

Dennoch bleiben viele Fragen offen, die sich für einen Neuling in Deutschland aus den gesetzlichen Bestimmungen und den Marktbedingungen ergeben:

Schritt 1: Vorgespräche

Die erste Anlaufstelle zur Etablierung eines Geschäftes in Deutschland sollte die Industrie- und Handelskammer (www.ihk.de) sein. Im Unterschied zu anderen Organisationen der Wirtschaft, insbesondere den Branchenverbänden, repräsentiert die IHK-Organisation mit seinen 81 Geschäftsstellen in Deutschland die Unternehmerschaft von 3,6 Millionen gewerblichen Unternehmen, die alle gesetzlichen Mitglieder der IHKs sind. Das macht die IHK unabhängig von Einzelinteressen und schafft ein großes Gewicht gegenüber politischen Instanzen und Genehmigungsbehörden.

Eine im Ausland erreichbare Partnerorganisation der IHK sind die Außenhandelskammern (www.ahk.de). Sie sind mit ihren Geschäftsstellen in 120 Ländern eine gute Kontaktstelle für Erstinformationen.

Das Aufsuchen der IHK-Dienststelle an dem von Ihnen präferierten Standort wird sich auf jeden Fall lohnen, da der dortige Experte für Unternehmensgründung über den lokalen Markt, die Fördermöglichkeiten, weiterführende Kontaktstellen zur Gründungsberatung und gesetzliche Bestimmungen im Detail Auskunft geben kann. Wir empfehlen dafür einen persönlichen Beratungstermin mit dem Ansprechpartner für Unternehmens- und Existenzgründungen frühzeitig zu vereinbaren. Für dieses Beratungsgespräch bereiten Sie am besten eine Darstellung Ihres Unternehmenskonzeptes und die sich daraus für Sie ergebenden Fragen vor. Auch später werden Sie voraussichtlich mit der IHK Kontakt haben, da diese per Gesetz verpflichtet ist, Anträge, die Ihnen von den Aus-

länderbehörden und Amtsgerichten zugeleitet werden, zu prüfen und Stellung zu nehmen.
Als Weiteres sollten Sie mit dem Amt für Wirtschaftförderung im Rathaus der jeweiligen Stadt Kontakt aufnehmen. Dort werden zusätzliche Informationen über Standortbedingungen, die lokalen Fördermöglichkeiten und die Wirtschaftsstruktur gegeben.
Bei einem eiligen Gründungsvorhaben, für das zudem die Gründungskosten in einem engen Rahmen gehalten werden sollen, ist auch das Serviceangebot eines örtlichen Gründerzentrums interessant. Dort kann in der Regel nicht nur eine komplette Büroinfrastruktur angemietet werden, sondern die Chance zum Networking mit den anderen in Gründerzentren engagierten Firmen stellt eine gute Plattform für Geschäftskontakte und Tipps aller Art dar.

Schritt 2: Unternehmensgründung

Spätestens, wenn es um die konkrete Unternehmensgründung geht, sollte sich gerade ein Unternehmer aus dem Ausland einen Gründungsberater zu Hilfe nehmen. Will man neben IHK/AHK auf eine private Unternehmensberatung zurückgreifen, bieten sich die Spezialisten der Bundesvereinigung deutscher Unternehmensberater BDU www.bdu.de an. Auch können Sie unter www.unternehmensberaterscout.com und den Linktipps unter www.business-knigge.com recherchieren. Folgende Fragen können dabei zur Sprache kommen:

- Welche Voraussetzungen sind für eine Unternehmensgründung in Deutschland erforderlich?
- Welche Gründungskosten kommen auf den Unternehmer zu?
- Welches ist die angemessene Rechtsform für das Unternehmen?
- Wie reduziere ich die persönliche Haftung?
- Was muss ich bei der Handelsregistereintragung beachten und wie lange dauert das?
- Welche rechtlichen Grundlagen sollte ich kennen, beziehungsweise muss ich beachten?
- Wer kann mir einen Leitfaden für die Unternehmensgründung erstellen und was kostet das?

Schritt 3: Aufnahme der Geschäftstätigkeit – Besonderheiten für Ausländer

Der weitgehend freie Zugang zu einem Gewerbe in Deutschland ist in der so genannten Gewerbeordnung (§ 1Abs. 1 GewO) geregelt und gilt prinzipiell unabhängig davon, ob eine natürliche oder juristische Person, ein deutscher oder ausländischer Staatsbürger eine gewerbliche Tätigkeit ausüben will. Beschränkungen ergeben sich allerdings für ausländische Staatsbürger, die nicht aus einem EG-Land stammen. Diese sind im so genannten Ausländerrecht festgelegt und fallen in den Zuständigkeitsbereich der lokalen Ausländerbehörde.

Ausländer, die sich noch in ihrem Heimatland aufhalten und über keine Aufenthaltserlaubnis verfügen, müssen bereits vor der Einreise diese bei der örtlichen deutschen Auslandsvertretung beantragen. Die Berater der AHK geben dazu gerne Hilfestellung. Die Anträge werden von dort der für den beabsichtigten Aufenthaltsort zuständigen Ausländerbehörde zur Prüfung zugeleitet. Damit kann eine, zunächst auf drei Jahre befristete Aufenthaltserlaubnis erreicht werden. Voraussetzung ist, dass für die Aufnahme der selbständigen Tätigkeit

- ein übergeordnetes wirtschaftliches Interesse oder ein besonders örtliches Bedürfnis besteht,
- die Tätigkeit positive Auswirkungen auf die Wirtschaft erwarten lässt und
- die Finanzierung des Projektes durch Eigenkapital oder eine Kreditzusage gesichert ist.

Für die Erfüllung des 1. und des 3. Kriteriums gibt es gewisse Beurteilungsspielräume der Behörden. Um Risiken der Genehmigung zu vermeiden, sollten diese bereits im Vorfeld mit dem Gründungsberater anhand des Unternehmenskonzepts geklärt werden. Beim Punkt 2, der von „positiven Auswirkungen auf die Wirtschaft" spricht, ist per se auszugehen, dass das Kriterium erfüllt ist, wenn eine Investition von wenigstens einer Million Euro getätigt wird oder mindestens zehn Arbeitsplätze geschaffen werden. Das Kriterium kann aber auch durch kleinere Vorhaben erfüllt werden.

Ausländer, die bereits über eine Aufenthaltsgenehmigung verfügen, müssen sich direkt an das Ausländeramt am Wohnort wenden. Im Zuge des Antragsverfahrens wird auch die Industrie- und Handelskammer oder die Handwerkskammer zur Beurteilung der wirtschaftlichen Aspekte zu Rate gezogen. Kriterien, die bei diesem Verfahren erhoben werden, sind musterhaft in einem „Informationsleitfaden IHK" zusammengestellt, den Sie auf der Internetseite www.business-knigge.com herunterladen können.
Bei der Antragsprüfung entscheidet das Ausländeramt nach „pflichtgemäßem Ermessen" und ist bei seiner Entscheidung nicht an die Empfehlung der IHK gebunden. Dabei hat die Stellungnahme der IHK gegenüber der Ausländerbehörde lediglich beratenden Charakter und diese Ergebnisse werden Antragstellern grundsätzlich auch nicht zugänglich gemacht. Die endgültige Entscheidung wird dem Antragsteller in schriftlicher Form vom Ausländeramt mitgeteilt.
Die detaillierten Einzelbestimmungen sind bei den IHKs unter den Stichworten „gewerberechtliche Voraussetzungen für ausländische Existenzgründer", „Existenzgründung für Ausländer" oder „Aufnahmen einer selbständigen Erwerbstätigkeit in Deutschland" abrufbar.

Welche Gesetze und Regelungen sollten zur Geschäftsaufnahme und bei der Personaleinstellung bekannt sein?

Ohne einem Gründungsberater jetzt vorzugreifen, möchten wir kurz auf die wichtigsten Gesetze für Unternehmer hinweisen. Diese sollte man insbesondere dann kennen, wenn Personal eingestellt werden soll:

- **Allgemeines Gleichbehandlungsgesetz – AGG**
  Ziel des Gesetzes, das erst im August 2006 wirksam wurde, ist es, Benachteiligungen aus Gründen der Rasse oder der ethnischen Herkunft, des Geschlechts, der Religion oder Weltanschauung, einer Behinderung, des Alters oder der sexuellen Identität zu verhindern oder zu beseitigen. Weitere Informationen unter: http://bundesrecht.juris.de/agg/

- **Arbeitszeitgesetz – ArbZG**

  Das Gesetz regelt die Höchstdauer der werktäglichen Arbeitszeit und bestimmt, wann und wie lange Ruhepausen sein müssen. Es sichert auch die Sonn- und Feiertagsruhe und enthält Schutzvorschriften für die Nacht- und Schichtarbeit.
  Weitere Informationen unter:
  http://bundesrecht.juris.de/bundesrecht/arbzg/

- **Bürgerliches Gesetzbuch – BGB**

  In diesem umfassenden grundsätzlichen Gesetzeswerk sind auch die Regelungen für ein Dienstverhältnis enthalten, zu der auch ein Arbeitsvertrag gehört (§§ 611 – 630):
  - Beendigung des Arbeitsverhältnisses (§§ 620 bis 628)
  - Gesetzlichen Kündigungsfristen (§ 622)
  - Kündigungen oder Auflösungsverträge sowie befristete Arbeitsverträge bedürfen der Schriftform (§ 623 BGB)
  - Anspruch auf ein Arbeitszeugnis (§ 630)
  - Ansprüche von Arbeitnehmern beim Betriebsübergang (§ 613)

  Weitere Informationen:
  http://bundesrecht.juris.de/bundesrecht/bgb/

- **Elternzeit und Erziehungsgeld – Bundeserziehungsgeldgesetz – BErzGG**

  Das Gesetz gewährt einen Anspruch auf Freistellung von der Arbeit während der so genannte Elternzeit. Sie steht Müttern als auch Vätern bis zur Vollendung des dritten Lebensjahres eines Kindes zu. Während der Elternzeit besteht ein besonderer Kündigungsschutz.
  Weitere Informationen unter:
  http://bundesrecht.juris.de/bundesrecht/berzgg/

- **Gewerbeordnung – GeWO**

  Unter anderen finden sich hier allgemeine Vorschriften über das Arbeitsverhältnis (§§ 105 ff.). Sie gelten für alle Arbeitnehmer. Geregelt wird Vertragsfreiheit, Direktionsrecht, Sachbezüge als Teil des

Arbeitsentgeltes, monatlich aufgeschlüsselte Entgeltabrechnungen sowie der Zeugnisanspruch und Wettbewerbsverbote.
Weitere Informationen unter:
http://bundesrecht.juris.de/bundesrecht/gewo/

- **Kündigungsschutzgesetz – KSchG**
  Das Gesetz schränkt die Kündigungsmöglichkeiten des Arbeitgebers dahingehend ein, als der Arbeitnehmer binnen drei Wochen nach Zugang der Kündigung vor dem Arbeitsgericht die Kündigung auf soziale Rechtfertigung überprüfen lassen kann. Paragraf 23 schränkt den Geltungsbereich allerdings insoweit ein, als dass eine mindestens sechs-monatige Beschäftigung bestanden haben muss, und der Betrieb mindestens elf Arbeitnehmer hat.
  Weitere Informationen unter:
  http://bundesrecht.juris.de/bundesrecht/kschg/

- **Mutterschutzgesetz – MuSchG – Gesetz zum Schutz der erwerbstätigen Mutter**
  Das Gesetz gibt einer schwangeren Arbeitnehmerin während der Zeit vor und nach der Entbindung einen Gesundheitsschutz durch Verhinderung übermäßiger körperlicher Anstrengungen, Freistellung von der Arbeit sechs Wochen vor der Entbindung bis zum Ablauf der achten beziehungsweise zwölften Woche (bei Mehrlingsgeburten) nach der Geburt, sowie Gewährung von Stillzeiten. Es besteht besonderer Entgelt- und Kündigungsschutz.
  Weitere Informationen unter:
  http://bundesrecht.juris.de/bundesrecht/muschg/

Soweit die Hinweise auf die in der Praxis wichtigsten gesetzlichen Regelungen zwischen Arbeitgeber und Arbeitnehmer. Wir hoffen Sie mit der deutschen Regelungswut nicht abgeschreckt zu haben, doch wie sagt ein schönes deutsches Sprichwort: „Es wird alles nicht so heiß gegessen wie es gekocht wird“. In diesem Sinne: Klären Sie im Bedarfsfall weitere Details mit Ihrem Gründungsberater oder recherchieren Sie nach weiteren Tipps und Experten zum Thema Aufenthaltsgenehmigung, Steuern, Versicherung unter www.123recht.net.

36 Abschied nehmen zum neuen Start

„Also, meine Lieben, wir gehen jetzt ins Bett!" Wenn Sie diesen oder einen ähnlichen Satz von einem Gastgeber hören sollten, können Sie sicher sein, dass er den gesellschaftlichen Teil des Abends sofort beenden möchte.

Wer den Abschied genauso gelungen gestalten will, wie die Einladung, Begrüßung und den Verlauf eines Treffens, der sollte, selbst bei einer privaten Einladung unter Geschäftspartnern, eindeutige Hinweise geben. Im Einladungsschreiben könnte etwa stehen: „Aperitif um 19 Uhr; Essen 19:30 Uhr; Ende gegen 23 Uhr." Das Wörtchen „gegen" signalisiert, dass die Gäste sicher nicht um Punkt 23 Uhr aufspringen sollen, um zu gehen. Von jedem wird jedoch ein Gespür dafür erwartet, wann der Zeitpunkt gekommen ist, sich zu verabschieden. Unter der Woche geht ein Besuch über 23:30 Uhr kaum hinaus.

Man kommt zusammen und geht zusammen

Nur Ausnahmen gestatten es, dass man vorzeitig, im schlimmsten Fall sofort nach dem Essen oder vor dem Ehrengast, eine Tischrunde verlässt. Auf jeden Fall sollte man den Gastgeber oder Organisator rechtzeitig informieren und mit einer passenden Begründung um Entschuldigung bitten. Alles andere wird als unhöflich, respektlos oder arrogant empfunden.

Beruflicher Abschied

Beim Arbeitsplatzwechsel oder beruflichen Abschied sollte man nicht nur die Kolleginnen und Kollegen, sondern auch Kundinnen und Kunden schriftlich informieren. Dies hat den Vorteil, dass man etwas Bleibendes hinterlässt. Denn ein schriftlicher Dank ist nicht nur wesentlich ausdrucksstärker als ein mündlicher, sondern man kann auch gleich die neuen Kontaktinformationen (neue Arbeitsstelle, Nachfolgeregelung) weitergeben.

Wichtig ist es, den richtigen Zeitpunkt für die Mitteilung per E-Mail oder Brief zu wählen. Denn es ist allemal besser, selbst über die anstehenden Veränderungen zu informieren, als wenn der Kunde oder Kollege es durch Zufall erfährt. Um allen Missverständnissen und Rückfragen aus dem Wege zu gehen, können Sie Ihre E-Mail oder Ihren Brief am letzten Arbeitstag versenden. Wenn Sie jedoch die Möglichkeit geben wollen, sich persönlich bei Ihnen zu verabschieden, unter Umständen gar mit einer kleinen Feier (siehe Kapitel „Feiern im Unternehmen“) ist die Versendung eine Woche früher empfehlenswert.

Benutzen Sie dabei in Ihrem Brief zum Einstieg lieber ein Zitat als eine nichts sagende Floskel. Hier eine kleine Auswahl:

- Ein Abschied ist immer auch ein Neubeginn
- Niemals geht man so ganz, irgendwas von mir bleibt hier. (Lied von Trude Herr)
- Ein Abschied schmerzt immer, auch wenn man sich schon lange darauf freut. (Arthur Schnitzler)

- Die Größe eines Berufes besteht vielleicht vor allem darin, dass er Menschen zusammenbringt. (Antoine de Saint-Exupéry)

Eine gute Quelle für weitere Texte ist beispielsweise www.zitate.at. Hier nun ein beispielhaftes Abschiedsschreiben zum Arbeitsplatzwechsel:

> Betreff: Arbeitsplatzwechsel
>
> Hamburg, 10.Mai 2008
>
> Sehr geehrte Frau Müller,
>
> nun ist es offiziell, und ich möchte Sie als langjährige, geschätzte Kundin/Kollegin persönlich informieren: Nach vier ereignisreichen und schönen Jahren beim Bildungsinstitut Reimers zieht es mich nun in die Ferne.
> Ab dem 1. Juli 2008 werde ich beim Institut Bridge Training in London arbeiten.
> Ein neues Land, eine neue Herausforderung – doch „niemals geht man so ganz, irgendwas von mir bleibt hier" wie die unvergessliche Trude Herr einmal gesungen hat. Ich werde sicher auch in Großbritannien meine alte Heimat nicht vergessen. Und wer weiß: Vielleicht trifft man sich ja einmal wieder?
> Ich danke Ihnen, Frau Müller, für das Vertrauen, das Sie mir in den zurückliegenden Jahren entgegengebracht haben und wünsche Ihnen alles Gute für die Zukunft.
> Mit freundlichen Grüßen (noch) aus Hamburg
>
> Ines Priesterjahn
> P.S. Sie können sich übrigens bereits ab dem 1. Juni 2008 mit allen Fragen und Anliegen an Frau Jonas wenden (Durchwahl +49 40 9876543, E-Mail: Jutta.Jonas@nachfolgerin.de), die meine Nachfolge antritt.

Sich persönlich von jemandem verabschieden: Was sagt man?
„Es hat mich sehr gefreut, Sie kennen gelernt zu haben. Ich wünsche Ihnen einen guten Nachhauseweg. Auf Wiedersehen und alles Gute".
Dies ist sicherlich eine der höflichsten Formen, sich zu verabschieden.
Wenn es etwas weniger formell sein soll, so sagen Sie:
„Schön, dass wir uns getroffen haben. Machen Sie es gut. Auf Wiedersehen". Oder schlicht „Auf Wiedersehen".
Im persönlichen Bereich benutzt man oft ein kurzes „Tschüss" oder auch „Tschüss und mach's gut".

Natürlich gibt es auch einige regionale Besonderheiten, mit denen jedoch auch die Deutschen selbst oftmals Probleme haben: So wird ein richtiger Bayer bei einem „Tschüss" als Abschiedsgruß dies nicht als einen standesgemäßen Abschiedsgruß anerkennen wollen. Er erwartet ein „Servus", oder – ganz bayerisch „Pfieti" bei einer Person (Kurzform von Pfietigott: „behüte dich Gott") oder „Pfiet Euch" bei mehreren Personen. In Nordbayern (Franken) hört man zum Abschied oft „Ade". Auf solch' schwierig-bayerisches Sprachterrain wagt sich jedoch so schnell kein anderer Deutscher. Da bleibt man besser bei dem neutralen „Auf Wiedersehen".

Beliebt ist auch das italienische „Ciao". Zeigt es doch viel von der verbreiteten Vorliebe vieler Deutscher für die italienische Lebensart. Dieser beliebte Abschiedsgruß hat das Image liebenswürdig, persönlich und neutral zu sein.

Damit sind wir am Ende unserer Tipps zur Business-Etikette. Wenn Sie Anmerkungen und Ideen für weitere Themen haben, freuen wir uns auf Ihre Zuschrift.
Schreiben Sie an: feedback@business-knigge.com.

Die Autoren

DIE AUTOREN

Joachim Graff, geboren 1957 in Bad Nauheim erwarb sein Diplom als Elektroingenieur an der Fachhochschule Giessen-Friedberg und ein Diplom als Wirtschaftsingenieur an der Fachhochschule München. Während über 20-jähriger Tätigkeit bei der Siemens AG und der Nienburger Glas GmbH erwarb er sich umfangreiche Erfahrungen in den Arbeitsfeldern Marketing, Knowledge Management und Reengineering. Außerdem ist er Partner des Sprachinstituts TREFFPUNKT, ein Spezialanbieter von Deutsch-Intensivkursen und Wirtschaftsdeutsch und bietet in diesem Rahmen Seminare zu den Themen der Business Etikette.

Gretchen Lina Schaupp, geboren 1978 in Morgantown/USA, erwarb ihr MBA an der Sheffield Hallam University in England und ihr MA in European Management an der Hochschule Fulda. Nach einigen Jahren Industrieerfahrung u.a. bei der Volkswagen AG in Wolfsburg ging sie in die USA zurück und arbeitet derzeit an ihrer Doktorarbeit über das Verhalten großer Organisation an der Virginia Polytechnic Institute and State University in Blacksburg, Virginia, USA.

Gretchen Schaupp - Joachim Graff

MORE THAN MANNERS

Gretchen Schaupp - Joachim Graff

MORE THAN MANNERS

The Business Professional's Guide to Success in Germany

C.O.IN.
BUSINESS EDITION

CO.IN. Business Edition

Otto-von-Guericke-Ring 3a, 65205 Wiesbaden
www.coin-online.de
Bestell-Fax: 06122-705470

ISBN: 978-3-940574-38-1

FORWARD

Germany is the primary trading partner and the most important single market for many businesses in the European Union. Everyone would like to play a role in this market, and for the most part, almost everyone already does. This obviously presents a highly competitive situation which is characterized by many nearly identical products and services. For Germany, who holds the long-time title as the "world's greatest exporter", this carries with it a network of business relationships that stretch across many countries' borders and involve a complexity that is difficult to find anywhere else. The direct consequences of this include higher pressure for both foreign and domestic companies to innovatively differentiate product characteristics and quality from that of competitors and, more recently, new emphasis on another priority for success: HOW a company presents itself to the German market.

Overwhelming competitive pressures are, therefore, the driving forces behind correct behavior whether this is with colleagues or customers, as an employee or as a job applicant.

Germany's immense market potential, its excellent infrastructure, and its high standard of living in comparison to other countries, are all factors that present many new and positive opportunities not only for the job-hunter, but for manufacturers and retailers alike. In light of all these developments, this book offers readers support. It is intended for ambitious graduates, career entrants and all others who want to get ahead in the workplace. It has especially proven to be an indispensible guidebook for expatriates who wish to be successful in German companies.

The chapters address a priority of topics as they are often taught in intercultural training seminars. As it has been shown that both Germans and foreigners have similar insecurities about behavior in the workplace, we have condensed the tips into practical, dual-language guidelines for our readers. Because many of these tips can be used in the international business arena, an additional advantage for the German reader is the English translation, which offers a handy language practice tool. A glossary helps the reader to quickly locate and understand key words.

This book is divided into three parts. The first part discusses 17 basic situations as they often arise in day-to-day business situations. The six tips included in the second part are intended to help job-hunters position themselves on the German job market, and the last 13 topics in the third part of this book address topics critical to successful career advancement.
At this point, the authors would like to mention that this book could not have developed into its final form without the cooperation and intense discussion that took place between both English and German native speakers, and we would like to thank everyone who assisted us. We especially thank Barbara Parsons, Ed.D., from the USA and Nicholas Lusty from England for their help with the English version, as well as Martin Schippel for his help with the German version.
A special thanks goes to Alexandra von Rohr, who, through her ongoing work with German language and business courses (www.business-german.com), was able to guide and inspire us throughout the writing process. We also appreciate the creative work of Günter Mayer (www.comixart.de) and thank him for his never-ending patience and his talents, which allowed us to illustrate the book and give it its own personality. Finally, we thank all of the teachers and students in the German intensive courses at the TREFFPUNKT Language Institute. If it hadn‘t been for their questions, expectations, ideas, and perceptions of cultural differences, this book would never have been written.
Germany is an especially attractive European market and every successful working relationship has its start not only in the recognition of the market, but the recognition of its etiquette and culture as well. We wish all of our readers many motivating experiences and successful business partnerships. Be sure to visit us on the web at www.business-knigge.com and www.german-business-etiquette.com

TABLE OF CONTENTS

Your Compact Guide to Doing Business in Germany:

The Ten Blunders You Should Avoid

Do you always manage to make the impression that you want to make? If you are unsure, the following ten tips will provide you with a short survival guide to help you avoid making common etiquette blunders when in Germany:

1. A weak handshake

A weak handshake gives others the impression that you are insecure and not convinced of your abilities. For this reason, always shake hands firmly without squeezing and without holding on to the other's hand for too long or too short a time. A firm handshake sends a message of trust, frankness, sincerity, consideration and honesty.

2. Being too touchy

Everyone has a personal distance zone that surrounds them, and unexpected intrusions into this zone are unwelcome. If this zone is not respected, a person will usually try to get out of the situation by moving out of reach which can end up being a very awkward and embarrassing situation for both people. Simply placing your hand on someone's shoulder may be irritating and make you appear too authoritative. If your business partner is not a long time friend of yours, then a handshake is the only situation in which you would make physical contact with someone. If you should accidentally bump into someone or kick them under the table, then you should immediately excuse yourself, with, "Entschuldigung, das war nicht meine Absicht" ("Excuse me, that wasn't my intention"). Do not touch someone without permission, even if you think that you could be making a welcoming or friendly gesture. Others could interpret this as suggestive or aggressive. See Chapter "Distance Zones" for more on this topic.

3. Not paying attention!

If someone is speaking to you, and you are looking in another direction, you are being rude. Depending on the topic being discussed and the relationship between individuals, such an action can result in a negative interpretation of your behavior. The impression you end up making can range from insecurity or insincerity to disinterest. Remember, by simply paying attention to what another person is saying, you are paying them one of the greatest compliments. However, be sure that you really are in tune to the discussion, and be sure that you are responding with appropriate expressions, questions, and gestures.

4. Interrupting someone while they are talking

Do not interrupt your business partners while they are speaking. Let them finish making their point before you respond, even if you are dying to say something. By waiting your turn, you are not only being polite, but your business partner will then be more willing to listen and understand your argument. Remember: having the ability to listen and ask the right questions is the secret to successful communication. See Chapter "Negotiating Successfully" for more about this topic.

5. Removing your suit coat or sports jacket

Do not take your suit or sports jacket off at a reception or business function. Always wait until your host has removed his jacket or asks you to remove yours. Also, you should button your jacket when standing, and, while standing up to greet someone, fasten the middle button. Read more about appropriate business attire in Chapter "Business Attire".

6. Smoking

At many company events smoking is prohibited. If you ignore this fact, you will not only be unpopular among the non-smokers, but also among the smokers who are respecting the rule. Smokers should also be extra conscious of the strong smell that smoke can leave behind in their hair and clothing; otherwise, you might notice others trying to avoid contact with you. If you do move to a designated smoking area, make sure that you do not let ashes fall on the floor.

7. Greeting colleagues in the wrong order

The order in which you should greet others in the workplace is fundamentally different than what you may be accustomed to in your private life. In the business arena, the individual highest in the corporate hierarchy is always acknowledged and spoken to first regardless of whether a man or a woman. Pay particularly close attention to each situation to be sure that it's appropriate for you to speak first. If you are not sure, it is better to wait to be spoken to by anyone of higher ranking in the organization - employees who seem hungry for attention are not popular in Germany. Also, when it comes to initial greetings, the following goes for both men and women: when sitting down at a conference or at a meal, it is always polite to stand when greeting or shaking the hand of a colleague or supervisor. Read more about this phenomenon in Chapter: "Pecking Order".

8. Talking or laughing too loudly

Even if you are the most popular and charming story teller in your company, you could come off as being pompous and obnoxious if you get too loud. Keep your voice calm and modulated, and gauge the tone and volume to the situation. However, be sure not to speak too softly, this forces others to pay extra attention, and they may lose interest in what you have to say. Avoid speaking in a dialect that could be difficult for others to understand, and do not feel that you have to end each sentence with a laugh.

9. Too much alcohol

Pay attention to how much you drink. Even if you find yourself in a laid back and fun atmosphere, you must control your alcohol consumption. Others will think less of you if you drink more than you can handle. Getting drunk can lead to a raised voice, arrogant remarks, and even insults, which can destroy a positive atmosphere and ruin your reputation. More tips on celebrating in the workplace can be found in Chapter "Celebrating at Work".

10. Arriving too late

And finally, when it comes to professional conduct in Germany, the most important thing you should remember is to always be punctual! "Punctual" means that you should show up a minimum of five minutes BEFORE an appointment, and never AFTER the set time. This not only goes for personal appointments like interviews or meetings with your boss, but for all other appointments as well. By being punctual, you demonstrate your interest in the topics being discussed and respect for others who are present. This is especially important when you are a supervisor or have personnel responsibilities. If you cannot make it to an appointment on time, be sure to call the individual who planned the appointment, apologize for your tardiness, and tell him when you will arrive.

Note: This chapter, "The Ten Blunders You Should Avoid", is available in other languages including Spanish, Portuguese and Arabic at www.german-business-etiquette.com.

Part 1: Etiquette Basics

1 Introductions: Who introduces whom?

When it comes to making introductions in Germany, there is a noteworthy difference between how it is done in private life and how it should be done professionally. Within an organization, the individual of higher rank is responsible for introducing anyone who is new to the group. For example, a trainee would be introduced to his or her new colleagues by his supervisor or his mentor. A new professional employee would be introduced by his or her manager. Note, however, that rank refers to an individual's professional position in the corporate hierarchy, and not his or her seniority at a company. For example, in Germany, an older office assistant would have less rank than a young manager.

If a single person enters a group of people, this person should always be introduced to the rest of the group – this holds true in both private and professional situations. Whoever prefers to introduce him or herself can choose from several different forms: "Ich heiße Renate Bartels." *("My name is Renate Bartels.")* is just as good as saying "Ich bin Renate Bartels." *("I am Renate Bartels.")*, or "Mein Name ist Bartels." *("My name is Bartels.")* The shortest form, simply stating one's last name, "Bartels", although brief, is very practical, especially if you need to introduce yourself to several people in a row, like at a welcoming reception.

However, introductory phrases such as, “Ich bin Herr Schmidt.” (“I am Mr. Schmidt.”) or “Ich heiße Herr Ralf Schmidt.” (“My name is Mr. Ralf Schmidt.”), in which the title “Herr” (“Mr.”) are included, were never customary when introducing oneself and are not considered to be good business form. Remember, “Ich bin / Ich heiße” (“I am / My name is”) statements should be followed with both your first and last names.
If visitors have come from abroad to visit your organization, it is always polite to introduce the foreign guests to the natives. Guests may feel especially honored if they are introduced to the director or the CEO.

Specific Questions:
1. When you are talking about someone, is it enough to refer to him or her using only the last name?
No, never! This could give the impression that you do not respect the person that you are talking about. Before stating someone’s last name, you should always use the titles “Herr” (“Mr.”) or “Frau” (“Mrs.”), and any academic title that they might have. For example, “Herr Dr. Schmidt hat mir gesagt, dass er morgen später kommt.” (“Dr. Schmidt told me that he is coming later tomorrow.”) If you refer to somebody only by first name, without using the titles “Herr” or “Frau”, you are signaling that you know that person personally and that there is a familiarity between the two of you. Even if you are talking about a young adult or a teenager you should still refer to him or her by both first and last names: “Sabine Krüger kommt heute Abend.” (“Sabine Krüger is coming this evening.”)

2. When I meet someone on a professional level, is it acceptable to give him or her my business card right after I have been introduced?
Yes! There are several reasons for this. For one thing, it could make it easier for business partners to remember your name and how to pronounce it, especially if it is not a German name. Secondly, business cards help in situations where several people are introduced to each other at one time. Just by glancing at a few business cards, you can keep track of the names and positions of your business partners.

Having said this, visitors from Asia should be aware that it is not customary in Germany to present business cards with both hands as is the practice in some Asian countries. If a business card is handed to you with one hand, do not perceive it to be an insult. Many Germans are unaware of this custom.

3. Could a woman introduce herself simply by saying, "Ich bin Frau XYZ." ("I am Mrs. XYZ.")?
Yes! Although men should refer to themselves WITHOUT using the proceeding title "Herr" ("Mr."), women can choose from the following introductions: "Ich bin Heike Meyer." ("I am Heike Meyer."), "Ich bin Frau Meyer." ("I am Mrs. Meyer."), or "Ich bin Frau Heike Meyer." ("I am Mrs. Heike Meyer.") However, for both genders, the trend seems to be moving towards the simplest form: first name, last name: "Heike Meyer."

2 Pecking order: Who initiates a hand shake?

In Germany shaking hands is a common custom which is not just carried out when two people meet for the first time. In fact, you will notice that hand shaking takes place almost every time that daily greetings are exchanged. However, initiating a handshake can be more perplexing than you might expect. In deciding whether or not to make the first move when introducing oneself or greeting somebody, keep the following tips in mind:

- The colleague higher up the corporate hierarchy always has the "handshake initiative" or the right to offer his or her hand first.
- If you approach a group of people, as when entering a business meeting, you should always extend your hand and introduce yourself to everyone present without hesitating to shake the hands of those you already know.
- To show respect, always extend your hand to older individuals first.

However, the hierarchy rule mentioned above does not just apply in close circles within an organization. It is generally important, when faced with a tricky situation, that you develop a sixth sense as to who should assume the "handshake initiative". Observe those around you to get clues or ask a trusted colleague.

Here are 3 examples:

1. A **job applicant** would be well advised not to rush toward a personnel director with an out-stretched arm, but to make a polite, calm, and somewhat reserved entrance. The personnel director will then receive the applicant respectfully when he or she considers the moment right to do so.

2. **Young professionals**, who have a lot of contact with customers, should put good thought into how they greet their older customers. As older customers, they have double rights to the "handshake initiative". On the other hand, a friendly greeting with an extended hand can also act as an icebreaker with older clients, especially since younger professionals can come off as intimidating experts in their fields. This approach is recommended if older visitors seem insecure or are hesitant to get to know you. In most cases, however, older individuals will take the initiative when it comes to shaking hands.

3. However, according to professional rank, there are cases where it could be appropriate for younger professionals to initiate a handshake with **older colleagues**. If an older individual walks into the office of his younger boss, for example, he should wait until the boss offers to shake his hand. This would actually be the opposite case outside of the office. In private life, it would be left to the older individual to extend his or her hand first.

Specific Questions:

1. *Should I let my boss or a client enter the elevator or go through the door before I do?*

Yes, always. It is a sign of good manners and respect to follow your boss or your client into an elevator or through a door.

2. *Should I let my boss or my client exit the elevator before I do?*

In this case it is better to be logical. The people that are standing at the front of the elevator should be the first to exit.

3. *In a professional setting, should the "handshaking initiative" always be left to the one who holds a higher position in the company?*

Yes! Position wins out over age (seniority) and gender.

4. *After a while, can I just leave off my colleague's academic title when I am addressing him or her?*

No! Always address colleagues and business partners with their academic titles until they tell you to do otherwise.

5. *Should a woman remain seated when being introduced to a business partner?*

No! It is always recommended that you stand up during introductions or greetings so that you are on the same eye level with your visitor. This makes it easier to get involved in a discussion. Both women and men who take their hosting role seriously are expected to stand up anyway.

6. Would it be considered polite to open the passenger door of my car for a colleague who is riding with me?

Yes, it is always a nice gesture to open the car door, especially when someone is getting into your car for the first time.

3 Greetings: What should I say?

Make a positive impression from the start. By standing up and walking out from behind your desk to greet a business client when they come to meet with you, you are subtly expressing respect for that person. Such an action sends the message that you would like to communicate without a barrier between the two of you. Your guest may not consciously notice this gesture, but it will help create a comfortable atmosphere for a meeting.

If you are busy working when someone comes to meet with you, stop what you are doing immediately and turn your attention to him or her. If you are on the phone, or it is otherwise not possible to greet the person, at least make eye contact when he or she enters, wave her into the room, and point to a chair for her to be seated. Do anything you can to make a positive impression, then quickly end your phone conversation and offer a warm welcome.

Specific Questions:

1. I often hear "Guten Tag" ("Good Day") used as a greeting in Germany, but some people use the phrase "Grüß Gott" ("Greet God"). What is the difference, and which greeting should I use, where?

As a basic rule: "Grüß Gott" is used in the regions of Bavaria and Baden Wurttemberg, and also in Switzerland and Austria. "Guten Tag" is used in the rest of Germany. If you do happen to say "Guten Tag" in an area where it is not used, you will immediately be recognized as someone who is "not-from-around-here". Even when Germans from two different regions first meet, the differences in their greetings can make the situation a little bit uncomfortable. For example, if a Bavarian were to go to Hamburg and greet someone with "Grüß Gott", the Hamburger would probably form the opinion that Bavarians are ignorant and don't appreciate the local customs. In the same sense, when a foreigner in Germany uses "Grüß Gott" in an appropriate region of the country, it is easier for Germans to consider them as "insiders". Additionally, by using the correct greeting, you show that you appreciate and acknowledge regional practices and customs.

In West, North, and East Germany you should never say "Grüß Gott" because it will sound extremely ignorant, as it just is not used there. However, in Switzerland and Austria, you can actually get by with using "Guten Tag" or "Grüß Gott" because everyone will be able to tell you are not from the region by the first sentence out of your mouth – that is how different the regional dialects are.

2. Is it alright to put my hands in my pockets if I am talking with somebody or greeting them?

No! The Germans may interpret keeping your hands in your pockets while you are conversing as somewhat arrogant. A person may often keep his hands in his pockets when he wants to appear calm and laid-back, but the truth is he will probably just come across as being insecure. This rule also holds true when giving presentations.

3. Do the Germans like to make small talk?

Yes and no. Generally, German business managers like to get straight to the point. Even when small talk is made in the workplace, it is usually not made up of more than a few comments. On the other hand, when the atmosphere is more relaxed, like at a meal, Germans love to gossip and to chat. However, questions about family or politics tend to be avoided. Topics like cars and technology, traveling and foreign cities, what you did on vacation, hobbies, and sports are more popular because they do not get too personal. See Chapter "Small talk".

4 Addressing someone: Should I use "Du" or "Sie"?

Making the choice between "Du" ("you" familiar) and "Sie" ("you" formal) is not only a problem for foreigners. Determining who should address whom, how, and when, differs from place to place, from industry to industry, and even from department to department. The use of "Du" or "Sie" is usually an important indicator of the type of relationship

that people have with each other. As a general rule, "Sie" is used with anyone who is not a close friend or a family member. The use of "Sie" also indicates that there is a recognized distance between two people, and that they do not know each other on a personal level. If you address someone with “Sie” you would also address him or her with his or her title (“Herr”, “Frau”, “Dr.”, etc.) and his or her last name. For example, “Frau Schneider, hätten Sie eine Minute Zeit für mich?” (“Mrs. Schneider, do you have a minute for me?”) “Sie” is the most neutral form for normal, everyday interaction because it does not define a recognized relationship between people, and therefore, neither person has expectations of the other as might be the case in a friendship.

“Du”, on the other hand, is a personal way to address someone. It expresses to everyone that two people understand each other not just on a professional level, but on a personal level as well. Before using “Du”, two people usually get to know each other pretty well and come to respect each other’s opinions. In fact, the change from “Sie” to “Du” is sometimes so formal, that you may even be asked beforehand, “Können wir uns duzen?” (“Can we refer to each other by “Du”?”) If you agree, you can both address each other with “Du” and call each other by your first names. If a switch from “Sie” to “Du” is made too hastily, a German could get nervous and think, “Can I actually trust the person enough to address him or her with “Du”?” If someone asks you to use “Du” rather than “Sie”, and the situation seems too awkward or presumptuous, inform your business partner or colleague of your uneasiness as politely as possible. The best way to say this is: “Das Sie mir das Du anbieten, ist eine große Ehre für mich, doch im Berufsleben möchte ich gerne beim Sie bleiben. Ich hoffe, Sie sind mir nicht böse deswegen.” (“I am honored by your suggestion, but in the workplace I prefer to use “Sie”. I hope you don’t mind.”)

So, be careful not to use “Du” too quickly. In delicate situations, as in more formal business relationships, using “Du” too quickly may cause a feeling of mistrust rather than helping to build the trusting relationship that one might expect.

The question as to who should be the first to address whom with “Du” can be answered with a glance at the corporate hierarchy. An employee, regardless of his or her position, should always leave it to the boss to address him or her with “Du” first.

However, if your boss asks you to refer to him or her with "Du", it would be careless of you to immediately reject the offer. After all, your boss is a main player in your career's development. A better decision would be to wait a bit and observe how he or she then refers to you in the everyday work atmosphere. Maybe it was an accident that your boss addressed you with "Du" or maybe just a good mood that led to the suggestion. In order to avoid any doubts that you might have, continue to refer to your boss with "Sie". If you then notice a negative reaction when you do so, it is best to admit that it was a slip-up on your part, and from then on use "Du". If you are, in fact, not comfortable with referring to your boss with "Du", tell him or her when the opportunity presents itself.

It is also helpful to know that both in the business world and in German private life a new trend is spreading known as the "Hamburger Sie", which is a combination of using "Sie" and addressing someone by his or her first name. For example, "Monika, könnten Sie mir helfen?" ("Monika, could ("you" formal) help me?"), would be a normal way to address someone in Hamburg.

5 Gift Giving

In Western Europe, it is no longer customary to bring gifts from one's home country when visiting a foreign country on business. There are several reasons for this.

For one thing, business traffic between countries has increased greatly in the last few years. As a result, it has become fairly normal to buy whatever you cannot find in your own country whenever you are visiting other countries, and this makes foreign gifts less novel than they used to be. At the same time, there has also been a move towards concentrating much more on actual business and less on formalities and rituals, like gift giving, when on a business trip.

Although this may be considered a loss of tradition and culture in Arabic or Asian countries, it is a fact that in European business situations nobody expects gifts and nobody wants to have gifts expected from them. However, for special occasions like retirements, weddings, or a visit to somebody's home, gift giving is customary and gifts will be appreciated.

6 German Expressions and Sayings

Here are a few up-to-date tips to help you get by with both written and spoken expressions and sayings in Germany:

Written Expressions

1. If I am addressing a letter to a man and his wife is it appropriate to write something like: "Herr und Frau Peter Boss" ("Mr. and Mrs. Peter Boss")?

No! You should write both names separately when addressing something to them. For example: "Herrn Peter und Frau Anja Boss" ("Mr. Peter and Mrs. Anja Boss"), or "Herrn Peter Boss und Frau Anja Boss" ("Mr. Peter Boss and Mrs. Anja Boss.")

2. If I am writing a letter, should I abbreviate the title "Doktor" ("Doctor") to "Dr." but leave the title "Professor" as it is?

Yes! Since 1997, the new German spelling rules suggest that "Doktor" be shortened to "Dr." when written. This rule also holds true if you are referring to a doctor in the middle of a letter. The title "Professor", on the other hand, should always be left unabbreviated. For example, "... und so haben Sie, Herr Professor Dr. Schnurrbart, die Möglichkeit, kostenfrei unseren Service in Anspruch zu nehmen..." ("...and so you have the possibility, Mr. Professor Dr. Schnurrbart, to use our service for free..."). Also, be sure that you always address a professor with a doctorate using both titles, "Professor Dr." and make sure that the "Professor" always comes before the "Dr."

3. Can I use the abbreviation "MfG" which is short for "Mit freundlichen Grüßen" ("With friendly greetings") when I am sending a fax or an e-mail?
No! "MfG" developed long ago in German offices, where abbreviations were intended to increase work efficiency by shortening some of the lengthy words for which the German language is famous. This abbreviation, however, is considered especially impolite in e-mails and faxes, the two media in which it is most common for the writer to be brief. This may be because the "MfG" abbreviation gives the impression that the writer does not have enough time for a formal greeting and this could, in turn, be seen as disrespectful.

Verbal Expressions

1. What is the best way to answer someone who has just greeted me?
The easiest way to imply "You too!" is to simply say "Gleichfalls!" ("Like-

wise!") or "Ebenfalls!" ("The same to you!") "Schönen Abend" ("Good evening") is a goodbye phrase that can be answered with "Gleichfalls!" However, remember that this reply can only be used when the person to whom you are responding also has the potential to experience the same event. For example, if an unmarried colleague says, "Ich wünsche Ihnen einen recht schönen Abend und sagen Sie Ihrer Frau einen Gruß von mir..." ("Have a good evening and say hello to your wife for me..."), you should answer, "Vielen Dank und auf Wiedersehen." ("Thank you and good-bye.") In a case like this, it would, of course, be ridiculous to say "Gleichfalls!"

2. If I receive a gift, what is the best way to thank somebody?
Answer with, "Vielen Dank, (aber) das wäre doch nicht nötig gewesen." ("Thank you, but that really wasn't necessary.")

3. Should today's business professional avoid using phrases like "Mahlzeit" ("Have a good meal") or "Kein Problem" ("No problem")?
Yes!

"Mahlzeit"

Instead of saying "Guten Tag" or "Grüß Gott", "Mahlzeit" is the greeting that is used at lunchtime at a business or a factory. When coming or going to lunch in Germany, you will often hear people calling "Mahlzeit" to each other. They also greet each other with "Mahlzeit" when someone sits at their cafeteria table or stands up to leave the table, regardless of whether they know the person. However, it should be noted that almost nobody likes this meaningless, old-fashioned phrase, but that it still manages to be used frequently. It is a saying that is just said to be said – so that people don't have to encounter others in silence and risk being impolite. If you would like to greet someone on a more personal level at lunchtime, you can choose from other, more contemporary expressions like, "Einen guten Appetit" ("Enjoy your meal"), or even, "Lassen Sie es sich schmecken." ("I hope it tastes good.") – a phrase that you should only use when greeting people you know.

"Kein Problem"

The problem with using the phrase "Kein Problem" ("No Problem") is that nobody really knows what a person is implying when he or she says it. "Kein Problem" could be interpreted in many different ways:

- The speaker wants to show he can handle anything, and that he considers everything "Kein Problem" OR
- In the speaker's opinion, he sees no problem with the work at hand, giving the often false impression that he is willing to accept unsatisfactory or incomplete work OR
- The speaker is trying to express his competence and that the problem really isn't a problem for him OR
- The speaker is simply trying to comfort a worried colleague by reassuring him that everything is ok, even though this may not be the case.

As you see, "Kein Problem" is a confusing expression that should be avoided because it has many different meanings, and its real significance is dependent on the intent of the speaker.

4. Would the wife of a doctor be called, "Frau Doktor" ("Mrs. Dr.") if she did not hold the degree herself?

No in Germany, but yes in Austria! Unfortunately, in Germany you cannot be awarded a higher degree title just by getting married. But in Austria, a woman married to "Herr Dr. Schmidt" would be referred to as "Frau Dr. Schmidt". In this case, what would be considered ridiculous in Germany is a part of everyday life in Austria.

7 Small Talk

Everyone has probably experienced a situation like this: you have just started working in a new department, and you find yourself at an office birthday party for a colleague you don't know. Your new colleagues are chatting, telling jokes, and laughing, and as the newcomer, you feel a bit out of place. Instead of feeling awkward, use the time wisely to gain an impression of things. What kind of an impression do you get from the way the colleagues interact with each other? Which colleagues could be interesting conversationalists? Situations like this give you the opportunity to identify and approach individuals that appear to be interesting and knowledgeable, or who you may not have the opportunity to work with everyday.

With colleagues

Once you've gotten the lay of the land, approach a group of colleagues with a smile and an open and interested demeanor. Listen carefully to the discussion that is going on before making your own comments, which should be agreeable and friendly. At this point, avoid complicated remarks, but simply use the opportunity to briefly introduce yourself: first name, last name, how long you've been in the company, which department you work in, and your job responsibilities. It is best to wait and give this short introduction when the time seems right or when asked to do so. Keep the conversation going with questions, and refrain from self-indulgent monologues. Who, what, where, and why questions about the organization can help you to build a complex view about the informal work environment. This is your opportunity to get information to help you create a personal network and get to know colleagues who can later help you manage difficult tasks that you might not be able to handle on your own. For your own job it is important to find out who has the best know-how in certain areas. In a small talk situation, you must be especially careful not to come off as too curious or opportunistic. If important work topics come up, it is a good idea to ask for permission to contact the person about the topic at a later time. This is not the best atmosphere for making important business decisions. Instead, try to find topics that are interesting to the majority of those present.

There are many interesting and neutral conversation starters: travel, cities, sightseeing, vacation, sports, culture, food and drink. However, you should be careful when mentioning anything that could be viewed as a status symbol such as exclusive property or artwork, an expensive car, a villa in Tuscany or your private yacht. You do not want to give the impression that you are bragging. Also, in Germany it is not appropriate to ask about someone's family or partner in a business situation. Other topics that should be avoided are politics, religion, death or illness, and anything that has to do with gossip, sex, conspiracy, rumors and money.
Any topic that could insult someone's personal views, upset someone, or create an awkward atmosphere should definitely be avoided. These "controversial" topics also include complaints about job stress as well as gossip about the boss or other colleagues. Such comments could leave behind an unprofessional impression in the eyes of co-workers. For this reason, you should also be careful when telling jokes. The atmosphere for a joke must be appropriate and the joke should not be morally degrading or prejudiced. If such jokes do come up, others should try to change the topic or move on to a lighter subject.

The first impression

It does not matter how witty or funny you try to be, when it comes to small talk, it doesn't always depend on the words. Your body language and attire also play an important role. Gestures, facial expressions, charisma, your voice and your communication skills also leave a lasting impression. Many believe that they can easily label optimists, overachievers, perfectionists and skeptics based on these characteristics. For this reason, learn to control your body language. Make sure that you sit upright and do not slouch. Stay calm, and don't fidget.

Inappropriate clothing can also lead to others forming stereotypes about you which are hard to disprove during a conversation. Studies show that clothing and body language make up fifty percent of a person's first impression. The person's voice contributes another forty percent, and the last ten percent actually has to do with the matter of the conversation. This is the point at which others are differentiating between whose comments are really worth listening to, and whose comments are simply passing remarks.

The first impression therefore plays an important role. Behavior studies have shown that people form a critical impression of someone else within three seconds. These few moments answer the questions: What do they look like? How do they talk? What is their demeanor like? How does this impression fit with what I have already heard about this person? What could he want from me and me from him? Do I like the person or not? These questions are quickly answered by our brains with little thought. As far as further contact with the person goes: birds of a feather flock together. Individuals feel comfortable in a situation in which their conversation rituals correspond to those of the others. This means that the topics are of interest, you do not need to reveal more about yourself than you find comfortable, humor has its own place and there are no misunderstandings. Conversation style is normally defined by behavior rituals where the unwritten rules of the others' actions and reactions steer the conversation.

"Men Talk" and "Women Talk"

The fact that different conversation rituals exist is most evident in the differences between how men and women converse. For example, at a small party with colleagues, one of the men is telling the story of his visit to the International Automobile Exhibit in Frankfurt. All of a sudden, all of the men are renowned experts on design, engines, car bodies, and horsepower. They all start throwing out technical terms and try to impress each other with their knowledge and exaggerated stories of driving experiences. If you are a woman who sees a car as a means of travel, you would probably refrain from having an opinion on the issue and keep quiet. This type of scenario is a typical ritual for men trying to start small talk, and at the same time, size each other up. Even if a man has no idea about the subject, he can demonstrate adaptability and other strengths in this type of a situation. The fact is that less attention is being paid to the substance of the conversation and more to how it is taking place. Who is listening to whom? Who has the most listeners? Who has the last word? This is how the hierarchy is formed and each man can orient himself in the structure.

If this were a "girl talk", this type of behavior would be interpreted as showing off and blowing lots of hot air. When women are conversing, indirect conversation patterns are preferred to the direct style used by men. It all has a lot less to do with the transfer of information, and more to do with establishing harmony, which gives the impression of equality among those present.

When a woman says something, she checks the effect of what she has said on the people she's talking to, and bases her next comment on the other's reaction. Men, on the other hand, have a tendency to talk without worrying about others actually listening: comments are made to which no reaction comes, and the conversation can turn into competing monologues. After the conversation, the men know almost nothing about the others, except whether or not the group approves of them, which has been signaled mostly through gestures.
These are rituals that you should observe, influence, and use, depending on what your goals are in a conversation. If you find yourself being too modest or introverted in a conversation, you should try to change this step for step. When the right time comes use small talk to make clear what you want and what you are capable of.

"Denglish"

Another tip on words and the substance of small talk: In Germany, it is common to hear a mixture of German and English in everyday conversation. This is especially true in social circles of the "career-oriented", whether this be a group of business students at a university or managers at a company. This way of speech has come to be known by the Germans as "Denglish". Much controversy exists as to whether this language-morphing is considered neutral or negative – but, the fact is that especially in technology and business sectors, many English words simply are not translated, but integrated into the German language. It is important to understand these terms if you don't want to be seen as a layman in the corresponding sectors.

How intensively one actively uses English words when conversing in German is up to the individual. However, throwing a few English words into a German conversation no longer makes the intelligent and sophisticated impression that it once did. Instead, it could be interpreted as an attempt to set oneself apart from others. Those who tend to over-use Denglish or, even worse, use words in the wrong context, will be accused of bad impression management.
On the other hand, it is interesting to see how common it is for many cultures not to translate foreign words, but to adopt them in their own language. For example, it is common to hear the word "Rucksack" in English, and most Germans don't know that "Kindergarten" also exists in the United States.

A few good ways to start small talk

Here are a few ideas for questions that can lead to "safe" small talk. We have picked four common business situations:

1. During breaks at a conference

- I am here from the automobile industry. May I ask which industry you work in?
- The snacks are great. Aren't you looking forward to the meal afterwards?
- I have the feeling that I have heard the last speaker present before? Have you heard him / her present before?

2. At business events

- I thought the last topic was really presented well, didn't you? Do you know what the next topic will be?
- This is the first time that I have ever visited a conference/ seminar on this topic. Can you recommend any others?
- Did you have as much trouble as I did trying to find the hotel last night?

3. At social events with colleagues

- I have only been with the company for a short time. Do you know how long this company location has existed?
- And what are your vacation plans this year?
- Is this where the line for the buffet starts?

4. At private parties

- May I ask how you know the host / hostess?
- I can never find a parking place in the city. Do you have any special places you could recommend?
- This wine tastes great. Do you know which region it is from?
- The neighbors in the apartment building that we just moved into are almost all in a tennis club. Are all of the Germans so tennis-crazy? Do you all belong to sports clubs?

8 Business Attire

The importance of being appropriately dressed for an occasion cannot be stressed enough. This holds true in both business and private life. By dressing-up for an occasion, you express your respect not only for the occasion, but also for the other guests, the surroundings, and especially the host or hostess. In the business arena, especially when clients are present, unprofessional clothes like jeans, shorts, biking pants, leggings, sport shoes and T-shirts should not be worn. The following guidelines should also be kept in mind when dressing for business in Germany:

1. The safest attire is typically conservative – gray, black, or dark blue suits of good quality. However, in certain business sectors, you may find many managers and sales representatives wearing loud colors and wild accessories. Although they might be trying to express how innovative or dynamic they can be, some customers and business partners may interpret this style as unprofessional. The best advice is to take your cues from those around you in similar positions within the organization.

2. On the other hand, a dark gray suit should not give the impression that you are trying to blend in to the point of being overlooked. By wearing elegant and well-made clothes, you can separate yourself from the masses and get noticed. Just remember that the clothes you wear should correspond to the amount of attention you want to call to yourself and should also convey the proper impression you wish to make. Also, be careful not to be overdressed, for this may cause suspicion among your colleagues.

3. In contrast to men, women are entitled not only to more color in their wardrobes, but also to more variety (dresses, suits, slacks, skirts, sweaters, scarves, etc.) with which to create an elegant but professional impression.

4. In Germany, it is fairly common to see clerical or non-professional employees wearing clothes that should not be worn by serious customer or career-oriented women. Remember that your clothing should not distract others or diminish the impression that others have of your professional abilities. Very short mini-skirts, shirts or tight sweaters with revealing neck-lines, dramatically tight clothing, bizarre hair styles, and extremely high heels are to be avoided in most business settings. A few other articles to avoid include big or dangling fake gold or silver jewelry, napa leather, spaghetti straps, long, fake or brightly colored fingernails, and wildly patterned tights. On that note, naked legs are also unacceptable.

5. Jewelry, accessories, and your own personal hygiene should help accent your wardrobe, not take away from it. The most expensive designer suit cannot help you make a good impression if you have bad breath, body odor, or if the heels of your shoes are so high you can hardly walk. Stringy hair, dirty or untrimmed fingernails, an unshaven face, or too much make-up can also leave a bad impression.

6. In Germany, the "three-day-beard" has become more accepted in the last few years. Although a bit of stubble on a man's face would have made an unkempt and scruffy impression in the past, such stubble is not infrequently worn by men and is rarely even noticed by others. While some may consider a beard or facial hair to be a cover-up, individualists are known for growing sideburns, chin or under-lip patches or complete mustaches and goatees. To be on the safe side, however, a clean-shaven look is the best alternative for making a professional impression in the workplace.

Specific Questions:

1. Should the tip of my tie end at my belt line?

Yes! This gives your figure better proportion. All too often, men wear ties that end right where they want the least attention: At their bulging bellies!

2. Do I have to wear socks (men) / stockings (women) in the middle of the summer heat?

Yes! It is always more professional, especially when meeting with customers. The same response goes for the question: "Do I have to wear a tie?" However, it is okay to take your jacket off during the summer heat when there is no air conditioning, except when you are meeting with a client or customer for the first time.

3. Do I have to pay attention to the requested code of dress in written invitations?

Yes! The host is trying to ensure that the guests all come to the event in the same level of dress. This also gives a clue as to the nature of the event. If you are unsure, be sure to ask the host or the inviting business department's secretary for clarification before the event.

9 Business Dinners

It is traditional in Germany to eat the main meal of the day at lunchtime, between 11:30 AM and 1:30 PM.

In contrast to a long, several-course meal, a German lunch usually consists of an appetizer (usually soup), a main course, and a dessert.

When you are attending a business conference, both lunch and dinner are considered important components of the conference. Meals allow those attending to make personal contacts and to continue discussing business issues in a more casual atmosphere.

The place setting

As in most western countries, the standard place setting in Germany is arranged with the knife and spoon to the right of the plate and the fork(s) to the left. If you find yourself at a formal meal consisting of many courses, you will be presented with several sets of silver ware. Don't panic, just work from the outside to the inside of the line-up using a new set for each course. Each set will be carried away with your plate between courses. If a small fork or spoon is also placed above the plate, this is almost always for the dessert; so don't use it until dessert has been served or you may miss out on the sweetest part of the meal. If several glasses are aligned around your plate, the one for the wine to accompany the main course can be found directly above your knife on the right hand side of your plate.

Rubbing elbows

If you were raised in North America, you were probably taught to cut your food in the American style which involves holding a knife in your right hand for cutting and a fork in your left hand to secure the food. After cutting, you typically lay your knife on the side or top of your plate and then pass your fork from your left to your right hand (fork tines facing up) to jab the food with your fork. Many Europeans, including the Germans, however, learned the European or Continental style which also involves cutting your meat with the knife in your right hand and your fork in the left, but not changing hands after cutting. The fork remains (with tines facing down) in the left hand for the duration of the meal. This is just a minor detail that you may notice at the German table, and you will not be expected to use the European style if it is uncomfortable for you. Keep in mind, however, that if you are right-handed and learned the American style, you may end up rubbing elbows quite frequently with a German seated to your right.

Ladies at the dinner table

Contrary to earlier traditions that frowned upon women speaking with the waiter, tasting the wine, or paying the bill, all of these things are normal in Germany today. It is not only acceptable for a woman to ask for the bill, but also to enter a restaurant first, and – if acting as hostess – to try the wine before it is served. However, this last situation will usually not come into question at business luncheons because, in most cases, only non-alcoholic beverages are served during the work day.

Alcoholic beverages

Nevertheless, the consumption of alcohol in Germany, even in the business environment, may be more common than you are used to in your country, and when others drink, you may feel pressured to drink as well. Again, you don't need to worry – modern etiquette suggests that it is acceptable to refuse a drink. In fact, you can even offer to order drinks for others and refrain from drinking alcohol yourself.

Non-alcoholic drinks and condiments

You may be surprised to find that you are expected to pay for water in a German restaurant. If you order water, you will be asked whether you would like it carbonated ("Sprudelwasser" or "Wasser mit Kohlensäure") OR still ("stilles Wasser"). It is not customary for restaurants to serve tap water and ordering it may leave you making a cheap or even common impression. Non-alcoholic beverages are usually served in glasses of 0.2, 0.3 or 0.5 L sizes and you will usually not be offered or given free refills. This is one main reason why ice is also not served with these beverages. Coffee, tea and hot cocoa are either served by the cup ("eine Tasse") or in a small pot ("Kännchen"), which usually contains at least two cups.

Another difference you may notice in German restaurants is that your table is not lined with bottles of condiments and sauces as you may be accustomed to in your country. You will need to ask for any condiments or sauces that you would like served with your meal. Mustard ("Senf"), which is common to many traditional German dishes, will usually accompany your meal if you are ordering such a dish and almost always with sausage, but you will usually need to ask for ketchup or mayonnaise. You may be charged extra for these, especially in fast-food restaurants where they cost approximately .20 per packet.

Paying the bill

In Germany, you will not be given the bill and then expected to simply leave the money and the tip on the table. Generally, after asking to pay, the waiter or waitress will promptly approach your table with the bill. If you are in a more formal restaurant, the bill will be given to you in a leather folder and you will be expected to return it with the appropriate amount of cash or a credit card. In a less-formal restaurant, the waiter will actually carry out the payment transaction directly at your table and give you change from a large leather wallet that he or she brings to the table with your bill. This wide-spread method of payment in restaurants and bars makes it extremely important that you have enough cash with you when dining out. Germany is a bit hesitant when it comes to accepting credit cards, and this fact extends well beyond restaurants. German businesses still prefer cash and "EC" or "electronic cash" debit cards to credit, and it is important that you always check in advance when shopping or dining if you intend to pay with a credit card. Personal checks are not used in Germany and there is often a fee for using traveler's checks.

Although it is not uncommon in Germany to be invited to lunch or dinner by your host company, you may at some point find yourself in a more casual dining situation in which everyone wishes to pay his or her own bill. This is very common practice in Germany, and instead of dividing one large bill up equally among the number of people at the table, the waiter or waitress will carry out the same transaction mentioned earlier for every individual at the table. Be sure to remember what you ate and drank; a hand-written receipt of your items may be based on your memory and nothing else.

Leaving a tip

Although a service charge of 15% is included in the menu price in German restaurants, it is still customary to leave a tip. In a formal situation, this is usually 10-15% of the bill's total if you were satisfied with the service you received. If you weren't satisfied, you can simply not leave a tip, and others will not frown upon you. You may, on the other hand, want to leave more than the standard 10-15% tip if the restaurant staff really went out of their way to accommodate your needs.

However, an informal German tipping rule comes into play if you are having an informal meal or just a beer or a coffee at a bar or in a café. If you have been served by a waiter or waitress, you should ALWAYS round the bill up to the next Euro or half Euro. For example, if your bill is €11.50, you should pay at least €12.00 and not expect change, although it will be offered to you. In such a case, you would give the waiter €12.00 and reply, "Es ist schon in Ordnung." ("It's alright.") In these cases, this extra amount usually remains within the range of 3-5% of the bill's total. It is not customary to leave cash or coins on your table when you leave. Also, when leaving, it is polite to thank the staff or your waiter / waitress with, "Danke schön." ("Thank you.") This lets you express your appreciation in addition to the tip that you leave.

Specific Questions:

1. When in Germany, should I conform my table manners to those of the Germans?

For the most part, you do not have to make too much effort to mirror the Germans at the table. If you practice good table manners at home, they will suffice in Germany; it is not necessary to worry about how to hold your fork or where to place your napkin. But be careful – some behavior should be avoided. For example, in Southern Asia, it is normal to chew loudly when eating and to belch after a good meal. If you were to do this in Germany, it could embarrass you as well as those sitting with you.

2. What are a few table manners that I should keep in mind in Germany?

- Close your menu once you have decided on your meal. This will signal to the waiter that you are ready to order.
- Before eating, wish everyone at the table "Guten Appetit." ("Enjoy your meal.")
- Only take as much food as you plan on eating. The Germans usually "clean their plates".
- When sitting at the table, keep BOTH of your hands on the table, not under it. This will be an adjustment for many foreigners, and even Europeans from Scandinavia.
- Sit up straight, close to the table with both feet on the floor.
- Don't prop your head up with your hands and keep your elbows off of the table.
- Don't bend your head over your food when you are eating or "shovel" your food in your mouth.
- Don't begin eating until everyone at the table has been served.
- Don't begin drinking until everyone has something to drink and a toast has been made.
- Look others in the eye when toasting.
- Hold your wine or champagne glass by its stem.
- Do not get up to leave when you have finished eating, but wait for the others; if you came to dinner with others, then leave with them also.
- Do not belch or chew with your mouth open.
- When you are finished eating, place your knife and fork parallel to each other and rest them on the right side of your plate. This will signal to the waiter that you are finished eating.

3. Should a host pay the bill at the table with the guests present?

No! It is much more polite to pay the bill at the bar in order to avoid misunderstandings or discussions about paying. Germans will generally be very reluctant to accept a spontaneous offer to pay the bill, and this method also allows a host to inconspicuously pay, look over the bill, leave a tip, and order an aperitif for everyone. Having said this, it is a sign of hospitality and good breeding to invite guests to a meal and it will be greatly appreciated and remembered by your German guests.

4. Is it acceptable to ask for the house wine in a good restaurant?
Yes! A good house wine is a good advertisement for a restaurant. Also, you can be sure that a wine from wine countries such as Germany, France, and Italy will never be of bad quality. When your budget doesn't allow an extremely expensive wine, ask the waiter to recommend a low cost, quality wine. By naming the amount that you are willing to spend, you show that you are confident in the situation and not embarrassed to ask.

5. When I order soup, is it polite to tip up my soup cup and drink the last bit of soup?
Yes! However, in order to do this tactfully, take hold of one of the soup cup handles, tip, and drink. Keep in mind that this is only polite when your soup comes served in a CUP, not a bowl!

6. Is it appropriate to use toothpicks or put on lipstick at the table?
Yes! These are not the most tactful things to do at the table, but if they have to be done, then go ahead. Lipstick can be put on discretely almost anywhere, but is it really necessary to put it on at the table? If you really want to freshen up your make-up, be sure to go to the bathroom.

7. When I attend a social event, should I wait to take off my sport coat or jacket until I am asked to do so by the host?
Yes! Good hosts and hostesses should react quickly when they notice that the room temperature is rising and offer to take your coat for you.

8. Is it true that I should not lay my paper napkin in my plate when I am finished eating?
Yes! In Germany it is customary to fold your napkin after eating and place it to the left side of your plate. The Germans have a very strict

recycling system, and this helps ensure that the napkin ends up in the correct recycling bin. In fact, due to the Germans' environmentally-conscience attitude, you may even encounter situations in which napkins are not even provided – although this would never be the case in a formal dining situation. Cloth napkins should also be folded and laid to the left side of your plate, never in the plate!

9. If I would like to say a few words at the table or to make a toast, is it appropriate to bang on the side of my glass to get people's attention?
No! Although you typically see this in old German movies, today it is more appropriate to stand and ask for their attention in a slightly raised voice. Those seated at the table should automatically stop talking and pay attention.

10 Telephoning in Germany

In Germany, it is generally customary to state your name when you answer the phone. In accordance with corporate identity trends, the customary way to answer a phone at a German company is to state the name of the company, the name of the person answering the phone, and a greeting. For example: "Baugesellschaft Luftschloss, Müller, Guten Tag" ("Luftschloss Construction, Müller, Good Day"). The name of the department may also be stated, but this differs from company to company. One should not answer the phone with an extremely long greeting, as it may be awkward for the caller and may make it difficult to catch your name.
On the other hand, when answering the phone at home, a German often states only his or her last name. It is also becoming more common to answer the phone with just "Hallo" or "Ja" ("Yes"), without identifying one's self. This might just be carelessness or perhaps a sign that people do not want to immediately identify themselves when answering the phone. Many Germans, however, frown upon this brief greeting. If you do not state your name when answering, you will usually be asked

to identify yourself anyway. Many Germans will respond to a simple "Hallo" or "Ja" with the question, "Mit wem spreche ich bitte?" ("With whom am I speaking, please?")

A recorded message on an answering machine at a professional place of business should always include a few essential details, such as the name of the business, your name and telephone number, and a greeting. A greeting is a polite gesture and can come before or after you state your name. For customers and other colleagues, it is also helpful to list your cellular and fax numbers in the recording. In case you cannot be contacted for a longer period of time, it is helpful to list an emergency number or the name and number of a person who can represent the business and deal with problems when you are not available to do so.

In such a case, be sure that you state both your substitute's name and telephone number and not just one or the other.

It is absolutely necessary that you speak very distinctly when you leave a message on an answering machine, especially when listing digits. Remember that it is much easier for the listener to understand when you list one number after the next, "sechs, vier" ("six, four"), rather than combining them, "vierundsechzig" ("sixty-four"). Because the pronunciation of certain German numbers is so difficult to understand over the phone, the following substitutes will often be used:

- "Zwo" ("two", pronounced tzwo)
- "Juno" ("June", pronounced yuno)
- "Juli" ("July", pronounced yu-lie)

Mobility with a cell phone

When is it appropriate to use my cell phone?
To help clarify, let's consider two situations that may be familiar to you: Fifteen people are sitting in a conference and a cell phone starts to ring. Thirteen of those present divert their attention from the topic at hand and start to dig through their briefcases to figure out if it is their telephone that is ringing. Or better yet: A businessman is sitting in an ICE train (see Chapter "Traveling with the German Railroad"). He has specifically reserved a seat with a table so that he can work on his laptop during the trip. Around him, cell phones are ringing like crazy, and other travelers are having loud, one-sided conversations.
Should these situations be considered normal or annoying?
The first example was meant to be ironic, and the second should not be considered the norm – unfortunately, this is just wishful thinking. The examples were not meant to imply that it is impolite to have your cell phone with you. Instead, they were meant to show that disregarding others by having a conversation, failing to turn off a cell phone, or answering a ringing phone can be irritating and rude.
When cell phones are inconsiderately and thoughtlessly used, "innocent listeners" will respond with reactions that range from sarcastic laughter and rude remarks to eventually hanging signs that prohibit the use of cell phones in public places. So, turn off your cell phone when you find yourself in a place where answering your phone could interrupt the concentration of others or annoy them while they are trying to relax, meet, or work. These places include a theatre or a concert hall, at the movies, in a museum, at a speech or in a lecture, in the waiting room at a doctor's office or business, or in a restaurant. These are places where people are sensitive to disturbances and can become quickly irritated when a cell phone begins to ring. You should also limit the use of your cell phone at business functions and business meetings, or certain so-

cial functions, such as receptions, cocktail parties, or dinners. This also holds true for conferences, presentations, and especially when meeting with customers or, most importantly, a potential employer. In these situations, it is better to turn the phone off and let your voicemail answer for you. By the way, in Germany, a cell phone or mobile is called a "handy". The word is pronounced just as it would be in English, and although many Germans think the word is American, it is, indeed, a German invention.

The best time to make a telephone call

If you are calling someone who may not be expecting your call, or if you have a matter of concern that could require a significant amount of time to discuss, try not to place the call on a Friday. On Fridays, many business people are trying to "tie up loose ends" before the weekend starts, and in Germany, some companies actually close at 2:00 PM.

The best time to call a business is probably between 8:00 and 10:00 AM, mostly because workers are just starting the workday with an open mind and the morning meetings have not yet begun. Around 2:00 PM is also a good time to place a business call. At this point in the day, most people are back from lunch and ready to start back to work. After 3:00 PM is the worst time to call a business. This is the time of day when the workload and appointments accumulate and when employees start to look forward to the end of the workday.

The best tips for making professional telephone calls

1. What you should realize: every phone call comes as a surprise!

- In order to minimize your intrusion, inform the person as to the purpose of your call. If you have a problem that is going to take some time to clear up, ask the person you are calling if the present time is convenient or if you should call back later.

  If you know the person you are calling, you can also ask which meeting or task you are interrupting with your call. This can be a friendly way to bridge the conversation to your topic and make way for a discussion.

2. To make the most efficient use of your time and that of the person you are calling, it is helpful to make the following preparations:

- Write down the primary objectives of your discussion
- Keep a pen or pencil within reach
- Go through all information on the topic at least once
- Get some information about the person you are calling
- Write down any possible objections to your arguments and how you would respond to them
- Make out a flow chart if you are planning a telephone interview or the exchange of important and complicated information over the telephone

3. First contact: you are making the call...

- Never forget to start the conversation by greeting the person you are calling
- Identify yourself, tell the other person why you are calling, and ask if he or she has time to speak with you
- Do not interrupt the telephone call to speak to somebody else
- Take down all important information (data, facts, statements)
- Summarize any important points and/or agreements that were made during the discussion
- Keep the first phone call relatively short

4. First contact: you receive a telephone call...

- Ask directly why the other person is calling if this is not clear within 30 seconds
- Have the other person repeat the important points or agreements that were met
- Ask for a written confirmation of any agreements
- Take down all important information (data, facts, statements)

5. Every minute counts: the first few seconds

- Make sure that you know the name of the person with whom you are speaking and how to correctly pronounce his or her name. Use the person's name when appropriate, but not so often that it seems contrived or mechanical.

- Always address the other person with "Sie" (formal you) and use his or her correct title ("Mr.", "Mrs.", "Dr.", "Professor")

6. During the call: standard behavior

- Speak slowly and distinctly
- Use short sentences
- Pause between sentences
- Do not interrupt the other person while he or she is speaking
- Be obliging and polite
- Ask questions
- Make sure that you have understood important statements with the following questions:
  - "Habe ich richtig verstanden, dass...?"
    "Have I understood correctly that...?"
  - "Wie meinen Sie das genau...?"
    "What do you mean exactly when you say...?"
  - "Was verstehen Sie unter ...?"
    "What do you understand to be...?"
  - "Was bedeutet für Sie...?"
    "What does... mean to you?"
- Acknowledge that you are paying attention to the conversation by occasionally repeating or clarifying an important point.
- Give positive confirmations.

7. During the conversation: be discrete

- If other people in the room can hear you speaking and you are dealing with a sensitive topic, ask others to leave the room. This reassures the person you are speaking with that no one else can hear the conversation.

8. During the conversation: Think positively and use positive words

- Pay attention to your choice of words. Some negative words can kill the discussion. Avoid negative phrases like "Sie müssen..." ("You have to..."). In this case it is better to say, "An Ihrer Stelle würde ich mich ... entscheiden." ("If I were you, I would decide to...") or "Haben Sie... berücksichtigt?" ("You may want to consider...or...have you considered..."). Another phrase to avoid is: "Sie dürfen nicht" ("You are not allowed to..."). A better alternative is: "Das würde ich Ihnen nicht empfehlen" ("I would not recommend that you do that.") Also, be careful not to overuse words like "Bitte" ("Please") and "Danke" ("Thank you"), this could make an artificial impression.

- Consider the impression that your words could make on the person with whom you are speaking. Be careful that you do not create any thought or discussion barriers. Be especially cautious when it comes to your judgment or opinion of personal issues and other people. Do not make statements that could negatively reflect on you.

9. The end of the conversation

- Summarize the most important agreements and confirm them
- Thank the person you are speaking with for his or her time
- Make sure to confirm that you may call back should you have any additional questions

10. Evaluation: The next step to success

- Go through the notes that you have made, put them in a list based on priority and decide who is responsible for following up on which task by when.
- If, at the end of a telephone call, you have made a future appointment with the other person, confirm the appointment with an e-mail or a short letter.

Typical phrases that are helpful to learn for telephoning in Germany…

"Können Sie mich bitte verbinden mit…"
"Can you please connect me with…"

"Erlauben Sie, dass ich mich vorstelle, ich heiße…"
"Allow me to introduce myself, my name is…"

"Passt es Ihnen jetzt?"
"Have I caught you at a good time?"

"Hätten Sie einen Augenblick Zeit für mich?"
"Do you have a second for me?"

"Der Grund warum ich Sie anrufe ist."
"The reason I'm calling is."

"Der Grund meines Anrufs ist, dass ich gerne mit Ihnen einen Gesprächtermin vereinbaren würde."
"The reason I'm calling is that I would like to arrange a meeting with you."

"Kann ich zurückrufen?"
"Can I call back?"

"Können Sie mich bitte mit jemanden verbinden, mit dem ich über… sprechen kann?"
"Can you please connect me with someone can discuss…with?"

"Können Sie das bitte buchstabieren?"
"Could you please spell that?"

"Darf ich (nochmals) nach Ihrem Namen fragen?"
"May I ask your name (again)?"

"Sie haben mir sehr geholfen, vielen Dank."
"You have been very helpful, thank you."

"Ich bin Ihnen für Ihre Hilfe sehr dankbar."
"I appreciate your help."

To call back or not to call back?
Situation:
With digital technology today, telephone displays often make it possible to see the numbers of those who called you while you were away. When I have missed a call, and I can see the number on the display, should I feel obliged to call back? What if the caller has not left an answering machine message? What is the difference if the call was made to my cell or my land line? Are there any gender issues: what about a man calling a woman or the other way around? What is the correct thing to do?

Answer:
The question, "Should I call back or not?" certainly raises many issues, but in the business arena, it is always better to call back than to have missed a customer's call. Failing to return a call may lose you a customer, but returning a call may not.
When deciding to return an uncertain call, there are a few rules that you should keep in mind:

- The telephone number should be one that you recognize. You should at least have the feeling that you know who could have been calling. If a mere telephone number is shown, and you only recognize the main desk number at a large company, you will not be doing yourself any favors by returning the call.

- If you absolutely do not recognize the telephone number or you suspect that the number could be a costly ploy, we suggest that you do not call back.

When making a return call that was not requested, it is important that you make the reason for the call clear with an open, neutral and short statement. A good phrase is: "Ich habe bemerkt, dass Sie (mich) (gestern, vorhin…) angerufen hatten. Was kann ich für Sie tun?" ("I noticed that you called me (yesterday, earlier...). "What can I do for you?")

The important thing is that you focus on the business issues during the phone call. It is not important if an answering machine message was left, the call was made to a cell phone or a land line, or whether or not you are returning a call to a male or a female.
This issue can, however, become much more complex when in comes to private phone calls. But that would open up an entirely different set of considerations!

11 Presenting in Germany

For the most part, when giving a presentation in Germany, you don't have to worry. Depending on the audience, it is often acceptable to present in English, but it is always a good idea to confirm this beforehand. This fact might make presenting in Germany sound easy; however, Ger-

mans expect presentations to go beyond superficial information about a topic and to provide supporting facts for business decisions. Although they prefer to focus on hard facts and their sources, it is acceptable to lighten up your presentation with a few stories or anecdotes. At the same time, be careful not to tell long, self-praising stories or to add too many jokes or anecdotes – you do not want to come off as being too arrogant or unprofessional.

Whenever you find yourself in a foreign culture and before a foreign audience, it is especially important to avoid stress and insecurity as much as possible. A well-prepared, well-structured presentation will enhance the audience's understanding when supported with strong documentation and attractive visual aids. Before presenting, make sure you know which aspects of your topic the audience is most interested in and which they are not. Ask yourself which objective you want to achieve with the presentation. Then, choose material that will make it possible for you to reach your objective within the allotted amount of time. You should also know which questions your audience wants to have answered by the end of your presentation.

Consider these guiding questions:

1. Who are my listeners?
2. Who do I want to convince of what?
3. What is my audience expecting?
4. How should I make ideas clear?
5. What do I want to emphasize?
6. How should I convey the individual points of my argument?
7. How much time do I have?
8. How should I divide up my time? When should I plan a break?

When preparing your presentation, keep the following pointers in mind:

- A good way to minimize your nervousness at the beginning of your presentation is to memorize the first few lines of your introduction.
- Distribute handouts to audience members so that they can better follow your presentation and take notes.

- The most successful presenters capture the audience's interest with their first sentence. Telling a joke is a good way to do this, but remember this is not always customary in Germany. A joke should at least have something to do with the topic being presented. As a general rule, if you tell more than three jokes during your presentation, you will be treading on unprofessional terrain.
- Use attractive visuals to enhance comprehension. A picture IS worth a thousand words. Visuals also add interest and help reinforce the written documents. The use of colors, pictures, and symbols has the ability to help capture and maintain the interest of the audience.
- Computer-based slides are the most popular presentation medium used in today's business world. Here are a few tips for creating optimal presentation slides:
  - Do not use more than 3 different colors per slide
  - Arrange text in blocks
  - Topics of the same nature should be presented in the same format
  - Leave some "white space" on each slide
  - Do not use abbreviations
  - Use pictures and symbols
  - Summarize your main points; avoid using too much text!

  Because many people are visual learners, these aids can help you make complex facts more understandable and easier to portray.
- Finally, remember these golden rules:
  - Don't let your audience get bored AND
  - Always thank them for their attention.

Optimal division of presentation contents:		
Introduction	**15%**	**Goal: to create suspense, capture the audience's attention** - Make a professional appearance - Start on time - Make eye contact with the audience - Speak loudly and clearly - Greet your audience - Introduce yourself and the topic - Make the reason for and the objectives of the presentation clear - Go through the agenda - Use rhetorical methods to get your audience's attention: anecdotes, quotes, active participation - Create a transition to the main body of the presentation
Body	**75%**	**Goal: To convey argument and relevant information** - Get audience to visualize the information - Place focus on the main message - Make abstract ideas tangible with visual aides - Speak as freely as possible - Use note cards and avoid using a pointer - Vary your speech volume and rate - Do not use clichés or informal language - Use gestures to support your speech - Actively and emotionally involve the audience - Summarize and repeat main ideas while presenting - Be receptive to the audience's responses and react accordingly - Express your viewpoint openly - Do not speak to the slides on the wall, and be sure to maintain eye contact with the audience
Conclusion	**10%**	**Goal: Climax of the presentation, repeat your argument or appeal, summarize message** - Summarize main points - Answer any open questions - Moderate a round of questions - Clear up any misunderstandings - Make your argument / appeal clear to listeners - Thank the audience for their attention, interest, participation, and time

12 Netiquette, the E-mail Etiquette

The fast spread use of e-mail has made communication much easier, especially with overseas business partners and clients. Unfortunately, this form of communication also increases your risk of making written mistakes and e-mail faux pas. For this reason, online etiquette rules (also known as Netiquette) were developed. Here are a few of the most important things you should remember when corresponding through e-mail.

Business and private life

You should try to adhere to e-mail etiquette rules not only when composing business e-mail, but also when sending e-mail on a personal basis. Even if you have a friendly or casual relationship with colleagues, you should remember that on-the-job correspondence means that an e-mail message is a business letter, which should include salutations, greetings and disclaimers. Only when quickly corresponding back and forth via e-mail, is it acceptable to leave salutations off without showing a lack of respect.

When composing formal e-mails or sending documents such as legal warnings or final contracts, and especially when sending an e-mail to several people, your grammar must be correct. Typing mistakes do not give the impression that you are extremely busy, but that you are careless, and could be interpreted as impolite. So, be sure to thoroughly read through an e-mail before you send it, and do not hesitate to use your spell and grammar check. When sending personal e-mails, a forgotten salutation, the absence of a signature listing personal details, and even typing errors will be tolerated. If you jumbled the letters in a word because you were typing too fast, don't worry. However, if simple grammar errors are made, regardless of the language in which you are corresponding, you may look sloppy, if not incompetent. Worse yet is the incorrect spelling of a person's or a company's name. Such an error will simply be interpreted as a lack of concern and interest. For many it has become a sort of hobby to strive for atomization and speed when it comes to using e-mail and the Internet. For this reason, you should always attach an automatic signature, if only to satisfy the requirement of identification when sending or publishing information electronically. In addition to this, a company's individual data protection laws should be respected and the electronic sending of internal corporate information to external addresses should be avoided.

Addressing e-mail

When starting your letter, the best forms of address are still, "Sehr geehrter Herr..." ("Dear Mr. ... "), "Sehr geehrte Frau" ("Dear Ms. ... ") and "Sehr geehrte Damen und Herren" ("Dear Sir or Madam...") despite the more informal style associated with e-mail correspondence. This rule holds true especially when writing to individuals whom you have not yet met in person. By using a formal manner of address, the recipient will feel honored and respected. Although "Hallo" ("Hello") is heard and read frequently, this word is too informal and demonstrates poor style even if it is often written out of habit. Having said that, even when writing personal e-mails, a formal address such as "Dear...." ("Liebe / Lieber") is always a better start.

Sending an e-mail to several recipients

We have all received those annoying e-mails in which 20 lines of recipients are listed, only to be followed by a message of three sentences. If you only want e-mail recipients to see the message and not be confronted with a distractingly long list of recipients, you should send the mail to yourself and list the intended e-mail recipients in the field "BCC" ("blind carbon copy"). If it is important that all recipients know who is receiving the mail, you can include a list of the recipients in a P.S. note after the actual message: "Diese E-Mail wurde verschickt an:" ("This message was also sent to:")

Helpful tips to consider:

- In the field "AN" ("To") you should only include individuals who have requested the e-mail or who have a responsibility or task to fulfill in response to the e-mail.

- In the field "CC" ("carbon copy") you should include individuals whom you want to inform of the fact that you have sent the message. These individuals are not usually direct recipients of the e-mail, and should not have a responsibility to fulfill based on the e-mail.
- Be careful: If individuals from several different corporate levels are to be addressed in the different recipient categories, the above rule may not apply. For example, I may address my boss, who is only being informed of the message, in the "AN" field to show respect, and list the rest of the recipients in the "CC" field.
- In order to promote open communication, the field "BCC" ("blind carbon copy") should only be used in special cases. If you must use this field, an indication of the general nature of the message should also be mentioned. For example: "Nur zur Info" ("For your information") or "An alle Vereinsmitglieder" ("To all organization members").

Further tips for composing, reading and organizing e-mail:

Be short and sweet

It takes three times longer to read text on a computer screen than on a sheet of paper. For this reason, it is acceptable to compose your text in a more informal style than you would in an actual letter. You should include longer messages and transactions as attachments that you refer to in the e-mail.

Use an e-mail application

Whenever possible, compose your text directly in an e-mail program or application. This usually makes writing easier and saves the reader time. This also helps if you later need to do a search in your e-mail program. It is preferred form to make appointments in the calendar function instead of in the body of e-mail messages. In most cases, this saves the recipient the trouble of having to enter the meeting manually and it reduces your chance of making time or date errors. This also automatically saves the meeting in your own calendar.

Structure your text for easier reading

- Begin a new line every 60-70 characters (< Shift > < Enter >)
- Include a paragraph or text break after every 5 lines of text
- Use *** or --- before and after a word or phrase to highlight text
- Avoid "SCREAMING" (writing in all caps) or using only under case letters

Including Internet addresses in your e-mail

To ensure that "www" or Internet addresses can be activated when the recipient clicks on them, keep them as short as possible. Otherwise, your e-mail application could "break" the Internet address.
To ensure that this does not occur with longer addresses, include a statement like:

- German: Bitte beachten Sie, dass lange Internetadressen (URL's) unbeabsichtigt in zwei Zeilen zerbrochen sein können. Kopieren Sie in diesem Fall die gesamte Internetadresse in den Browser.
- English: Please note that long URLs may break into two lines in some cases. Cut and paste, should this occur.

Include a meaningful "Subject"

Let the recipient know why you are sending them a message. By doing this, you catch the reader's attention and reduce the risk that your message is mistaken for SPAM. Never leave the "subject" field empty.
Use abbreviations, but not too many!
In Germany, you will commonly see the following abbreviations used in e-mails:

- s.o. (siehe oben) (see above)
- u.a. (unter anderen) (among others)
- MfG (Mit freundlichen Grüssen) (With friendly greetings)
- i.d.R (in der Regel) (normally)

Other abbreviations, like asap (as soon as possible), are also becoming wide spread through international e-mail traffic. However, if you would like to shorten a message by using "homemade" abbreviations, make sure that you have discussed these beforehand with the friends and colleagues who will be receiving mail from you. The exaggerated use of abbreviations is wide-spread in Germany. In fact, the following, more exotic abbreviations are used commonly, but may not be obvious to everyone:

- HB (Handlungsbedarf) (need for action)
- nzi (nur zur Info) (for your information)
- nfm (no further message)

In order to transfer large amounts of data (over 3MB), it is best to save these on a shared server and then simply include the link to the server in the e-mail. The same thing goes for pictures. Be sure, however, that the recipients have access to the servers. A second option is to use a compressor (i.e. zip) to minimize the size of the file. However, this has little effect on the size of photographs or pictures, and you also run the risk that the receipt does not have the correct software to open the data.

Is security a problem?

Whoever works with e-mail in a professional setting must have a virus scanner. In addition, a SPAM-Filter helps filter out unwanted and possibly "virused" mail. Before opening attached files, save them on a hard drive and scan for viruses. When it comes to security, the question of plain text format always comes up. And yes, those who place a lot of importance on security only accept e-mail in plain text format.

Finally, before sending e-mail invitations for official appointments or get-togethers, consider the formality of the event. Remember, it is always more appropriate and effective to send formal invitations via "snail mail".

13 Distance Zones

Behavioral studies indicate that individuals perceive a comfortable distance for personal interaction and nonverbally define this as personal space. The acceptable breadth of personal space varies between cultures, and because a violation of this personal space can have seriously adverse effects on communication, it is important that you learn to respect the distance zones that are maintained by Germans.

You should become familiar with four different distance zones:

◆ The first **is the intimate distance zone**. This entails very close, physical contact with a maximum distance of 15 cm (~6 in.) between two people. Touching someone can cause an unwelcome or unexpected intrusion into this distance zone, which may lead to a negative, or even an aggressive, response. In the business arena, this zone should be carefully respected. When coming into first contact with customers or work partners, disregarding this zone is simply taboo.

◆ The second is the **personal distance zone.** This entails a distance of between 50 cm (~20 in.) and up to one meter (~3.3 ft.). This distance allows the most common form of greeting – the handshake. Be careful to respect this zone. If a handshake takes place too closely (head to head), this could cause an awkward situation. This distance zone may be the most difficult to understand if you are from a country where greetings are carried out by touching cheeks or where kisses on the cheek are common even in business situations. However, in Germany, hugs and kisses should be reserved for best friends, and even in private situations these greetings could be interpreted awkwardly. Your best option is to let the Germans do the greeting, and then follow their lead.

- The next zone defines a distance between approximately 1 and 2 meters. This is known as the **social distance zone**. In this zone, individuals encounter each other and make observations. Try to stay in this zone when you first arrive at a gathering and do not know many people.

- Finally, the **open distance zone** entails several meters of distance. This zone plays the least important role when interacting with colleagues, supervisors and customers. In this zone, personal contact in the form of a greeting is rarely possible and is usually not welcomed. For example, if you see someone you know across the street, do not yell loudly and jump up and down to get their attention. This will usually result in an embarrassing situation for both you and the other person.

14 What does a German mean when he says...?

You can usually go on the assumption that Germans mean exactly what they say. In Germany, individuals expect each other to adhere to promises – given that they are of a realistic substance. Those who do not hold to their word set their trustworthiness in great jeopardy.

Here are a couple of examples that you will surely encounter in Germany:

- **Greetings:**
  "Wie geht es Ihnen?" – "How are you?" Although the meaning is the same as in English, the German understands this simple question to be one to which he should truthfully and elaborately answer. So, if he is having a bad day, this could be an uncomfortable question for him to honestly answer.
- **Commands:**
  "Rufen Sie mich an." – "Give me a call." If you agree to call someone, even casually, they do expect to receive a reply from you within the next few days. Likewise, if you ask a German to call you, expect the phone to ring!

- **Invitations:**
  "Nächstes Jahr um die gleiche Zeit statten Sie uns aber einen Gegenbesuch ab…." – "Next year around this time, pay a visit to our place…"
  Be prepared: The Germans will be there, standing on your doorstep!

- **Promises:**
  "Ich werde Ihnen die Präsentationen in den nächsten Tagen per E-mail zusenden." – "I will send you my presentation via e-mail in the next few days."
  Do not expect your German colleagues to remind you to do something. When you make a promise, you are obliged to keep it.

- **Punctuality:**
  "Wir treffen uns um 11.00 in dem Konferenzraum." – "We are meeting at 11.00 in the conference room." When the Germans set up an appointment, they adhere strictly to the time. Even a few minutes delay might not go unnoticed. In fact, in some cases, a meeting will not be started until everyone is accounted for. Also, be careful when making statements like, "Ich bin in fünf Minuten da." – "I will be there in five minutes." These time frames will be interpreted literally.
  From these examples, it is very important to notice that what may be a casual or "empty" promise in another country is usually taken as a serious one in Germany.

15 German Stereotypes

Nobody knows exactly where they come from or why they exist, but in the minds of many non-Germans there are persistent beliefs about what "typical German" characteristics entail. Like with all stereotypes, these ideas are not made up of tenable facts, but of opinions.

The following list of "German" characteristics does not reflect the authors' point of view; rather, it is a collection of "positives" and "negatives" that most non-Germans are said to perceive of the Germans.

Positives

The following "good" characteristics are commonly associated with the Germans:

- Hard working
- Exact
- Punctual
- Orderly
- Quality focused
- Resistant to bribery
- Trustworthy
- Committed

Negatives

The following negative characteristics also prevail in the minds of non-Germans:

- Perfectionists
- Stubborn
- Inflexible
- Obsessed with work
- Serious
- Know-it-alls
- Grouchy
- Unfriendly
- Cold and reserved

So, how should you really take these assumptions that provide an all-too-simple platform for basing our own actions and reactions? Our suggestion: Be cautious about relying on the exactness of these stereotypes. You will almost always come into contact with a German who embodies the exact opposites.

You should only allow yourself to perceive the world as it actually presents itself. Only then can comfortable, friendly, and open contact with Germans really start. As the German saying goes, "Wie man in den Wald hinein ruft, so schallt es heraus." In short: The way you act towards others is the way you can expect them to act towards you.

16 Traveling with the German Railroad: The Deutsche Bahn (DB)

Despite a drop in the number of train travelers in the last few years, the train is still the quickest, most punctual, most modern, and most comfortable means of transportation in Central Europe. It is also one of the most economical travel solutions when considering the high fuel prices in Europe. Taking a train, a taxi, or the subway is always the best travel

option, especially when you have to get around in Europe's large cities and urban areas. The convenience of train travel can help to relieve at least one factor of travel stress. In fact, if you are traveling less than 500 kilometers (310 miles) within Europe, railroad travel usually offers time advantages in comparison to air travel. All of Germany's big cities are connected to each other within several hours' train ride, and since all main train stations (Hauptbahnhof) are located in the city centers, you can get off the train in the middle of town. This saves you the time of traveling from airports that lie just outside a big city, like in Munich.
However, train travel can become problematic for foreigners if they don't understand the different train connections, ticket prices, or features of the German trains. Starting with a few etiquette rules, here are several personal tips from someone who has traveled with the German train system many times:

1. Minding your manners on the train

To ensure that your train trip is a relaxing experience, keep the following in mind:

- Seats marked for the handicapped must be offered when they are needed.
- When choosing your seat on the train, make sure that you check which seats have been reserved by others. If you do take a reserved seat, you may be asked to get up and move later in your trip.
- Be sure not to block other seats or the aisles with your briefcase, shopping bags, or luggage. Also, do not hesitate to ask others to move their things so that you can sit down or get through the aisle.
- If you have had a long day and want to stretch your legs onto the seat opposite you, this will be tolerated if there are enough empty seats on the train. In order to avoid angry glances, put a newspaper under your feet. If you are on a train with closed, 6-seater compartments, it is polite to move your feet from the seats when someone enters.
- "Space hogs" are known for propping their legs or elbows in someone else's space and not moving despite repeated angry glances. If you do not want to come off as being rude and ill mannered, pay attention to how much space you are taking up.

2. Types of trains

Although many different types of trains exist in Europe, the most important types you need to be familiar with in Germany include the following:

- **ICE (Inter City Express)** trains are the most modern in the German railway system, and they connect large metropolitan areas at speeds of up to 280 km/hr (174 miles/hr). Particularly speedy routes are those from Würzburg to Hamburg via Hanover and from Cologne to Frankfurt. The extra services that are offered on the ICE train are also enough to justify the extra cost of travel. However, this train is very popular, so it is best to reserve a seat, otherwise, you could find yourself having paid a lot to stand in the aisle of a packed train.

- **RE (Regional Express)** trains are standard German trains that stop at most train stations along the way. The RE prices are more economical, but travel times are usually longer.
- **RB (Regional Bahn)** trains are the slowest in Germany. They stop at ALL train stations, and offer the same standard travel prices as the RE. The advantage of RB trains is that they deliver travelers to out-of-the-way destinations and rural areas. The RB and RE trains are usually modern, air-conditioned, double-decker trains that are very comfortable to travel with. The Deutsche Bahn also offers bargain tickets such as the "Schönes-Wochende-Ticket" (Good-weekend-ticket) and the "Bayern-Ticket" (Bavarian-ticket) for routes on both of these trains.
- **S-Bahn (Schnell Bahn)** trains connect the centers of Germany's big cities with the city's surrounding areas quickly and frequently.
- **U-Bahn (Untergrundbahn)** trains make up the underground metro lines that run under most big German cities. To ride on these trains you must have a special U-Bahn ticket, usually available from one of the vending machines in the underground station.

3. Travel plans

- **Price:** The Deutsche Bahn Internet site also offers an electronic schedule that allows you to enter departure and arrival stations and your requested travel times in order to compare alternative train connections. It is worth your while to look at these travel plans very closely. In addition to the different time durations from point A to point B, there are usually also several different tariffs. If do not have the opportunity to research your options online, simply go to the ticket counter in the train station and ask for advice. Deutsche Bahn employees tend to be friendly, and most speak English. Finally, be sure that you always purchase a train ticket, either from the DB ticket counter, on the Internet, or from one of the ticket vending machines, before you get on the train. When traveling in Central Europe, you will almost always be asked to show your ticket, even when only traveling a short distance. If you don't have a ticket, this could lead to a very embarrassing and expensive situation.

- **Changing trains and connections:** When looking at your travel schedule, pay attention to how often you have to change trains. How much time do you have between the arrival of the first train and the departure of the next? If you only have a few minutes to change trains at the next stop, and the train you are on is delayed, it could help to speak to the ticket collector. He or she can call ahead and ask your next train to wait at the station for a few minutes. Due to problems like this, it is often preferable to take a slower direct train than to take faster trains that require a connection. It is much more enjoyable to sit on one train drinking coffee and reading the newspaper than to run, with all of your luggage, from one busy platform to the next to catch your connection or, as is more often the case, to stand in the cold until the connection arrives.

4. **Reservations:**

   If you plan on traveling with an ICE train, it is best to reserve a seat whenever possible. Make sure that you reserve in your desired smoking zone: "Raucher" ("Smoking") or "Nichtraucher" ("Non-smoking")! It is even more important to make a reservation if you are traveling evenings, Fridays, Sundays, or in a group. Reserving a seat is a MUST if you plan to travel to a fair, such as CeBIT (the world's largest information technology and telecommunications fair) or the Hanover Industrial Fair. The ICE can bring you quickly and comfortably from any town in Germany to the fair location. In fact, special ICE trains are organized to transport large numbers of people from Frankfurt, Munich and Hamburg directly to the fair.

5. **First class:**

   Almost all of the German trains have first class wagons. If you have not reserved a place in one of these wagons, do not sit in a first class seat or you may find yourself having to pay the additional cost. However, if you are traveling on business, you may want to reserve a first class seat because the second class RE and RB wagons can be particularly crowded and noisy. In comparison, first class wagons offer electrical outlets for laptops and the seats are more comfortable. First class wagons are also ideal for meetings if you are traveling with colleagues and want to use your travel time wisely. Finally, these wagons are usually located right beside the restaurant wagon, just in case you get hungry.

6. Bargain ticket prices and special travel deals

It is a difficult task to get the best available ticket price for your travel route - especially since varying prices have become the Deutsche Bahn's favorite marketing gimmick. Due to the fact that train ticket prices and travel conditions are continuously changing, it would be a mistake for us to recommend one particular deal offered by the Deutsche Bahn. Instead, we urge you to keep the following pointers in mind when planning a train trip:

1. Look up the route that you wish to travel as early as possible on Deutsch Bahn's website (http://reiseauskunft.bahn.de/) and enter several train types (RE, IC, ICE) to view different route alternatives and prices for your trip. Unfortunately, this site does not show you a map with your route as the popular travel route-finders are known to do. For this reason, be certain that you have entered the correct city for your destination as Germany has many –bergs and –burgs.

2. If, after entering your destination, the site gives you the option "Sparpreis" (Bargain price) or "Super-sparpreis" (Super-bargain price) and such tickets are still available, it usually makes sense to book your trip immediately. Don't forget to reserve a seat and pay attention to the following details:

- You must own a credit card and have opened an online-account on the DB website before you can book tickets through the site. Once this is taken care of, you can book your ticket and print it out immediately. Remember that you must have a print-out of your ticket to show on the train, the electronic transaction through the website will not suffice.

- Bargain ticket prices are not fixed, but are usually based on a limited number of seats and the different train capacities. As a rule of thumb: it pays to book your trip early.
- Expensive prices and a limited number of bargain tickets may make it worthwhile to purchase a BahnCard 25 or a BahnCard 50. With these cards you can travel for one year with any of the German trains for 25% or 50% of the normal ticket price respectively. Note that the BahnCard 50 is significantly more expensive than the BahnCard 25.
- When the trains get packed – as is always the case on Fridays in the ICEs to Berlin – or when you are traveling with a larger group, look for more-attractive first class tickets. These may not only offer more comfortable seating, but sometimes even more reasonable prices!
- RE-connections (cheaper trains) may not always take longer than ICE-connections (more expensive trains). Be sure to check any time differences when booking, as you can save a lot of money by avoiding travel with the ICE.
- If you are planning a trip on a Saturday or Sunday after 9 AM, bargain deals like the "Schönes-Wochenende-Ticket" or the "Bayern-Ticket" are available for individuals and groups. If you purchase these tickets at one of the automatic ticket machines rather than at the counter, you can save an additional € 2.

Those are our most valuable tips for navigating your way through the price-jungle of the German Railway. If you have any other secrets you want to share, please let us know!

17 In Case of Emergency: Information for Visitors to Germany

Health and security

Germany is known for being one of the safest countries in the European Union, and while you could possibly find yourself on some of Earth's safest terrain in Germany's smaller towns and villages, traveling in larger cities can be dangerous. The most serious threat for visitors or tourists are pickpockets, who are known for frequenting crowded places like airports, train stations, busy train wagons or buses, and tourist attractions. For this reason, it is best to leave valuable items and documents in a hotel safe.

Medical emergencies

You should obtain medical insurance that is valid in Germany before leaving your home country; otherwise, you will be charged for doctor or hospital visits abroad. For less serious illnesses, you can seek advice in one of Germany's many pharmacies (Apotheke).

Pharmacies (Apotheke)

German pharmacies are abundant, even in smaller towns, and are easy to find. Just look for a red stylized "A" or the word "Apotheke" (www.apotheken.de). Pharmacies are usually open from 8 AM –

6 PM and are generally closed evenings, Saturday afternoons, Sundays and holidays. Each of them, typically, has a list on the door of pharmacies in the area that remain open to handle emergencies. Most pharmacists can offer advice on minor illnesses and recommend over-the-counter remedies. Be aware, however, that all medicines (even aspirin) are behind the counter, and must be asked for, even if you do not need a prescription to purchase them. It is also a good idea to bring any prescription drugs from your home country with you for the duration of your stay abroad. While you will probably be able to find equivalent drugs in Germany, you will need a doctor's prescription, which will not be free of charge. Prescription drugs cannot be sent legally through the postal service if you are planning on having them sent from home.

Doctors

Finding a doctor in Germany can be an intimidating process because of the language difference, but it should not be. You can refer to the yellow pages (Gelbe Seiten: www.gelbeseiten.de) or a local telephone book (www.dasoertliche.de) in which doctors are listed by their specialization. For a general physician look under "Allgemeinmedizin", or, simply ask a colleague or friend; the best references are often by word of mouth. Other good sources of medical care are university clinics, which can usually be found in major cities or university towns. These clinics are staffed by highly skilled doctors who often speak English.

Making an appointment

When making a doctor's appointment by telephone or in person, the person you will speak to is the Arzthelferin or doctors assistant. She may not speak English, but do not worry, you will not be asked many questions, you simply need to set up a day and a time for an appointment.

Some helpful phrases for an appointment are:

"Ich möchte einen Termin machen."
"I would like to make an appointment."

"Es ist dringend. Haben Sie keinen früheren Termin?"
"It is urgent. Don't you have an earlier appointment?"

"Wo befindet sich Ihre Praxis?"
"Where is your practice located?"

Urgent situations

If you have an urgent medical situation during evenings, weekends or holidays you can always find an available doctor who will provide after hours medical assistance.

You can find an "on call" emergency physician by:

- Calling a general physician listed in the telephone book. If he or she is not available, you will most likely hear a recorded message with the telephone number of an emergency doctor.
- In large hotels medical care is usually provided on the premises. If not, ask the receptionist to contact a doctor for you.
- Calling the "Ärztlichen Notdienst" (19222 in all of Germany) for the name of a doctor in your area, see also: www.aerztlichepraxis.de/Bereitschaft and www.aerzte-notdienst.de.
- Going directly to the hospital or emergency room.
- Taking yourself or the patient to the nearest hospital or out-patient clinic. Throughout Germany, the number 112 will be answered by an operator who is an experienced member of a rescue team. This is also the number you can call in case of a fire or when an ambulance is needed.
- Checking a local newspaper. Look through a local newspaper for the heading "Notdienst Kalender" ("Emergency Calendar") to find an emergency doctor in your area.

Seconds matter in an emergency:
How to correctly report an accident.

In an emergency, a few seconds can be a matter of life and death. When calling for help, you need to concentrate on relaying essentials without forgetting important facts.

When reporting an accident in German, keep the 5-W's in mind:

- Wo geschah es?
  (Where did the accident happen?)
- Was geschah?
  (What happened?)
- Wie viele Personen sind verletzt?
  (Who and how many people are injured?)
- Welche Art von Verletzung oder Erkrankung, soweit äußerlich erkennbar?
  (Which injuries or ailments are recognizable?)
- Warten auf Rückfragen und durchgeben der Rückrufnummer.
  (Wait for questions and give a number at which you can be reached.)
- Only hang up when the emergency technician with whom you are speaking ends the call.

By going through this list you can be sure that all important information has been correctly taken down by the emergency rescue team.

Car accidents and other emergencies

Police

The German police can be easily identified by their flashy blue uniforms (although they continue to dress in green or beige in some German states) and their green and silver-striped automobiles. Motorized police units, known as the "Vekehrspolizei" (traffic police), look after safety on the streets, roads and motorways, and can be identified by their white hats. Uniformed policemen patrolling city streets have a hat that is the same color as their uniform. Those policemen who are responsible for criminal offences, known as the "Kriminalpolizei" (criminal police), are usually dressed in plain clothes, and show their identification only when necessary. Many of the German police personnel speak English and are approachable and easy to find in busy areas like airports and train stations. The number 110 can be used to contact the police throughout Germany.

Car accidents

If you or someone else has an accident or a serious breakdown on the German motorway, you can use one of the special orange telephones that are set every 2 kilometers along the shoulder of the road. These telephones contact an operator who will inform the appropriate emergency services. The emergency numbers 110 and 112 can be accessed by every telephone, including mobile phones, free of charge.

German automobile clubs

If you are staying in Germany for a longer period of time, membership in a German automobile club has several advantages. The largest automobile club in Germany is the ADAC (Allgemeiner Deutscher Automobil-Club: www.adac.de). This organization offers information in English, sells insurance, publishes detailed maps and provides emergency roadside assistance. Most cities have an ADAC office. In addition, the ADAC has partnership agreements with some foreign automobile clubs, including AAA in the United States (www.AAA.com).

Lost and stolen property

Thefts and burglaries must be reported immediately to the criminal police (www.polizei.de). If an insurance claim is to be made, a certificate must be obtained to show that the stolen property has been reported.
If you have lost a valuable item, try contacting the city's "Fundgrube" (Lost and Found). These exist in every German city and are often in the city hall or "Rathaus". See www.fundbuero24.de .
The German Railway has its own lost property office known as the "Fundbüro der Deutschen Bahn AG". The same applies for most airports.

List of Emergency Numbers

- Emergency, Illness, Fire and Ambulance: ☎ 112
- Police: ☎ 110
- Emergency Doctor/ Ambulance: ☎ 19222

- Airborne Rescue (Deutsche Rettungsflugwacht): ☎ (0711) 70 10 70
- Emergency Poison Hotline: ☎ (0761) 192 40
- Fundbüro der Deutschen Bahn AG: ☎ (01805) 99 05 99 (German Railroad Lost and Found)
- Zentrales Fundbüro Berlin: ☎ (030) 69 95 (Central Lost and Found of Berlin)

Lost Credit Cards

- Central number for all bank cards (EC), credit cards and cellular phones (with a German contract): ☎ 116116 (toll free within Germany); from abroad: ☎ 0049/116116
- American Express: ☎ (069) 97 97 10 00
- Diner's Club: ☎ (05921) 86 12 34
- Euro-MasterCard: ☎ (069) 79 33 19 10
- VISA: ☎ (0800) 81 49 100

German Automobile Clubs offering roadside assistance

- ADAC (Allg. Deutsche Automobile Club): ☎ (089) 76760
- AvD (Automobilclub von Deutschland): ☎ (069) 66060

Useful Telephone Numbers

- Directory enquiries, national numbers: ☎ 11842 or 11833
- Directory enquiries, international numbers: ☎ 11834

Embassies

Embassies and consulates can provide a number of useful services for their citizens while they are traveling or living abroad.

If your passport is lost or stolen, officials in a consulate can issue you a replacement. The consulate will also renew passports, help you obtain legal advice, hire a translator if necessary, and assist you in contacting your family. If you think that your passport has been stolen, report it to the local police and obtain a police declaration. It is recommended that you make a copy of your passport and other important papers and keep them in a safe place to expedite replacement of lost or stolen documents.

Should you lose all of your money and other financial resources, consular officers can help you contact a bank, employer, or family member and arrange for them to send you funds. In extreme circumstances, they may be able to arrange for financial loans to finance the purchase of a ticket home.

A list of foreign embassies in Germany and of German representatives abroad can be found at www.auswaertiges-amt.de.

Part 2: Applying for a Job in Germany

18 New Strategies for the Job Hunt

Individuals looking for a job in Germany should be sure to approach the application process with several different strategies. The fact is that the number of job offers in Germany has been on a constant decline since the year 2000, despite the positive employment trend that was reported in 2007.

For this reason, it is important to take advantage of all available sources when looking for employment:

- Read through the job postings in German newspapers and magazines
- Surf the German employment web sites on the Internet
- Contact a personnel consultant
- Keep on the look-out for job fairs and visit them
- Visit industry fairs
- Go to the German employment agency
- Send "blind" applications
- Post your resume on Internet recruiting sites
- Seek employers via the Internet, look for any job offerings or job postings and application possibilities

- Seek out industry-specific publications and web sites for employment ads or postings
- Join professional organizations to build a network (see Chapter "Building a successful network")
- Tell your friends and professional acquaintances that you are looking for employment
- Work for temporary employment agencies to become known by and to get to know different businesses

Job postings in German newspapers and magazines

When you start your job search, your first priority should be to comb through the job postings in the Saturday edition of the Frankfurter Allgemeine newspaper (www.faz.de) and the Süddeutschen Zeitung (www.sueddeutsche.de). These two German newspapers contain the most attractive job listings that can be found Germany-wide. If you are focusing your job search on a specific geographic area, or if you are looking for small or medium-sized employers, you should concentrate your attention on the job listings in the Saturday editions of local-area newspapers. Additionally, industry specific magazines and journals are also an important job information source. Take a look at www.wuv.de for jobs in the advertising industry and www.computerwoche.de or www.heise-jobs.de for jobs in the IT industry.

Job searches on the Internet

Looking for jobs posted on the Internet and then sending an application per e-mail or over an online form is a standard strategy in every comprehensive job search. After a consolidation phase of around 100 job search machines used in Germany during the years 2000-01, the following managed to survive:

1. Meta search engines for jobs

- www.jobrobot.de
- www.jobscanner.de
- www.jobrapido.de
- www.kimeta.de

- www.worldwidejobs.de
- www.crosswater-systems.com
- www.arbeitsagentur.de

2. Job Guides

- www.careerbuilder.de
- www.experteer.de
- www.jobpilot.de
- www.jobscout24.de
- www.jobstairs.de
- www.jobware.de
- www.monster.de
- www.placement24.de
- www.rekruter.de
- www.stellenanzeigen.de
- www.stellenmarkt.de
- www.stellen-online.de
- www.stepstone.de

A current version of this list, as well as a list of the job search machines in Switzerland and Austria can be found under this book's website at www.german-business-etiquette.com. Many other job offers can also be found on the Internet sites of business magazines such as www.wirtschaftswoche.de, www.capital.de, www.jungekarriere.de, www.handelsblatt.com und www.ftd.de, and major newspapers like www.faz.de, and www.zeit.de. You may notice that job postings for the IT industry and other specialized industries tend to dominate the offers listed on the web, while jobs in marketing, sales, and distribution tend to take the back burner. This may be an indication that personnel for the latter can be found more locally, and that recruitment for these positions is carried out on shorter notice. Take advantage of the opportunity that most Internet job sites offer and post your profile and resume online. This feature, as well as a job mail service, is standard for many job search websites and is often free of charge.

Contacting a personnel consultant

Personnel consultants and professional search firms or "head hunters" are probably most helpful for those looking for top management and professional positions. If you are looking for a job with an annual income over €100.000, it is definitely worth contacting a professional search firm. The biggest search firms in Germany include Kienbaum Executive Consultants, Heidrick & Stuggles, Mülder & Partner, and Ray & Berndtson Unternehmensberatung Management Consultancy. The best way to find contact persons and addresses for these and similar companies is to look in the major German newspapers and in Handelsblatt (Merchant Page) www.handelsblatt.de. The consulting firms' current job advertisements will also give you an idea of their target clientele and their business sector orientation. Professional search firms charge related fees for their services. These fees may be paid by the employer or the employee. Be sure to clarify the fee structure and services offered.

Visiting job fairs

College and university graduates and those beginning a career should take advantage of job fairs to make first contacts and to get a feel for their dream company. Industry-oriented fairs, like the Hanover Fair (www.messe.de) are also interesting because they have become platforms for making contacts with job applicants. A few of the more popular, industry-specific fairs are:

- www.academics.de (science)
- www.access.de (IT professionals)
- www.cebit.career-online.de (CeBIT JOBMARKET)
- www.iqb.de (law professionals)
- www.career.de (mechanical and electrical engineers and physicists)
- www.jobcenter-medizin.de (medical professionals)
- www.bioberufe.de (biology and related areas)
- www.consulting-days.de and www.absolventenkongress.de (graduates and career starters)
- www.connecticum.de (international job fair)
- www.jobfair24.de (virtual job fair)

When it comes to job fairs, the most important thing to remember is to be well prepared to make a good first impression. This goes for your own self-portrayal (What do I want? – What do I have to offer? – How do others perceive me?) and for the information that you bring with you (resumes and/or business cards).

The German Employment Office

Many people turn up their noses at Germany's government employment office (www.arbeitsagentur.de) because it has a reputation for simply dispensing jobs rather than offering quality consultation and job placement. However, when the economy dips into a recession and the number of job hunters increases, the employment agency often ends up with more "business" than it can handle. For this reason, it is suggested that you personally go to the employment agency as soon as you start your job hunt. Not only do they have many job offers, but they can also provide you with application tips and information on government-sponsored job placements. This is also the place where foreigners can get information on the conditions that must be met to work in Germany, and how to go about getting a German work permit.

Sending "blind" job applications

You will often hear German job applicants claiming to have sent 50 or even 100 applications without having any success in finding a job. At the same time, many companies receive stacks of applicant mail when they have no concrete need for new employees. For this reason, many people who send "blind" or speculative applications, or who apply to a company on their own initiative will end up with a standard letter of refusal in their mailboxes. However, for individuals who have a special skill to offer or for those applicants who wish to gauge their employability, a blind application makes a lot of sense. There are two approaches that can be taken:

- A conventional written job application: If you choose this approach, it is important that your cover letter points out that you have specific and marketable skills to offer.

- Applying via e-mail and your homepage: This is the best option both for you and the personnel department. It is important that you write a short and concise e-mail as a substitute for a cover letter and that you then attach your resume. Or, instead of sending your resume, you can list all of your personal data, objectives, references and diplomas on your homepage, and include your homepage link in your e-mail or a pdf-file as attachement.

Finally, if you really want to tune-up your application skills, the best recommendation that we can make is to take part in an application seminar.
In fact, if you would like to couple it with a language course in Germany, you can find more information at: www.learn-german.com.
If you still have questions about applying for a job, consider taking a look at the German web-site www.wer-weiss-was.de where you can search for advice and get expert answers to common career-oriented questions.

19 How to Read Job Advertisements

Many job applications are unsuccessful because applicants do not read job advertisements accurately. Consequently, they do not familiarize themselves with the job requirements. In order to separate the wheat from the chaff as early as possible in the job application process and to avoid unnecessary work for both the applicant and the employer, an applicant should be able to fulfill at least 80% of the listed requirements and identify with the job conditions. If you feel anxious about one of the main listed requirements, it is better to resist applying for the job.

The Job Advertisement

Regardless of whether you are searching on the Internet or in printed materials, a classic, good job ad will tell you the following:

1. "Wir sind ..." ("We are...")

... the self-introduction of a business gives you information on the branch in which the business is involved, tells you which products or services are sold, and mentions the size, market placement and location of the business.

2. "Wir suchen ..." ("We are looking for...")

...the job description states a job title and explains the area of responsibility and additional work conditions, such as the starting date.

3. "Wir erwarten ..." ("We expect...")

... the job requirements and qualifications that an applicant must fulfill: level of formal education, job experience, additional qualifications and any soft skills or personal details, such as age.

4. "Wir bieten ..." ("We offer...")

... any special benefits, such as an above average salary, a company car, reimbursements for moving costs, and any out of the ordinary social benefits.

5. "Wir bitten ..." ("We request...")

... information about what you should include in your application (one page resumes only, references, etc.), the application process, as well as the name and telephone number of the contact person, reference word or code to list in the address, etc.

Reading and processing job advertisements

Here are a few tips for systematically going through job ads:

1. Cut the job ad out of the paper or print it out from the Internet. (Do not forget to note the source and the date of the ad!)

2. Highlight any key words and check the ad for the following information:
   - Which company is looking for employees? Have you ever heard of it? What is their branch of expertise? How big is the company? Are they known for anything in particular?
   - What is the position to be filled?
   - What are the tasks involved in the job? What does the job profile tell you?
   - Which qualifications and how much experience should an applicant have? (Evaluate in order of importance.)
   - Is there an age limit?
   - Are there chances for career development?
   - Which financial incentives are offered?
   - How should an applicant contact the employer?
   - Should the applicant send a short, one-page application or a complete application?
   - Is there an application deadline?
   - Are telephone calls welcome?
   - Can you request your salary level?
   - Is the earliest starting date listed?
   - Is there a restriction notice?

3. Take notice of the ad's size, the word-choice and the image that it sends. Depending on whether you interpret the ad as sober and technical or relaxed and cool, tells you a lot about the image and tone that the company wants to project. The size of the ad tells you how much value the company places on the job being offered.

4. Pay attention to the statements that are listed in the advertisement. To make an initial decision on applying or not, concentrate on the degree to which your profile corresponds to the requirements and whether you can see yourself in the position. Also, pay attention to age requirements. If you are well over the age limit, your application will not go far. Also, keep in mind the lower salaries of younger employees.

5. What seem to be the primary (must-have) requirements and what seem to be the secondary (nice-to-have) requirements for the job?

6. Based on these criteria, evaluate your profile. How well do you realistically fulfill these requirements? (-- , - , o , + , + +).

7. While doing this evaluation, do not forget to consider your strengths, weaknesses, interests, and main qualifications. Will the job support and use your abilities or does the employer have other priorities? If yes, how can you make up for any discrepancies between your profile and the job requirements?

8. Based on what you have discovered by comparing your profile with the job ad, come up with three to five arguments for your cover letter:
   - Why are you perfect for this job, and why should the employer hire YOU instead of someone else?
   - Why do you personally see an opportunity in this job, and why exactly do you want to have THIS job?

9. Do not forget to take down any questions while going through the job ads. Call the company and ask about any questions that you have or about anything that is not clear in the advertisement. Also, keep questions in mind for the interview, and always be prepared to answer the question, " Why should we hire you instead of someone else?"

Phrases and standards

Many statements in job ads may seem like meaningless phrases. To better understand what is actually being advertised, here are a few of the most common phrases you will find in German job ads:

- Key qualifications (must-requirements) are usually listed following statements like...

- "Voraussetzung sind sehr gute/perfekte Kenntnisse in ..."
  "Requirements are very good/perfect knowledge of..."
- "Als Erfolgsvoraussetzungen bringen Sie mit ..."
  "You possess the following skills, qualifications, etc. ..."
- "Erforderlich sind mindestens ... Jahre Berufserfahrung."
  "... years of work experience are required."

◆ Hints at desired or additional knowledge or experience (nice-to-have requirements) are usually made known with the following statements:
- "Idealerweise verfügen Sie über ..."
  "Ideally, you have..."
- "Erste Erfahrungen im Bereich ... wären wünschenswert"
  "Some experience in the ... branch would be desirable."
- "Ausbaufähige Kenntnisse über ... wären von Vorteil."
  "Basic knowledge of... would be an advantage."

◆ If it is not clear which requirements are "musts" and which are "nice-to-have", you should call the contact person listed in the ad.

◆ If the company is looking for employees for a **"junges Team" (young team)**, then applicants should be under 35 years of age. If a **"überschaubares Team" (manageable team)** is the goal, you can assume that the area of responsibility is not constant, but always changing with new tasks.

◆ **"Teamorientierung" (Team oriented)** means that the applicant will not be sitting in a quiet cubicle working alone, but will constantly have to get along and work with many different people. This also means that you must possess a sixth sense for when it is worth fighting to have your way and when it is better to compromise. If a **"Höchstmaß an Flexibilität" (high level of flexibility)** is required, you should be prepared for spontaneous calls to work at not-so-optimal times and even additional hours.

- If **“hohe Entschlusskraft” (determination)** and **“große Belastbarkeit” (resiliance)** are called for, then the company culture is probably rough and aggressive.

- If the company is looking for a **“Führungspersönlichkeit” (manager personality)**, this may sound attractive, but it also opens up a whole other book of questions. If nothing else is mentioned in the ad, try to find out what or whom you are to manage, how many employees are involved, and if there are any additional qualifications that have to be fulfilled for this position.

- If the phrase, **“Die Dotierung ist äußerst interessant” (the payment is interesting)** sounds attractive, be sure to check what lies behind this statement: is this a salaried position or is it paid by the hour? How high is the rate of commission or are employees paid a royalty when the job is complete?

- If a job ad gets your attention with phrases like **“Top-Verdienst von zu Hause aus” (Top earnings while working from home)**, or **“Mehr als 7.000 Euro monatlich für leichte Tätigkeit bei freier Zeiteinteilung” (More than 7,000 Euro per month for easy jobs on your own time)**, be careful! If nothing else is mentioned about the job activities, do not apply. Nothing is free these days, and the job to which the ad is referring is usually one which you will only qualify for after having paid a fortune for a self-financed training module. In cases like these, there is usually nothing to be earned.

- If serious uncertainties arise while reading a job advertisement, call or write the contact person listed in the ad. A call also gives you the opportunity to aquire additional information about the position directly from the company: why is the job being posted? Did the last person resign, go into retirement, or is a certain branch of the company expanding?

Deciphering the code

As in all areas of life, there are also some "black sheep" to be found among job advertisements. These companies believe that it is more important to make promises about salary, qualifications and work hours than to make clear and open statements about the actual job.

Be careful when it comes to these ads, especially if there is not at least a little bit of information on the company, the position, the job requirements, and needed qualifications. An exception may arise when a professional recruiting firm has been hired to put out job ads for another company. If you are not sure if the company and position are right for you, prepare a letter describing your basic profile and asking the head hunter to contact you. If they are interested, then you can send your full application.

If you are applying to an ad that is only identified by a code, and you do not know who the actual employer is, you can use a "Sperrvermerk" (restriction notice) to avoid having your application sent to certain companies or individuals. If you are uncertain about a company that you are applying to, do some research on the financial conditions, goals, and perspectives of the company. Use the Internet, business newspapers or magazines, and information services like the company data bank at the Hoppenstedt-Verlag (Hoppenstedt Publisher). Or, look in the following guides: "ABC der deutschen Wirtschaft" "(The ABC Guide to German Businesses"), "Kompass Deutschland" (German Compass) and WLW, "Wer Liefert Was" (Who Ships What). Valuable contact people can also be found at "Industrie- und Handelskammern" (chambers of commerce) in the city where a company is located or at "Handwerkskammern" (trade corporations). To find current addresses to these organizations see: www.businessgerman.com.

Salary

Last but not least, you many notice that many companies do not make any references to salary in the job advertisement. Instead, they ask applicants to name the salary that they wish to receive. Our tip: In your application, do not refer to salary at all, but wait until you are invited to an interview. At this point, you will have a better idea of what the minimum pay for the position should be. For this reason, it is wise to research enough about an industry to have a realistic idea as to salary ranges in similar jobs. This information can be found in industry reports on wage and salary surveys and by asking professionals in that particular field.

The early bird gets the worm.

React to job advertisements as soon as possible. Ads in local or regional newspapers should be answered within one week, and in national newspapers within two. If your application gets there later, you may give the impression that you are not really interested in the position.

20 The Job Application

The type of application expected by a personnel department can vary from one country to the next.

In Germany, a written job application should always contain the following documents in the following order:

- Cover letter
- Resume with photo
- Diplomas and certificates

All of the written documents should be printed on pure white, high quality paper that is perfectly clean and not wrinkled. The following details should be considered with respect to each of the application contents listed above:

1. Cover letter

This is the most important document in the application because it establishes a direct relationship between you and your abilities and the job that you are applying for. A few quick tips: Keep the cover letter limited to one page with precise statements in error-free German. Keep your sentences short, and at the bottom of the cover letter include a list of the other documents that you have enclosed in the application. You can find more detailed tips on cover letters and examples that will help you write your own letters at: www.job-pages.de/bewerbung-anschreiben.html.

2. Photo

Be sure to include a current professionally-made photograph with your application that is either scanned onto your resume or attached in the upper right-hand corner. The date and your signature should be written on the back of the photo.

3. Resume

Your resume should list all of your personal data and your past job positions in a clearly tabulated from. You can see a simple example at www.jobware.de, keyword “Richtig bewerben”. It is important that you do not leave any obvious time gaps in your resume and that it allows readers to follow a comprehensive summary of your life.

4. Diplomas and certificates

In this section of the application, recent graduates and career beginners should include high quality copies (not originals!) of important school and higher education diplomas, as well as any certificates certifying jobs or internships that they had in the past. Certificates that certify job-relevant training, such as language or computer skills, also belong here. For applicants that already have job experience, school diplomas are of secondary importance to current reference certificates (see Chapter "The job reference certificate"). Nevertheless, copies of your most important educational diplomas, such as the diploma showing your university degree, should be included in the application. Samples of your work, references, and hand writing samples should only be included in this section if they are required or if they are requested in the job ad. With all of the documents that you collect over your career, your job application could grow to become a small book. As a rule, you should not include more than 10, at the most 15, pages in your application. If you include more, employers may suspect that you just do not know how to distinguish between your important and unimportant experiences and skills. Just remember: More class, less mass! If you are missing important documents for your application, you should explain the situation with a P.S. in the cover letter. Before you send the application, you should thoroughly check that you have only included the important documents that accurately present you to a potential employer and that are relevant for an employer's decision about the respective job. Finally, always remember that your claims in your application must be credible. Ideas on organizing and presenting your finished application can be found at: www.bewerbungsmappe.de. However, sending your application in a high quality folder (preferably in a soft color without perforations), would suffice. Keep in mind that your application documents are like a detailed business card that reflects you and your abilities to others.

A few comments on reference certificates:

These are the most important documents concerning your career because they contain valuable information about your competencies and your behavior with customers, colleagues, and supervisors. For this reason, you should never fail to have a complete and credible reference certificate written before you leave a place of employment. In order to have the most control over what is written in your certificate, you

should offer to formulate the certificate yourself and then present it to your supervisor for him or her to sign. In most cases, this is the most convenient arrangement for both you and your supervisor.
Once you have your job application contents ready, it is best to apply within three days of a job's posting, and definitely within three weeks.

What will happen after you send off your application?
After a few days, you will usually receive a standard letter from the personnel department stating that your application has been received and is being processed. After that, the company will contact you within 2 – 4 weeks and you will either receive a rejection letter with the return of your application or an invitation to an interview. If you find yourself waiting to hear from a company for more than six weeks, this usually means that you are not being considered for the job or, in the case of a speculative application, that there are no available openings. Eventually, your application will be returned to you, and the company will only keep your cover letter.
Good luck with your applications!

21 The Job Interview

During your job search in Germany, you will surely experience several job interviews. In order to be successful at interviewing, you should follow these three basic rules:
- Be well prepared and convincing
- Demonstrate composure, competence and confidence
- Be punctual and reliable

To avoid skating on thin ice at your next job interview here are a few tips:

1. Be prepared:
Make it clear to yourself why the company should employ you rather than someone else. Obtain important information on the activities, suc-

cesses, and the organizational culture of your potential employer. You can find many companies on the Internet. Other useful sources of information include annual reports, industry reports, trade fairs, organizational brochures, commercial registries, business groups, and newspaper archives. Read the employer's job ad very carefully and pay attention to current projects or problems. Whenever possible, you should also try to get a first hand impression of the organization to which you are applying. For example, if you would like to work in a bank, walk through the main teller hall as a normal customer would. If you can't personally view the organization, visit their display at a job fair. You can demonstrate interest and competence by mentioning your impressions during the interview.

2. Be on time:

Whatever you do, do NOT be late! In order to reduce every risk of being late, you should include a little bit of buffer time in your plans. Time spent in a traffic jam or looking for a parking place can add up and could cause you to start off the interview making a bad impression. Instead of taking your own car, it is better to take the train, the subway, or a taxi. That way, you will know almost exactly when you will be arriving. However, you should also be sure not to show up to an interview more than ten minutes too early.

3. Outfit:

Plan what you are going to wear before the day of the interview. If you first discover on your way to the interview that your skirt is too short, your shirt has a spot on it, or your socks are the wrong color, it will only add to your nervousness and insecurity. Dress in the way that you would dress if you worked at the company where you will be interviewing. If you buy a new suit or new shoes for the interview, try on everything beforehand and let yourself get used to the outfit so that you feel comfortable in the clothes. Instead of choosing to wear a strong perfume or cologne on the day of the interview, settle for a neutral or scent-free deodorant. As everyone knows, different people have different tastes, and you should not let overpowering cologne prevent you from getting the job.

4. Making your entrance:

Many psychologists are convinced that the first ten seconds of contact decide whether an individual comes across as being personable and whether or not they "fit in". For this reason, your first impression is priceless. Try to come in to an interview looking energetic and open-minded. You should make sure that you get enough sleep the night before the interview. Drinking lots of water and avoiding alcohol and cigarettes will also have a positive effect on your appearance.

5. During the interview:

Your potential employer wants the job position being discussed to be your first choice. For this reason, it is important that you explain why you find the company interesting and how the company can help you pursue your personal career goals. Don't forget: The company's goals should also be your goals. Also, make it clear how you, in particular, can help the company or the department to thrive. On the other hand, be careful not to leave the over-confident impression that you can improve and reorganize the entire organization before you have even seen it. Be friendly without being effusive and try to positively show your real personality. Whoever pretends to be someone different than they really are usually fails to get the job, because a facade rarely remains consistent and credible over several rounds of interviews. When discussing a serious topic, be careful how you express yourself. Look the interviewer in the eye without staring. When it comes time to shake hands, smile and wait for the interviewer to offer his or her hand, then press firmly without squeezing, and try to avoid having sweaty palms. Also, pay attention to the distance between the two of you. If you get too close to the interviewer, you might come off as being too aggressive (see Chapter "Distance Zones"). Finally, do not talk too much, and try to present goal-oriented and relevant information. Do not go off on tangents and do not lose focus of the most important issues – the job position and capturing the employer's interest in you.

6. Pay attention:

Memorize the name of your interviewer. Nothing is more embarrassing than having to ask for his or her name later on. It is also a good idea to remember a few of the interviewer's main points so that you can refer to them later in the interview.

7. Body language:

Do not face your interviewer with downcast eyes and crossed arms. This makes an unfriendly and insecure impression. As the interview goes on, try to mimic the interviewer's body language, as this will have a more positive effect. Of course, if the interviewer is slumping in his chair, do not try to mimic him. A few more tips: Do not lean back in your chair, prop your feet up, put your hands behind your head or play with your hair. A professional demeanor is always impressive.

8. Politeness:

Do not interrupt your interviewer. This can give the impression that you are nervous, over-ambitious, insensitive, or that you just have bad manners. Also, avoid asking questions that are irrelevant to the topic or that are too personal – if they do not directly arise from the conversation. If you are not used to German business culture, it is easy to get too personal, and this will make it uncomfortable for the interviewer!

9. Confidence:

A good way to strengthen your confidence is by listing all of the things that you have achieved in both your business and private life. Make it clear to yourself why you are good, and why you should be the employer's first choice for the job. Compare the job profile with your qualification profile. Read over the notes that you make several times so that you can mentally prepare yourself for the interview. Do not memorize statements, but practice answering critical questions out loud. Check your facial expressions and gestures by talking in front of a mirror.

10. Course of the interview:

Familiarize yourself with the usual sequence of elements in a German job interview so that you know what to expect when the time comes:

- Introductions
- The company and the job position will be introduced to you, or
- You will first talk about yourself, your goals, and your motivation for the position
- Depending on the situation, you may be given a tour of the company or the factory (this is usually only done at the second interview)
- Final questions will be asked and answered, and
- You will agree on how you will get in contact with each other in the near future

Do not expect that you will immediately be offered a job. In most cases, such a decision will require at least one day. At the same time, you should not immediately agree to take a job, but should call the next day with your answer. Finally, the most important tip: Do not begin to confront your interviewer with questions about the job salary, but wait for a good opportunity during a question and answer session. By the way, salary negotiations in Germany are always carried out in annual gross Euro amounts.

11. Decency:

Never talk badly about others. Complaining about former employers or colleagues makes a bad impression. You could be considered difficult and in the worst case, as not being a team player. Express your dissatisfaction with your former or current employer in a diplomatic way, and do not directly attack anyone. A few good phrases are: "Our expectations just weren't the same any more..." or "My goals are different." If possible, talk about both the positive and the negative sides of your former or current job position – for example, a lack of growth and promotion possibilities. These are good reasons to leave a job. Do not neglect to mention something positive, for example, the positive work atmosphere. Finally, when asked whether you work better in a team or alone in your office, think the question over very well before answering. If you have done your homework, you will know enough about the company to answer well.

12. Credibility:

Say very openly which competencies you can contribute to the company and which expectations you have of the job. In this way, you avoid taking a job that is not compatible with your skills or interests or running the risk that your employer will not be satisfied with your job performance. A decision to accept a job is always a compromise of give and take, but your acceptance of a job should always be connected with a personal obligation.

13. Briefing:

Before the interview, go through the job application that you sent to the company. Which questions might the interviewer ask? Which of your qualifications or which missing pieces of your history could be of particular interest to the employer? It is also a good idea to simulate an interview with a good friend. Make a note of your weaknesses and your difficulties during this trial interview. At the end of your interview, you should clear up who should contact whom and when. If you get a polite "we'll call you" form of rejection, do not worry – you can't make everybody happy. Once you have survived the interview, analyze what went well and what didn't. What kind of a gut feeling do you have about it? What is good and what is bad about the job? What impression did the company make on you? In fact, the best thing to do after a job interview is to go directly to a café or a park, or anywhere you can think in peace. Do not forget to write down your thoughts. This will help you to get your ideas in order for later decisions and interviews.

22 Questions and Answers for the Job Interview

During a job interview it is important to keep calm even when you are asked tricky questions. Here are a few guidelines for strengthening your confidence before making your one and only "first impression".

1. Be prepared to sell yourself!

In most cases, after greeting your interviewer(s), you will be asked to say something about your professional background. If this occurs, make sure you repeat the most important points listed in your resume. When it comes to interviews, those individuals who talk a lot but say nothing are rather unpopular in the German business world. However, equally unpopular are those who make a reserved impression and must have every word dragged out of them; therefore, try not to come off as being brusque and emotionless. Respond to the situation as it presents itself, but it is not necessary to go into too many details about things.

Later in the interview, you will be asked specific questions about your work history. Make sure you have prepared convincing answers for explaining any resume gaps because they are sure to be a topic of conversation.

**2. Try to see things from your interviewer's point of view...
...and ask yourself:**

- What is expected of the ideal employee?
- How do I compare to that ideal?
- What must the job have in it for me?
- What can I survive without?
- How will my future career path look if I get this job?

The better you think through these questions before the interview, the more confidently you will be able to answer them during the interview. In comparison, it is much less helpful to know the profile of the "ideal German employee" and to then try to manipulate your own profile to match it. At the same time, remember that no matter how you represent yourself; you are setting expectations for your future performance. Do not lead the interviewer(s) to think you can do something you cannot.

3. Remain credible

Professional interviewers lead structured interviews and expect precise, lucid, and honest answers. If what you are saying does not correspond with your personality profile, it will be obvious that you are just telling stories. If you make a false impression, it is more likely that interested employers will request references from ex-employers or educators. Your last reference certificate (see Chapter "The Job Reference Certificate") will also be taken into account and carefully reviewed.

4. Go through the most popular questions and answers before the interview.

For each interview, personnel directors like to dig through their rich collection of standard questions. Therefore, you can usually plan your "impromptu" answers. Here are a few examples of personnel's favorite questions:

- *What did you have most fun doing during your educational years / in your previous jobs? What did you have least fun doing?*
  When answering these questions, don't be afraid to show enthusiasm, but don't forget to relate the answer to your most desired future job or position. Be careful how you express yourself when talking about less positive or more difficult experiences or topics. Also, avoid making negative statements. It is always better to make comparisons than to risk making a bad impression by complaining or gossiping about other people or companies.

- *What would you consider your strengths and weaknesses?*
  A good trick for naming your weaknesses is to choose those that can also be considered as strengths: for example, impatience or perfectionism. Then, explain what you mean by using specific examples from your school or work experience. However, be careful not to bore your interviewer with typical responses. Also, if you immediately mention that you have problems with procrastination, you will have already lost the game. It is not bad to admit some weaknesses, because everyone knows that nobody is perfect. A good tactic for gauging your answers is to think about how you would interpret the answers if you were the interviewer. A strong answer may be, "I am very creative, but sometimes a little unorganized." You can make the statement milder by adding, "...but I always keep my appointments and meet my deadlines."

- *So, you studied music, but you are now applying for a trainee position in marketing? How do the two correspond?*
  If such questions come up, it is important that you make it clear that logical and understandable motives support your decision to apply for the job. For example, it is possible to compare music to marketing by relating common elements like creativity, discipline, skill, timing, etc., which will help you draw common parallels between the two disciplines. If you can successfully do this, you can easily turn this supposed disadvantage into a trump card.

- *Why did it take you so long to finish your education?*
  Certain organizations in the consulting branch prefer to hire applicants that finish their studies in a short period of time and have stellar grades. However, if you are not applying at such a company, do not let yourself be provoked by a question about the length of your education. Personnel usually just want to see how you answer uncomfortable questions. After all, they did invite you to the interview. The best tactic is to briefly answer the question and not to go into a long-winded justification speech that sounds defensive. Thinking through this question before the interview should help you identify reasonable and mature responses.

- *Where do you see yourself in 5 years?*
  In this case, your interviewer wants to know what goals you have set for yourself and if you fit in with the organization's vision. The ability to plan in the long-term is essential for those in responsible positions. If you are not familiar with the organization's career path, relate your response to career development opportunities, such as increasing your responsibilities or to the contributions you would like to make.

- *Why should we hire you in particular?*
  This question will always be asked in some form. Despite this fact, few applicants are ever prepared for it. This question deals with your self-assessment. The best thing to do is to briefly summarize your professional and personal strengths, and relate them to the position for which you are interviewing.

- *How much would you like to earn?*
  Be careful with this question. Approximately one third of all job applicants are rejected because their salary expectations are too high. For this reason, it is best to look through salary reports in your industry and for your desired position before going to the interview. You can often find salaries listed in professional or business magazines or

in salary surveys on the Internet. Your minimum expectation should be the "market rate" for the job based on your qualifications. If you are offered less than you would like, bridge the difference by asking about the opportunities for training and further on-the-job education opportunities. Caution!: Whoever thinks that all of their salary wishes will come true after starting the job and going through the first salary negotiations will only be left frustrated. At that point, you will already be locked into the inside promotion track, and you will first have to prove yourself in comparison to others.

5. Get bonus points by asking your own questions

At an interview, you should ask questions that are important for your own decision making process. You should avoid "why" questions because they can come off as being too critical. It is better to ask open questions that begin with "who", "what", or "how".
For example, ask who you would be working with. Interviewers also like to hear questions that show your interest in the organizational strategy, development possibilities, or the hierarchy of the positions within the organization. It is always helpful to prepare a list of questions before the interview because it is easy to forget what you wanted to ask when you get nervous. By the way, take the list, as well as your application documents, with you to the interview. If you have done your homework by learning about the business or industry, try to incorporate this knowledge into the questions you ask.

6. What you should not answer…

It is uncommon today for personnel directors to try to intimidate interviewers by asking inappropriate or uncomfortable questions. If it happens anyway, remain calm and friendly. If they want to know if you are homosexual, pregnant, or perverse, the best way to reply is by shrewdly asking if these are requirements for the job.
If this line of questioning continues, you should seriously consider if you want to work in the organization. Such "stress interviews" show a lack of preparation from the organization's side or simply reveal an uncom-

fortable organizational culture. Some topics are unacceptable, especially when they have no relevance to the job for which you are applying. For example, your religious affiliation should not be an issue, unless, of course, you are applying for a job at the Catholic Church. In such a case, the interviewer has a justified interest in your religious beliefs.

Consider the following topics and keep in mind that they could come up in an interview. You should be prepared to either answer them or respond without offending.

- The reason why you left or resigned from your previous company
- Political party orientation
- Public positions or posts
- Participation in clubs, groups, committees, societies, etc.
- Religion
- Union membership
- Marital status
- Whether you want to have children
- Pregnancy
- Previous convictions
- Financial situation
- Information about your previous colleagues or company

Finally, you can presume that your interviewer knows exactly what he or she is allowed to ask and what is inappropriate. Of course, in reality, it is often difficult to judge the extent of how much you should or should not say. When in doubt, avoid giving too much information if possible. You can always say, "Excuse me, but how is this information used to determine my qualifications for this job?" Having said that, if you still feel pressured to answer a controversial question, and you know which reply the interviewer wants to hear, then it is usually best to tell him or her just that.

7. Aptitude test:

When applying for a job, you may be confronted with a personality test or a personal questionnaire. Read or listen to the directions and follow them. Questions typically seek insight into your motivation, maturity, and sense of self. How you answer reflects your typical behavior, thoughts, and decisions, and there are no right or wrong answers. This information is used in combination with the interview, assessment center, and your resume, references, and experience to provide a more complete assessment of your "fit" in the organization. It is best to respond with diplomatic answers and to not try to portray yourself as a perfect Superman/woman! However, some "aptitude tests" are known to contain questions that give you a choice between different situations or preferences. On such tests, there are usually "better" answers. Here are a few examples:

- You do not suffer from unnecessary mood swings, worries, fears, insecurities, inferiority complexes or guilt
- You don't get hung up on perfectionism, and do not react too impulsively
- You do not have problems concentrating
- You are satisfied with your life; if you had another chance you would do things the same way
- You like being with others and have a large circle of friends
- You are the "leader" in a group
- You are not sensitive to changes in the weather and you don't get migraines
- You are not disgusted by snakes or insects
- You are optimistic, self-confident, and have a good temper
- You complain (for example, when you are not served correctly), but you are not insulting
- What do you do in your free time?: You go to a party rather than read a book.
- You would rather use the telephone than write a letter
- You prefer scientific literature to fiction
- If you are standing on a train platform you are more interested in the other people than the view of the countryside

- You are funny and like to tell jokes
- You think it is important to be popular, but you do not get paranoid when others talk badly about you
- You do put off your work or tasks
- You are not afraid of competition
- You would like to be a famous or important person
- You would rather spend your vacation being active than lying on the beach
- Yes, you think about work when you are on vacation
- You are interested in sports, you like physical work
- Once in a while you do something dangerous to have fun
- You admit mistakes or accidents, otherwise you would come off as being dishonest
- As a child, you sometimes did what your parents forbid
- Sometimes you get mad and find joy in another's misfortune, and yes, occasionally you lie

We are not suggesting that you lie or pretend to be someone you are not in an interview situation, but with these answers you certainly recognize that employment preference is more likely to be given to a positive "doer" rather than a stoic theorist.

23 The Job Reference Certificate

Contrary to standard practices in many other countries like the USA and Japan, where an up-to-date list of references and letters of recommendation play an important role in verifying one's work successes and work quality, official job reference certificates (known in German as an "Arbeitszeugnis") are of primary importance in Germany. When preparing a job application, keep the following information in mind:

1. Your most important document:

An official job reference certificate is probably of greatest importance in the middle management realm. Because a "gap-free" resume is of great importance in Germany, an employer usually considers it necessary to require and check reference certificates from all job applicants. For this reason, always be sure to include your most current certificates or job evaluations in your applications. It is acceptable to include certified photocopies of the certificates, but have the originals ready in case you are asked to present them.

2. What is written in a job reference certificate?

In the first part of the certificate, your job position and your responsibilities are described. An evaluation of your work follows thereafter, which is usually judged with respect to the following categories:

- Technical expertise and knowledge application
- Initiative and involvement
- Stamina and work capacity
- Diligence and attention to detail
- Work method and performance
- Composure and behavior
- Team work and networking abilities
- Leadership skills If you chose to resign from a job, this fact should definitely be mentioned in the last paragraph of the certificate. For example, "Mrs. Müller chose to resign from this position. We thank her for the work she did for us, and we wish her much luck in the future." The certificate must then be signed by your assigned supervisor, who may not necessarily be your direct supervisor.

3. Pay attention to standardized phrases:

Just because a phrase might sound good, does not mean that it is constructive. In Germany, many of the evaluations that are written in reference certificates are made up of standard phrases. These may sound great, but an experienced personnel director can still manage to see through them. For example, a good evaluation would include a phrase like, "...met all of our expectations to the fullest", whereas a bad evaluation could include a phrase like, "...always tried his best". Additional examples of evaluations and an explanation of such standard phrases can be found at www.focus.de under the heading "Beruf und Karriere" (Jobs and Careers).

4. Your rights:

Whenever an employee leaves an organization, he or she has the legal right to an official certificate that is well-meaning. This also holds true in cases in which you might change departments within the same organization. If something in your job evaluation is not clear, or if you are not satisfied with your evaluation, we recommend taking the following steps:

- Immediately ask to have a meeting with your boss.
- Submit in writing your suggested changes to the certificate. However, keep in mind that you only have the right to suggest a change once.

- Ask your boss to explain the reason for what was written in your certificate.
- Discuss the certificate with an expert from the organization's worker's council (which, in Germany, is not necessarily a union).

If your certificate causes a continuing disagreement between you and your employer, and if the involvement of an employment lawyer does not help, you can still make a legal claim against the employer. In such cases, your chances for success are relatively high because the employer must prove how you failed to do your job. If you receive a "good" or a "very good" certificate, do not argue over details or the definitions of the evaluation terms. Do not forget that it is important to maintain a good relationship with your employer in case you need references later!

5. An accurate picture:

Even if an employer is required to formulate a well-meaning reference certificate, this does not necessarily mean that you will receive a "good" evaluation. If your job performance was only mediocre, this may be reflected in your reference certificate.

6. Offer to draft your own reference certificate:

When it comes to your reference certificate, you should leave as little as possible up to chance – and if possible – take the initiative to formulate your own certificate. Suggest that your supervisor permit you to write the first draft of your certificate before handing it over to him or her. This will usually be a welcome suggestion. When drafting your own certificate, you may find it helpful to refer to phrases written in your previous "good" reference certificates, or ask to borrow examples from colleagues to craft your wording. Some CD-ROMs also offer good selections of up-to-date text building blocks for formulating such documents. In case your employer decides to personally draft the certificate, make it clear that you would like to go through it with him or her before the final draft is completed.

7. An interim certificate as a signal to your employer:
If you decide to apply for a new job, it is to your advantage to include a reference certificate from your current employer in your application. But, be careful: If you ask your boss to prepare a certificate, this will usually signal that you are looking for a new job. For this reason, it is always a good idea to ask for an interim reference certificate whenever you get a chance. An appropriate time might be when you are promoted or transferred to a different department within your organization. If you do choose to leave a job, an interim certificate can have an impact on your final reference certificate, because it will contain information about your performance that must also be included in your final evaluation.

8. Timing:
Be sure that you have your reference certificate in your hand before or on your last day at the organization. Later contacts and telephone calls usually just lead to frustration and bad results. In addition, the certificate should be dated no later than 3 days after your last day of work.

9. Certificate-check:
Every sentence in your reference certificate counts, and for this reason, even the casual comments made by a personnel director can give away a lot about their judgment of you. If you are uncertain about whether or not your certificate is a recommendation or a warning to future employees, there are ways to have it checked over by personnel experts. For example, starting at €50.00, the online company Büro für Berufsstrategie (Office for Job Strategies) at www.berufsstrategie.de will advise you on your documents.
Take every certificate very seriously, even if you think that you have found a job that you will keep for the rest of your life. Who really knows if or when you will have to go through the application process again?
There is an exception to this rule: If you are a manager making more than €150.000 a year, you can do without the certificate. In such cases, your reputation and your personal contacts carry more weight than what is written in a reference certificate. In fact, it would be considered

unusual if you were to present a reference certificate at this management level.

The following is a very brief example of a reference certificate:

Outline for a Reference Certificate	Example
Title	Reference Certificate
Introduction	Dear Sir or Madam, Ms. Adelheid Schaupp, born on March 26, 1975 in Morgantown, West Virginia, was employed in the Logistics Department at Schneider Baugesellschaft from August 1, 1998 until September 30, 2008.
Job Description	During her time at our company, Adelheid's responsibilities included contracting logistics suppliers, monitoring the performance of suppliers, dealing with customer complaints, and recording and reporting on the day to day logistics activities for the entire company.
Performance Evaluation	Adelheid was a very competent and hard working employee. She always met her deadlines, and she had no trouble carrying out her assignments to the highest quality.
Behavior Evaluation	It was a pleasure to work with her on an individual basis and in a group.
Closing	Ms. Schaupp has chosen to leave our company of her own will. She will be a great loss to our organization, and we wish her all the best in the future.
City of Employment, Date	Bonn, Germany, September 27, 2008
Signature	

Part 3: On the Job in Germany

24 The First 100 Days in a German Company

What has long been known as a popular success measure for new CEOs and even the German Chancellor can also be helpful in orienting anyone new to a job. This chapter will give you tips on surviving your first 100 days at your new workplace and achieving a quick integration into your company with the help of certain milestones.

In comparison to a few years ago when the economy was a bit healthier, a new employee's starting probation period is now really used by companies for what it is. No other reason could explain the results of a recent survey carried out by Germany's Chamber of Industry and Commerce which show that in a sample of 21,000 companies, 50% of terminations took place during the probation period. This fact is not only frustrating, but it also reveals that both employers and employees are wasting a great deal of time, money, and energy on the hiring and firing processes.

Ironically, in the face of all this, companies' once widespread programs to integrate new employees into jobs are receiving less attention than ever before. This reflects the expectations that many companies now place on employees to immediately learn new skills so that they can be put to work at productive tasks as quickly as possible. At the same time, background information on complex projects, basic rules for working together and even important safety precautions are often not well communicated. In this sense, the turbulence of day-to-day business often ends up overshadowing a firm's best intentions for integrating new employees. One method that helps in the integration process is the mentor-model. Here, a supervisor or the firm's personnel department asks experienced employees to construct an orientation-plan for a new employee and to assist him or her in completing it by being available to answer questions and provide guidance during the first few months.

If an employer does not sponsor such a mentoring program or make a mentor available even on an informal-basis, a new employee would be best advised to create their own plan for achieving a quick and efficient integration into the new company. Here are some tips for starting out:

Making your way through the first week. Starting with the first work day, a new employee should strive to build a positive image.

This is most easily accomplished by dressing appropriately and showing respect for and genuine interest in the company, the work environment, and of course, one's new job.

In addition, new employees should always keep the following points in mind:

- **Punctuality:** Always be punctual and demonstrate flexibility with your work hours. It is generally expected that the new employee put his or her private life on the back-burner until he or she has learned the ropes in the workplace.
- **Formalities:** On your first day, you will need to take care of many formalities. These will include your employee ID and photo, personnel forms, office and building keys and any work materials you may need including your personal computer and the passwords and authorizations that can help you get "connected".
- **Take notes:** As far as new tasks and responsibilities go, it is important that new employees get off to a good start by quickly showing that they can make a positive contribution to the company. For this reason, it is best to be well prepared for taking instructions on new

topics. Make sure to regularly take notes when someone is explaining a new task and to go over them at a later time.

Don't forget to ask for the name of the person who was responsible for your task (or in the case of a new position, similar tasks) before your arrival. These colleagues can prove to be valuable sources of information if you should have detailed questions in the future. If meetings with these colleagues are not scheduled into your orientation-plan, be sure to at least get their names and contact details.

- **Basic information:** Use all information sources available to you (employee magazines, the company's intranet site, brochures, handbooks, etc.) to learn as much as you can about your new employer and your new tasks. Be sure to also take a look at the company bulletin board and, when available, the "Information for New Employees" link on the company's website.
- **Meet others in person:** It is especially tempting to take care of your first business contacts and meeting arrangements per e-mail and telephone once you finally get a chance to sit down at your new desk. However, it is best to take advantage of your status as a new employee and to seek out and get to know colleagues in person – especially concerning things that seem important for your new job. Simply ask colleagues if and when you could stop by their offices. This personal contact can be a crucial factor at a later time when more difficult issues come up.
- **Office Rules:** Before your first lunch break rolls around, you need to ask your colleagues or your supervisor's secretary to explain exactly how much break-time you are allowed and about other customary office practices: Where can you find office materials like paper, pens and ink cartridges? Where can you buy water and soft drinks? Does everyone take turns bringing coffee to the office? Who does the dishes in the kitchenette? Who goes with whom to lunch, when and where? These may all seem like unimportant things, but they can lead you to make an unnecessary faux pas if you do not take note of them.

Checklist for the end of the first week...

Once you have gotten through your first week successfully, take some time to think over the work days that now lay behind you.

- Did my boss take the time in the last few days to have an introductory meeting with me? Was I able to find answers to all of the open questions that I had?
- Have all documents, registrations, authorizations, network connections and signatures been taken care of? Even those that are needed by the personnel department?
- Have I given good thought to understanding how the organization functions? Do I understand the organizational structure – especially those departments that support my own job in the company?
- Have I taken the time to understand instructional information, the departmental structure and any company-specific software that I may have to use?
- Did I have the chance to go to lunch with my department or did I use the lunch breaks to talk to individual colleagues about topics that go beyond usual small talk?
- How would I judge the first steps that I have taken to fulfill my job's responsibilities? Which questions came up during that process?
- Have I already made contact with other new employees in the company?

Of course, this check list will differ depending on your company's size and your position, but it is helpful for planning a start in your second week.

Navigating your way through the first 90 days

Most new employees start their second week full of motivation and ready to get down to business. They hope to finally make a contribution, impress the boss and gain recognition from colleagues. At this point, it helps to keep the following in mind:

1. Actively listen and don't make assumptions

Whether you are being giving instructions on your new task or you are sitting in your first official team meeting, do not feel as though you should react to the flood of new information by silently nodding and not taking part in the discussion. Give others feedback with your gestures, body-language and verbal replies, and ask for an explanation when you don't understand something. Use breaks in the conversation to reassure yourself and others that you are following what is being discussed. When the learning process begins to wane, ask for concrete examples. In one-on-one discussions, make it a point to summarize new information in your own words. Tell others when you have not understood something clearly, do not be afraid to ask questions, and try to develop more than just a superficial understanding of things.

2. Take advantage of all learning opportunities without losing sight of your job's priorities

While busying yourself with new topics and responsibilities, you are sure to run into many things that will grab your attention – this is even more likely to happen in larger companies. However, be careful not to lose your focus in secondary information, and to always question how such information can help you get your main job done more efficiently. Be sure to take note of the source of new information so that you can refer back to what you need when the time comes.

3. Attend seminars and build a network of experts

Larger companies often build company-wide networks or "communities" that dedicate their attention to special topics. In addition, expert seminars are often offered to members of these groups. It is important that you find out whether or not such groups exist within your company, and if they do, to make contact with the group's members. In this way, you can strengthen your knowledge in particular topics and build your professional network.

4. Pay attention to detail and quality without being obsessive

If you're not going to do a job right, don't do it. It is important that you demonstrate quality work from the start, even when you are under time constraints. This will win you a good reputation and help you build trust with your colleagues and supervisors. This also applies to less important tasks and routine work.

5. Take critique and view mistakes constructively without getting frustrated

It is difficult to avoid making mistakes and blunders while still in the learning-phase at a new company. It is of fundamental importance, however, that you do not deny or downplay your slip-ups, but admit to them and correct them. If someone else ends up having to "make right your wrong", be sure to apologize to that person and do anything you can to make sure it does not happen again.

6. Take interest in your colleagues' tasks, but don't interrogate them with questions

Open-minded, laid-back relationships with your colleagues are essential for working together constructively. For this reason, it is important to welcome dialogue with others. Tell them something about yourself while keeping issues like your personal life, politics, religion, and gossip about others out of the conversation. Do not be afraid to approach your colleagues, start a conversation, and then listen to the discussion that unfolds. Chat with them, casually ask them about their jobs, and find out how their tasks are related to yours. In this way, you can manage to integrate yourself into the new environment naturally without being too bothersome or demanding of others' attention.

7. Humbly demonstrate your expertise

Even if you are absolutely sure that you are right about something that others are wrong about, it is wise to keep criticisms and harsh comments to a minimum. It especially important that you yield caution with "know-it-all" comments during the introductory-phase in your new environment. Reserve your need to argue a point for a later time. In the beginning, it is more important that you listen and ask questions so that you can be sure to understand a topic's history, political, and technical back-ground – and what's even more important is that you win an image as a competent, trustworthy and engaged employee.

8. Be helpful, but not too helpful...

Show others that you are ready to lend a hand. Of course, it goes without saying that your priorities include learning about your new task and handling your own job's responsibilities. Do not, however, make the initial impression that you are too good for routine tasks or commonplace jobs. At the same time, if you feel as though your colleagues are dumping ONLY this type of work on you, don't be afraid to say: "Entschuldigen Sie, das gehört eigentlich nicht zu meinen Aufgaben. Es wäre ein Fehler, wenn ich das jetzt mache" ("I'm sorry, but that is not part of my job. It would be a mistake for me to take care of that.") Your colleagues should not develop the impression that they now have someone to take care of the work that nobody else wants to do. Reject tasks that do not belong to your job description or are beyond your realm of responsibility. The following phrase is direct but polite: "Das dürfte aber nicht unser Chef erfahren, das ich so eine Arbeit machen soll." (The boss better not find out that I am working on this.)

9. Ask for feedback before it's too late

Everyone needs the confirmation that they are doing a good job. Your colleagues, your boss or your mentor may, however, be surprised when you ask for feedback. Even if their first reaction to your request seems neutral or indifferent, you have at least signaled to them that feedback – both positive and negative – is important to you. An indifferent reaction is often the result of a democratic leadership style in which critique is either indirectly expressed or made evident at a later point in time. Then, however, critique usually goes hand in hand with decisions concerning project assignments, contract extensions or promotions. At this point, however, it is too late for you to improve things and get back on the right path. To avoid running into such a situation, make it clear that you are trying to make a positive contribution as quickly as you possibly can, and that you are interested in the impressions that others have of you and your work. Take the initiative and ask colleagues, your mentor or coach, and especially your boss if they are satisfied with your performance. Also, ask for concrete details on what you could improve upon.

10. Make a difference by respecting the status quo

You may think that your new colleagues have a strange way of getting things done or that you are used to doing things much differently. Resist the temptation to directly criticize the current work processes and don't try to make an "I-know-better" impression. Save your improvement suggestions for a later time – after you have had the chance to demonstrate your competencies and to build trust with your colleagues. Be sure not to forget to make these suggestions and mention their potential benefits later.

11. Take part in a network or community related to your field of expertise or create one yourself

During the first few months in a new job, it is especially easy to get swept up in trying to implement your new ideas and make a name for yourself. If you are in charge of a particular topic and want to learn more about it, your need for information and contacts to other experts in the your field will be especially great. Take a professional approach to increasing your knowledge by becoming a member or even a moderator of a knowledge community. Virtual platforms like MS SharePoint offer technical support for such group projects.

Status-check after the first 100 days

If, after your first three months, you have a good feeling about the work you are doing and you have developed good relationships with your boss and colleagues, then you should have no problem continuing to develop you skills in the second three months. At this point, it is helpful to ask yourself the following questions:

- What have I been able to achieve in my job so far?
- What have I experienced? What have I learned? Where do my weaknesses lie?
- What relationships have I managed to build with others? Who could be a possible mentor for me? Who could be a barrier to my success? What should I do about him or her?
- Is my performance being recognized?
- What position do I hold within my circle of colleagues?
- Where do I need to better concentrate my efforts?
- Am I making headway in achieving my main projects as they were assigned to me in the beginning?
- Can I realize my own personal goals in this job and in this company?

What to do when things don't work out as planned...

Remember: it takes two to tango. On this note, if your start in your new job does not go as smoothly as you had planned, keep in mind that you are not solely responsible for the let-down. Of course, you should take the reasons for the inadequate situation seriously, but don't beat yourself up about it too much. In such a case, the Germans would remind you that "Ein Ende mit Schrecken ist besser als ein Schrecken ohne Ende" (A dreadful ending is better than unending dread.)

If you feel as though you do not have a future at your new job, start planning a dignified exit. Leaving will not only help you out, but, in the long-run, you are also doing your employer a favor even if you decide to leave during the probation period. Make a point to be more aware and attentive to the demands of the next job for which you apply and balance these against your own motivation to do the job.

If you are interested in more detailed information on this topic, see our literature list at: www.german-business-etiquette.com.

25 The Unwritten Rules and Culture in German Organizations

Globalization and international takeovers and mergers are causing different cultures and mentalities to collide more frequently than ever before. With this latest combination of external factors, new organizational cultures are starting to develop. For a new employee just starting out in a company, this means finding the answers to the following questions as soon as possible:

- How do the organization's employees perceive and act on the "official" organizational politics and principles?
- Which unwritten rules play an important role in the organization?

You may find, especially in traditional firms with little turnover, that the accepted behavior code and company culture are not always obvious. For this reason, the range of acceptable behavior may cover a broad spectrum for a new employee. For example, you might rent a car your first week instead of taking a taxi, without knowing that rental cars are normally reserved for those of higher status or rank – even if this were never directly said. This could lead to a few uncomfortable questions when you turn in your travel costs later in the month. Or, you might not know that the assertive "noise maker" is always recognized, even if team cooperation and performance are endorsed as "corporate principles".

In order to avoid making such mistakes, most newcomers need a way to interpret these secret "culture codes". Here are a few tips:

1. **Starting at the company briefing**, you can try to ask a little bit about the culture, especially in an informal atmosphere, like at lunch. You could ask:

- What do the organization, my boss, and my future colleagues tend to value?
- Which (situations, characteristics) would be viewed as negative within this organization?
- What would be viewed as especially positive?
- Could you give me an example of a situation in which an employee's own initiative would be awarded?
- Which leaders, like the company founder, are recognized in the company? What are their main accomplishments?

2. **Adjusting to the new job:** Quite often, an experienced colleague will be responsible for answering all of your questions – both technical and organizational. However, you should also try to initiate conversations with other colleagues, especially in other departments. This is the best way to start making valuable connections, and it will also help you build a personal network throughout the organization. Try to focus the conversations on the "unwritten organizational rules". Rather than approaching questions as a neutral outsider, mention your first impressions as if to show your insecurities as a new employee. In this case, you have an advantage as a newcomer, because you can ask almost anything you want without anyone misinterpreting the question. The resulting answers will usually be pretty informative:

- If you get elaborative answers to your questions, this indicates that detailed, constructive dialog takes place between the employees. If your questions are answered half-heartedly, with phrases like, "You should always take the initiative...", or "No, we don't do it that way...", or "We don't have that here..." in order to quickly bring the conversation to an end, you can usually assume that the intra-organizational barriers are quite thick and that there are a lot of hidden pitfalls lurking in the shadows. In this case you should stay calm, but always be on the lookout.
- Hidden boundaries are also made visible when the words "we" and "they" are used.

3. Unwritten rules are made clear in normal conversation:

- How does conversation change when the boss enters the room?
- Who talks to whom about what and on what level? Are they always talking about work, or are they making insinuations and spreading rumors? Are they expressing their true feelings?
- Do employees talk behind each other's or the boss's back?
- Have you noticed what doesn't get talked about: successes and failures? the boss's behavior? the working climate and colleagues?

4. Analyze procedures and decision-making processes:

- Are decisions agreed upon, communicated, and implemented?
- How do the employees handle critique and conflict?
- Are agreements respected?
- Who always has a say? Who never says anything? Who is always asked for his or her opinion?

5. If you do make a mistake, do not try to justify it in front of anybody, that usually only leads to more loss of face. The best thing you can do is to genuinely apologize with the promise that you will be more careful in the future.

Keep in mind, that in every position in every organization, whether it has to do with your work expertise or not, it is all about "power", and this means that everything depends on the final result. As the sociologist Max Weber put it 100 years ago, "Power is the probability that one actor in a social relationship will be in a position to carry out his will despite resistance, regardless of the basis on which this probability rests."
At the same time, human knowledge, social competence, the ability to understand other mentalities, the ability to coerce, and good observation skills are the keys to understanding and mastering the hidden rules and culture within an organization.

26 Efficient Meetings

Meetings are a part of everyday work life. They come at managers at a rate of almost every quarter hour and act as platforms for preparing and making decisions. For this reason, meetings are the keys to success, sustainability, and improvements, which may be why managers make more time for meetings than for anything else.
So, get to your next meeting, it will lead you to success! Unfortunately, this is far from what actually seems to be the case in the real world.

What is true, however, is that many things cannot be decided or dealt with over the telephone, per e-mail or in an online conference. You often need to see others face-to-face to understand their point of view, to decide on the next steps to be initiated in a team, or to renew or build motivation. Surveys show that today's employees are dissatisfied with every second meeting or "Sitzung", as meetings are called in formal German. At the same time, German employees are avid meeting-goers with employees attending an average of 2.1 hour-long company meetings each week. Also, the bigger your company and the further up you are settled in the company hierarchy, the more meetings you can expect to attend. Efficiency is the name of the game at these get-togethers because no communication medium costs a company more than a meeting. Now you understand why so many books have been written on this topic alone. We have decided to focus on the essential aspects of meetings with "test questions" so that you can tell if you are well enough prepared for your next meeting.

1. Good reasons for a meeting

It is important to initiate or attend a meeting whenever...

- You want to have influence on the development of a topic.
- A team is being formed for a particular project.
- A controversial topic needs to be solved and a collective decision must be made.

2. Attending a meeting

Test Questions: Am I prepared?

- Have I read through the minutes of the last meeting and taken care of the topics that concern me?
- Am I sure that I can arrive punctually to the meeting or do I need to inform the organizer that I will be late?
- Have I formed a personal objective for this meeting?
- Do I have a positive feeling about this meeting or do I have to collect more information to better prepare?
- Am I prepared for the contents of the meeting?

- Do I have questions?
- What do I want to contribute?
- Do I have all of the documents that I need?
- Have I looked over the attendance list? Are there any topics I should address with others who will be present? Is there anyone to whom I need to introduce myself?

Test Questions: During the course of the meeting...

- Am I being friendly?
- Am I using short and direct phrases?
- Am I avoiding abstract images and using examples instead?
- Am I listening attentively to what others have to say?
- Am I openly stating my opinion?
- Am I interrupting others?
- Am I helping others develop and express their ideas?
- Am I concentrating and paying attention?
- Am I contributing to the achievement of the meeting objectives?
- Am I helping to avoid misunderstandings?
- Are my arguments relevant to the topic?
- Am I asking the right questions at the right time?
- Am I relaying information that is useful for everybody?
- Am I letting others state their opinions?
- Am I refraining from making "killer statements" like, "That will never work!"
- Am I verbally attacking or insulting anyone?

3. Moderating a meeting

Test Questions

- Have I contacted key individuals to schedule a time for the meeting and made sure that they will be able to attend?
- Has everyone received an invitation to the meeting including the time, place and duration of the meeting?
- Have I invited the correct people?
- Have I sent an invitation, agenda, objectives and information on how

to get to the meeting location? (This information should be sent at least 7 days in advance, but no earlier than 14 days before the meeting takes place.)

- Is everything organized in the meeting room? Correct room, PC connection, dry-erase board, writing materials, drinks, snacks or meals, signs to direct people to the meeting room?
- Have I done everything I can to reduce my stage fright? Here are a few tips:
  - Be well prepared with your arguments!
  - Look over the agenda and make notes on the topics that you would like to say something about.
  - Write down any contributing points that are going through your head during the meeting. These will help you to stay focused and offer an anchor in case you suddenly forget what you want to say.
  - If you feel nervous, discuss your ideas and arguments with a friend to practice before the real meeting.
  - If you get really nervous, try taking a few deep breaths.

To help fight nervousness, start the meeting with the following sentence: "Entschuldigung, ich fühle mich noch ein wenig unsicher bei meinen Formulierungen auf Deutsch, doch ich möchte es versuchen. Fragen Sie bitte gleich, falls Sie mich nicht richtig verstehen." ("I feel a bit insecure about holding the meeting in German, but I would still like to try it. Feel free to ask questions, if there is something you do not understand.")

4. Starting a meeting

Start a meeting by...

- Being punctual!
- Greeting all who are present.
- Making the purpose of the meeting clear in a few sentences.
- Going through the meeting agenda: mention who will be speaking, the break times, where coffee will be served, if and when a meal will be served, if questions and a discussion will follow the speakers and the scheduled end of the meeting.

- Deciding at this point who will take the meeting minutes if you have not already done so.

5. Test Questions: starting and conducting a meeting

- At the start of a meeting: are the subject matter and objectives clear to everyone?
- Have you gotten off to a good start by greeting everyone and creating a positive atmosphere?
- Have you listed the goals of the meeting (priorities and needed measures)?
- Have you gone over the agenda and the meeting schedule?
- Did you start and end the meeting punctually?
- Do you act as a buffer to create a comfortable discussion atmosphere, filter out the most valuable information in each person's argument and make sure that the situation allows each individual to participate?
- Are you actively listening with an open mind?
- Do you always try to reach a group consensus when decisions are made?
- Do you motivate the group to agree on a feasible solution?
- Do you try to motivate the participants? Do you praise them for making good contributions and also allow them to take over the leadership of the meeting for a short period of time?
- Have you allocated responsibility for tasks that should be taken care of by the next meeting?
- Have you informed everyone of your expectations concerning the issued tasks?
- Are the actions to be taken following the meeting clear to everyone, and have you agreed on a time and date for the next meeting?

6. Bringing a meeting to an end…

- Recapitulate the meeting's success by summarizing the decisions and achievements that have been made during the meeting. By doing this, you increase the persuasive power of the meeting results in the minds of all attendees. While ending the meeting, keep the following in mind:

- Remind everyone of the tasks at hand and who exactly will take care of what by when. Then, get a confirmation for the completion of the tasks from the respective individuals.
- Make certain that everyone has understood the goals, expectations and task deadlines.
- Make clear in which form and to whom the finished assignments will be presented.
- Set objectives for future meetings.

If a follow up meeting is planned, you have a chance at this point to decide on the time, place and date for the next meeting. This gives everyone the chance to look in their calendars before they go their separate ways, which saves a lot of time, money and phone calls.
Thank everyone for their attendance and participation at the meeting.

7. Taking the minutes at a meeting

No meeting should be conducted without taking the minutes. This is a rule that should never be broken. Even if every discussion point during the meeting is clear and each task is allocated to an individual, the minutes are documentation of what was actually agreed upon. These can be helpful in case of later misunderstandings when everyone suddenly has their own version of the meeting.
The minutes are a summary of what was discussed and decided upon in a meeting. In addition, the minutes make clear who is responsible for which measures and set a date by which these measures should be carried out.
Test Questions: While taking the minutes…

- Have I mentioned all important basic information: name of the company and department, date and time, name and address and e-mail (when applicable) of the attendants, points of discussion as they were discussed and the measures to be taken or tasks to be carried out? If yes, by whom and by when?
- Have I kept to the agenda?

- Have I formulated brief sentences and adopted an objective view?
- Have I avoided abbreviations or explained the ones I've used?
- Have I received a copy of all the documents and presentations that were made during the meeting and made them available with the minutes to everyone who was present?

A routine meeting: Taking the minutes should not make your life more complicated than it already is. If a meeting is a routine affair with the same team members, you must not follow a formal procedure, but can drastically simplify the minutes. In such a case, a meeting member simply keeps a brief record of the conclusions reached at the meeting. The main points being: who does what by when? At the end of the meeting, make copies of the "mini-minutes" and distribute them to everyone. Finished!

Last, but not least: offer an evaluation of the meeting once all major topics have been discussed. Remember, where one meeting leaves off, the next meeting will start. Evaluating a meeting is important because:

- The concept of a team is strengthened during a meeting.
- This will lead to fewer misunderstandings and unnecessary tasks.
- You have the chance to remind the group of the common goal.
- You show the group that each person is involved and that his or her contribution counts.

27 Negotiating Successfully

In the German business world, you must negotiate constantly with clients, suppliers, colleagues, and even supervisors. Consider the following 12 points, and you will be able to successfully incorporate the freedom to decide into discussions with business partners in order to reach sound business decisions.

1. The perfect negotiator:

A famous German diplomat once described a good negotiator as having the patience of a clockmaker and not suffering from prejudices or stereotypes. Keeping that in mind, be sure that you do not confront the other party immediately with arguments and demands. Take time at the beginning of the negotiations to break the ice and establish rapport. This can be achieved by discussing a non-controversial current event which might include sports, entertainment, business issues, etc. However, don't go into detail about the traffic jam on the highway, the search for a parking spot, or the bad weather – you need to save time for the "major" topics to be discussed.

2. Set up your goals and plan your negotiation time:

As the saying goes, "If you do not know where you want to go you will never get there." Be sure that you go into negotiations with concrete goals in mind, based on the answers to the following questions:

- What is my most important goal?
- What is NOT negotiable?
- What are the possible trade-offs or concessions? What do I require in return?
- Where is the compromise threshold or where should I draw the line?

In order to make the threshold of possible compromises clear, you can call on a higher authority. However, be very careful when making this move, otherwise you could leave the impression that you do not possess bargaining authority. If the other party chooses to bring a higher authority into the discussion, ask them exactly what their intention is.

Many negotiators reserve a higher authority for final ratification or the approval of the tentative agreement. This empowers the negotiator to engage in meaningful discussion until the end of the negotiating process. Every negotiator must know what his limits are PRIOR to negotiations or he runs the risk of his efforts not being approved.

Also, be sure that you do not just have your own goals in mind. In order to remain reputable, you also have to consider the needs of the other party, otherwise a compromise will not be possible. A successful negotiation results in both parties getting something they value.

For example: If you ask your boss for a raise, and you cannot justify your asking by listing a few of your major accomplishments for the company or your increasing responsibilities, you are destined to fail.

In addition, before going into negotiations, it is helpful to learn what you can about the other party's interests, needs, philosophy, style and level of knowledge. This will help you to better understand the other party's position and the arguments offered. In this way, you can prepare compromises that allow you to achieve the full extent of your goals.

3. Genuinely communicate your own strengths:
Make sure that you communicate your own strengths, regardless of whether others have the same strengths or not. Today's negotiation coaches recommend saying what you really think. Fixed negotiation formulas and behavior schematics are, on the contrary, no longer "in". Honesty and trustworthiness are most important because the other party will quickly see the discrepancy between verbal and nonverbal communication. If you are fuming on the inside, nobody will buy the stoic mask that you are trying to play off on the outside. For this reason, it is better to allow your feelings to come into the negotiation process when it is appropriate and in ways that are constructive.

4. Pick the right moment:
As you prepare for your negotiations, do not just think about which arguments you plan to use, but consider which point in the negotiation process would be the best time to use them. By planning in this way, you will be able to make your arguments more potent. Timing is also important when it comes to making an appointment for the negotiations. For things that are considered to be especially important – to you, your employees or your colleagues – you should always make a separate appointment to discuss them. A serious and executable decision can seldom be made when negotiations are hurried.

5. Be fair and objective:
When negotiating, keep cool and do not let your emotions get the best of you. If your proposal or position leaves the other party annoyed, do not consider this to be a sign of success. In fact, this usually means you have put a barrier in the way of a resolution. Statements that start with, "You are..." or "You have..." often make the other party feel as though they are being attacked, and they may try to justify themselves in response. These statements often create defensive behavior that inhibits cooperation and encourages competition. If you feel provoked or insulted by the other party, change the subject and address the negotiation climate rather than the subject matter. If the other party tries to intimidate you by

shouting or to make you pity them by crying, the best thing to do is not react at all. Instead, take a break, wait for a little while and resume at a new, uncontroversial or shared point in the discussion as if nothing had happened. If you feel yourself starting to get too emotionally involved, take a deep breath, count slowly to five and then reply. Another way to manage your anger is to think of something pleasant. One of the best visions to use for this purpose is a mental picture of a beautiful sunset above the white sands of a deserted beach.

6. Listen attentively, ask questions, repeat, and summarize:

In order to avoid misunderstandings and vagueness, and effectively navigate the other party through the negotiations, keep the following points in mind:

- Concentrate on the other party's body language. By leaning forward, making eye contact, nodding your head, and by "um-m-m-ing" and "ah-a-a-ing" you signal your interest in what the others have to say. Always listen until the other party has finished their last word rather than starting to think about your own counter argument as soon as they begin talking.
- Being patient, talking less, and waiting are often the keys to a miracle. Your silence allows the other party to express their ideas which will not only make them feel as though they are being taken seriously, but will also give you time to get an overall grasp on the situation. When negotiating, stamina and endurance usually count the most.
- Ask questions, rather than simply interpreting a statement in the way you believe to have understood it. When asking, use certain key words that the other party mentioned in their last statement. "The one who asks, leads", as the old German saying goes. Skillfully formed questions show that you are listening attentively and that you are trying to figure out the motives and the background behind the other's argument. They also give you the opportunity to think things through and to elegantly change the direction of the discussion. Depending on the reply that you want to elicit out of the other party, you can work with different types of questions:

- *Open questions*, such as, "What arguments are there against my suggestion?" encourage the other party to express their views and to tell you what they know about the issue. It makes the most sense to ask this type of question at the beginning of a dialogue in order to get into a topic and to uncover as much information as possible. Open questions almost always begin with "how", "what", and "why", and cannot be answered with a simple "yes" or "no".
- *Closed questions* are those that can be answered with "yes" or "no". They are most suitable for clarifying issues and concentrating the discussion on important points. However, if you ask several closed questions in a row, to which the answers are "yes", then the other party may feel intimidated and react aggressively.
- *Suggestive questions* are often lead-ins to assumptions or manipulations. Consider the question, "You want us to expand, don't you?" In such cases, the person asking the question is seldom interested in the other party's true opinion. The best way to handle such questions is not to reply or to reply with a counter question.
- *Indirect questions*, otherwise known as trick questions, are often used in job interviews. For example, "How would your best friend describe you?" When it comes to these questions, you must be extremely careful with your reply, and anticipate such questions in advance.

When negotiating, use the question, "What would you suggest?" as often as possible. This will not only satisfy the other party, but will send the message that you are interested and listening. It also has the advantage of giving the other party the opportunity to express their opinion or make suggestions, which helps build a foundation of mutual respect.

- **Do not accept all problems** that get sent your way, but figure out a way to send them back. Problems often are not as serious as they seem at the beginning of negotiations. Try to put "problems" aside so that you can concentrate more on goals that are practical and achievable until the heat has gone out of the argument. By the way, you should know that the word "Problem" ("problem") is frowned upon in the German business world, and it should be avoided whenever possible. Use the word "Schwierigkeit" ("difficulty") instead. This word leaves more of an impression that the situation can be solved.

- **Repeat points throughout the negotiation process** with statements like, "So, I understand that to mean…". This lets others know that you are paying attention to what is being discussed and, when you express issues in your own words, you ensure that you have understood correctly. Avoid making your own interpretations, judgments or allegations. Restating a proposal or position also helps bring focus when the discussion has strayed. Repetition also has other advantages:
  - If you do not want to reply to a question immediately (or at all), repetition wins you more time.
  - If someone is talking too much but saying very little, repetition will allow you to capture the gist of what the person is trying to say and refocus them on the subject.
  - If someone says something vague or confusing you can repeat or restate what they have said to help clarify your understanding. ("So basically, you are saying that…")
  - If many different arguments are at hand, restatement allows you to prioritize the issues ("So the most important thing for you seems to be…")
  - By repeating what someone has said, you often lead them to supply additional arguments. Therefore, if you want to get additional information from the other party, you may find this method useful.
- **Put together a summary at the end of each negotiation phase.** Summarize what was agreed upon and what needs further clarification. This summary will allow you to refer to the main points of the negotiations, structure the rest of the negotiation process and provide a basis for the next discussion.

7. "Visualize" your arguments:

Don't just make claims, but make your ideas clear with easy to follow steps. You can do this by using charts, graphs, or diagrams, or by using a flip chart or overheads. These visual aids make your arguments and your calculations easier to understand and accept.

8. Use clever phrases:

To keep the negotiations from running headlong into a brick wall, do not always reply directly, but form your arguments wisely:

- *Transform the argument:* Instead of saying, "I see this differently…" you are better off saying, "You are talking about a point that can be seen from many different angles. In this case, the most important thing is…"
- *Re-interpret:* Instead of saying, "I am of a completely different opinion…" say, "That is a good point, but I think we should also take….. into consideration."
- *Avoidance:* Instead of saying, "No, that will never work…" say, "Yes, that is an important point, but let's concentrate on the following situation for now…"
- *Postponing an argument:* Instead of saying, "We will not come to a solution that way…" you should say, "Before we come to a conclusion, we may want to consider…"

9. "I" & "We":

Use the word "I" when you are stating your own convictions. On the other hand, if you are talking about performance, always use the word "we" ("We have…","We are…","We think…") because everyone knows that a whole team stands behind a complex project. In Germany, you will almost always make a better impression if you don't personally try to hog the limelight.

On the other hand, when talking about defeats, use "I": ("I am disappointed that…", "I wonder why…"). It is less threatening for someone to hear your individual opinion than to be confronted with "we statements" that could be interpreted as accusations.

10. Dealing with defeat:

Be aware that negotiations are a constant game of give and take. Do not automatically consider a compromise as a defeat. Negotiations are not based on the principle of "all or nothing, win or lose". A negotiation strategy that focuses on destroying the other party or winning so they lose should not come into play because it does not focus on building fair and constructive business relationships. As Bismarck once said, "Whoever destroys his opponent, or wounds his opponent's pride, should be aware that he has created an enemy who will later seek revenge."

11. Impromptu negotiations:

Even if you set up a meeting on short notice, make sure you inform others (the best way is via e-mail) as to what the meeting's focus and proposed agenda are. In this way, you give others time to prepare, and this will allow a more goal-oriented discussion.

12. All is well that ends well:

At the end of the negotiations, summarize what was discussed. Repeat all of the important points that were agreed upon. Those points that are mentioned at the end usually stick best in peoples' minds, and both parties can walk away with the knowledge that they have reached a solution. When a group has been involved in the negotiations, it is wise to put these agreements on a flip chart for all to see and acknowledge. In the case of a personal discussion, a follow-up memo confirming the agreement is appropriate and minimizes the possibility of future misunderstandings.

28 The Meeting with the Boss

Whoever knocks on the boss's door before developing a strategy for discussion, will merely be rebuffed. Remember that a main part of your boss's job involves responding to the varied requests and concerns of employees, and that he or she therefore has much experience in such matters.

A meeting with your boss will usually revolve around one of the three following questions:

- How do I forge a constructive discussion about a promotion and my salary?
- How do I give and accept criticism?
- How do I assert my opinion?

If you take time to actually develop a strategy before going into a discussion, you have a better chance that your boss will listen. Seventy-five percent of meeting success depends on good preparation while the rest depends merely on the kind of day you are having and a bit of luck. Having said that, use the following checklist to help you with the part you can control:

Are you ready to discuss your salary? You should only go into salary negotiations once you have thoroughly worked out answers to the following groups of questions:

1. What were my responsibilities over the past year, and how well did I fulfill them? What accomplishments do I have to show for them?
2. Am I picking the right time for this meeting?
   Remember that supervisors are always in a better mood after finishing a successful project or after having closed a big deal.
3. Is the agenda for the meeting complete?
   You do not want to forget anything, so prepare a list of important points in the correct order for discussion. You should also prepare a list of your job accomplishments (including positive comments that others made on your work) in case you have to present them.
4. How easily can my boss replace me? How important is my job to the organization and its future? Does my boss value my work and my performance or does he just think that I belong to the group of "replaceable" employees? How am I adding value?
5. What kind of performance does my boss expect from me? How am I being evaluated? How can I make myself more useful?
6. Am I keeping my emotions from influencing my attitude?
   You should not build your own success strategy on your personal opinion of others! It is better to bring attention to your own strengths and qualities and to focus on being positive. If you make comparisons, you should only refer to tasks and functions, not directly to individuals.
7. What alternative compensation am I prepared to accept? Would I settle for a project-based bonus, a performance based provision, on-the-job training, leadership training, crash language courses abroad, or a paid vacation? In Germany, on-the-job training and further education are especially popular salary compensations, because they offer an attractive way out of the salary pyramids and standard wage negotiations.
8. Should I consider making the threat, "Either I earn more, or I am leaving!"?

If you consider making this threat, then you should definitely have a concrete job offer waiting for you. You should also know that after you make such a statement, your boss will probably start looking for your replacement anyway.

If the salary increase does not happen this time around, ask your boss what you should do to ensure success in the next round of salary negotiations.

If you get angry...

1 React quickly, but make sure you do so at the right moment:

Let your anger cool off until you feel able to lead an objective discussion. If you respond too quickly, you risk reacting too emotionally and expressing things that you will later regret. Although German bosses like to boast that "their office door is always open", you should always try to pick a moment when your boss is in the mood to discuss your personal concerns. Call him or her beforehand, or write an e-mail and ask for an appointment. If you coincidentally run into each other, do not talk about the burning issue just then, but ask for an appointment, and mention how much time you will need for the discussion. However, when you finally do get down to the discussion, remember: the shorter, the better.

2. Ask, don't criticize or attack:

Do not criticize your boss's motivation, but ask for the reasons behind his or her decision, even if you think you already know them. It is always better to hear the truth "straight from the horse's mouth" rather than through the rumor mill. Do not place blame, but let your boss know what effect his or her decisions and behavior have on you. Express your criticism without making accusations; this works best if you describe how you feel about the action that your boss has taken.

3. Explain:

Tell your boss what you want. At the same time, indicate how you would judge the impact of your own work and that of your department. Present your argument objectively, calmly, and in single steps that you have thought out before the discussion. Also, weigh the different positions and alternatives. In this way, you create more room to react insightfully, and you also make way for other suggestions.

4. Don't take things personally:
If you don't accomplish much in the meeting, do not give up and go home frustrated. Instead, interpret a disregard for your argument as an incentive to think of a new strategy for persuading your boss.

5. Stay cool:
"Mrs. Jonas, that is ridiculous!" Do not let yourself lose composure if your boss starts shouting such statements. Stay cool and objective, and respond with: "Why is it ridiculous? The facts are right here." Any response to this statement will then provide you with enough material to continue your argument.

Win your boss over

1. Have a concept:
When you have a good idea, write down facts and collect arguments that support it. When you are finished, check again to make sure that your ideas and requests are actually realistic.

2. Start with an appetizer:
In order to capture your boss's attention, you should start with a topic that is of interest to him or her. You might want to mention an instance in which your expertise or organizational skills proved valuable so that you can set yourself apart from the masses. However, be sure to get to your main point within five minutes, your boss probably doesn't have much time, and you don't want to risk losing his or her attention.

3. Make the advantages clear:
Nothing will persuade your boss more than the promise of advantages close at hand. However, you must make them tangible and understandable. You should argue in accordance with your boss's personality. If he

or she is more of the creative type, then make it clear how your suggestion supports new ideas and opens up new horizons. If he or she is more detail oriented, show how the suggestion will satisfy the need for exactness and reliability within the company.

4. Think of alternatives:

Offer suggestions to create a basis from which future matters can more easily be solved. By doing this, you are helping your boss, and he or she will recognize that you are constructively working towards the future instead of giving up when your own needs are not met. However, it is important to keep your final goal in mind. Make your own concerns clear and distinct, but be sure to make the advantages clear for your boss as well. These are the best prerequisites for ensuring that your wishes will be recognized and accepted in the future.

By the way, these tips should also be used when dealing with other colleagues. Whereas the meeting with your boss should be based on respect, a meeting with colleagues should be based more on politeness, cooperation, and mutual esteem. When meeting with colleagues, only bring up issues on which you have some direct influence. Otherwise, you run the risk of starting a trivial rumor mill, and that would be counterproductive.

29 How Can I be a Good Boss?

Although the image of an authoritative, hierarchical supervisor often serves as a stereotype for the typical German boss, in reality, today's bosses must also be motivators, coaches, visionaries, coordinators and communicators.

For these reasons it is all the more likely that the modern boss can be found working in large corporations like VW, Siemens, e-on, Mercedes or the Deutsche Bank. It is here that a cooperative demeanor has most obviously won out over the authoritative leadership style.

In conjunction with this new leadership style, great expectations are also placed on employees. These include high levels of initiative, enthusiasm, self-motivation, teamwork, and endurance in the face of frustrating problems. In turn, employees begin to question their work much more critically than before: Why am I doing this? For what reason? Who exactly are my customers? This newfound interest in one's tasks leads employees – supervisors and subordinates alike – to personally take responsibility for their actions when it comes to achieving their job's priorities.

In the meantime, books packed with tips on how to be a good boss are starting to fill entire bookshelves. In most of these, three main leadership styles are defined: the authoritative/directive style, the democratic/cooperative style, and the laissez-faire style. Clearly, leadership style is also strongly influenced by a supervisor's personality, however, as a supervisor, it is a good idea to decide which personal characteristics you wish to express and which you would rather suppress. This chapter will mainly discuss the so-called "democratic" leadership style, but we briefly define the two other styles:

- The **authoritative leadership style** is direct, brief, and characterized by a patriarchal boss. One of the major disadvantages of this style is that employees are often less motivated than those working with bosses who use other leadership styles. Also, a high level of control defines authoritative leadership, and for this reason, the consequences of making a wrong decision are greatest for managers who use it. For example, an authoritative manager carries most of the responsibility for making decisions that can end up influencing many people at lower organizational levels. The authoritative leadership style is most characteristic of firms run by their founder or governmental organizations.

- The **laissez-faire leadership style** is characterized by a boss who is actually "just another employee". Less control is necessary with this style because almost all employees assume responsibility for their own tasks. This style can be difficult to successfully implement depending on how broadly tasks are assigned and how intensively employees must coordinate with each other to get a job done. The laissez-faire style is most characteristic of service providers such as attorneys or engineers, and is often used by media and PR-agencies. In these businesses, each employee often has his or her own, self-contained work and customer base.

Competence

In order to become better aware of your personal abilities as a supervisor, you should first take a good look at your behavior and how it supports your competencies.

Competency management models define competencies in four different areas:

- **Professional competencies** refer to how you accomplish tasks and deal with problems by using your technical knowledge and the experience that you possess.

  Demonstrating professional competence means that you can:
  - quickly master complex situations.
  - think through situations abstractly and in concrete terms.
  - develop successful strategies and other plans of measures.

- **Action and decision-making competencies** refer to your ability and your determination to actively implement your intensions and goals.
  The following are examples of action and decision-making competencies:
  - picking up on new business ideas and turn them into the company's goals.
  - developing innovative and visionary ideas.
  - tapping into quickly growing and challenging markets.

- **Personal competencies** refer to your ability to be self-reflective and critical of your own actions. These qualities also demonstrate independence and self-management. In addition, consider:
  - your ability to clearly express your goals and initiatives.
  - your ability to create a motivating and challenging team-atmosphere.
  - your ability to fill personnel positions adequately and to support the potential of your employees.

- **Social competencies** refer to your ability to intuitively behave as a social situation requires and your interest in building and supporting relationship. With this, you demonstrate your adaptive, cooperative and communicative abilities. In addition, you can:
  - convince others of your arguments and gain their support.
  - build working relationships with both internal and external business partners and work cooperatively with them.
  - influence others in a fair and well-directed manner.

Even average leaders can successfully balance these four competencies in a day-to-day business environment. Things get interesting, however, when stress begins to play a major role in a situation. Not until then does it become clear as to whether a boss can remain sovereign and successfully lead his or her employees. Studies have shown that the following dangers usually present themselves when the going gets tough:

- As far as professional competencies go...
  Mistakes and inefficiencies are often combated with a flood of written instructions or an IT "check point" is set up to accompany work processes to the last detail. Such time consuming processes can cause day-to-day activities to thwart true progress while "exceptions to the rule" and split-decisions actually win the overhand. Constant efforts to improve these processes and employees' general disregard for their use become important topics and, ironically, even more time gets invested in these inefficiency "solutions"
- As far as action and decision making competencies go...
  By setting the bar for employee performance too high or the work pace too fast, a manager runs the risk of quickly disillusioning others and destroying the motivation of his or her team. The psychological aspects of the goal must be taken into consideration, and a supervisor must be able to judge just how much his or her team wants to (and is able to) support the goal.
- When it comes to personal competencies...
  Those managers who display an exaggerated sense of confidence are unfortunately often quick to blame others for their own mistakes without ever critically evaluating their own behaviors.
- And last but not least, when it comes to social competencies...
  As a team fails to work together and the bottom line begins to suffer, many managers begin to focus on technical aspects of the business because these are the ones that they can most quickly influence with their own experience and intellect. However, by leaving the team out of the situation and dealing with the problem alone, a manager is not only more inefficient, but he or she gives the team the impression that they are not appreciated for their abilities. The other extreme can also lead to negative consequences: managers who try to give everyone a say in a decision run the risk of having everyone talk the decision into the ground and never reaching a conclusion.

Ten basic rules for a democratic leader

In order to avoid day-to-day pitfalls, a good manager should keep the following ten basic rules in mind:

1. Be a good role model

Your actions should support the positive impression that your employees have of you. This requires you to show:

- 200% identification with your job, loyalty to your team, and the ability to motivate others
- 150% work performance
- 100% competence
- Readiness to take care of anything that comes your way
- Extremely efficient work practices
- Stamina

And another thing: when it comes to demonstrating competencies, it is important that a manager does not expose his or her weaknesses or ignorance regarding certain topics in critical situations. Unfortunately, some employees wait to prey on these weaknesses so that they have an excuse for their own sub-par performance. On the other hand, "weaker weaknesses" like the inability to remember names or telephone numbers, also lend a boss a natural character that employees can relate to.

2. Lead with authority and trustworthiness

Authority does not give you power over your employees, but simply the right to make decisions that lead to the achievement of your company's goals. You can create a long-term sense of trust and commitment in your team by investing great amounts of your own energy in team projects and the engagement of your employees. Be sure to be yourself and act genuinely if you want to demonstrate your own trustworthiness and charisma. Your authority should not simply be dependent on the position that the company has granted you, but it should also be a product of your personality with its many different qualities. In addition, it is essential for managers working in Germany (and Switzerland) to maintain a humble demeanor if they truly wish to be accepted as the "alpha-dog" in the team.

3. Use body language to your advantage

Pay close attention to your body language and be sure that you come across as being amenable and approachable. By crossing your arms in front of you, you make the opposite impression. Find a good balance between trust and respect in the distance zone that you use at work with your employees. As a manager, you should behave objectively in every situation and also maintain "professional distance zones" even with employees or colleagues with whom you are friends.

4. Be sure to set the right tone...

Nothing is more of a motivation killer for an employee than a personal insult, undeserved criticism or a boss who simply fails to take the time to talk to employees. Giving brief orders without providing clear information about a task or an assignment also leads to a lack of employee motivation. A boss should make his or her expectations clear, address any misunderstandings and accept any critique that comes their way. This allows a supervisor to support his credibility and lends seriousness to a project. It is also important that a supervisor treat everyone with respect – not even the UPS man should be ordered around. By treating those in lower positions poorly, a manager leaves a bad impression on his employees causing them to think: "the next time it could be me who gets treated that way."

5. Humor and praise go hand in hand with motivation

Humor is a good way to lighten up a stressful environment. When you can laugh about something it sends a signal to your employees that you have things under control and are optimistic about getting difficulties taken care of. In humorous instances, you also set the best mood for making suggestions for needed improvements.

6. Set realistic goals

Clearly and realistically communicate goals and the measures that need to be taken to achieve them. If you change priorities or the basic direction of tasks too frequently, your employees will begin to question the seriousness of the once-established goals. Also, be sure to explain the reasons for your actions so that employees can make sense of your decisions.

7. Delegate tasks and engage your employees

Of course it is a boss's responsibility to delegate work to his or her employees. Strangely enough, this is often one of the most significant experiences a new manager is faced with. Ideally, delegated tasks should be made understandable, their purpose should be explained, a due date for completing them should be set, and when that date finally rolls around, a good boss should also check to see how and if the task was completed. Once the task has been delegated, it is important that a supervisor not make any lone decisions involving the matter. The employee to whom the task was delegated should always be asked for input and advice.

The most important thing to remember when delegating is to assign tasks based on employees' abilities:

- To whom can I delegate without having to explain everything in great detail?
- Who can get the job done on time?
- Who is looking for a challenge or a chance to prove their abilities?
- How do I best avoid giving too much or too little responsibility?

Finally, remember that an employee's terrible taste in clothes does not affect his or her professional qualifications and that a colleague's pudgy belly doesn't tell you anything about his or her potential as a manager. Be careful not to get tripped up on such stereotypes and focus instead on each employee's performance. For practice in being objective, think back to the last person you hired for a job: What have they achieved so far? Have you had your doubts about them or was it the best hiring decision you have ever made?

8. Incorporate key personalities into your network

In every organization, regardless of its size, there will always be certain people who serve as network nodes. These individuals are often well informed when it comes to knowing who to call about what, basic insider and political-info, and know-how for getting tasks accomplished. In production operations, these are often the "old hats" who, over the years, have not only gained technical expertise but also a critical view of the company and its processes. While such employees are very dedicated, they do have a tendency to come off as being "know-it-alls". However, it is often these employees who are also capable of supporting their own words with actions and who are, therefore, very valuable to managers. If you run into such employees in your company, you would be well advised to make an effort to incorporate them into your network. Unfortunately, these individuals are often spread throughout an organization's hierarchy and can be difficult to identify. For this reason, it is particularly important that new managers pay attention to which names are mentioned most in meetings and everyday conversation. When the opportunity presents itself, it is helpful to seek out and get to know these individuals and then form your personal opinion about them. The best way to do this is by signaling that you are want to learn as much as you possibly can and that you value the expertise and experience that they have to offer. This paves the way for an honest discussion and provides a foundation for mutual respect. If, in the long run, you realize that you cannot convince such an employee to work cooperatively with you, don't be afraid to cut ties with him or her.

9. Provide timely and appropriate information

Dedicated employees want to be updated about new projects, company successes, structural changes and future new employees. It is always best that they hear the latest news straight from the boss's mouth and not through the grapevine or in the midst of break-room gossip. A manager must decide which information should be publicized based on the organization's size and the information's value. Weekly meetings, like a Monday-morning coffee circle, are popular in many companies and give supervisors an opportunity to maintain contact with employees, report news, and control any misunderstanding. At the same time, they provide a platform for employees to discuss their work progress and any difficulties that they may be having. Remember: by only informing a few "choice" employees and then depending on them to spread breaking news, you give others the feeling that they are out of the loop.

10. Last but not least: let others help you get started

Even if your schedule quickly fills up as you assume your new position as supervisor, take time to attend a management course during your first three months on the job. These courses give you the opportunity to examine some of the difficulties of your new job and to reflect on the feedback you have received so far as a new manager.

During this time, it is also important that you identify people whom you can contact in critical situations. Ideally, you should build trust with a single individual who can help you with each topic for which you are responsible. After your first 100 days* on the job, ask yourself these crucial questions: Do I like working with others or do I prefer to take care of things myself? Is it a nuisance for me to consider my employee's opinions when making decisions or to attend to their requests for meetings with me? Do I like taking responsibility for others and controlling their work performance? The answers to these questions will help you determine whether or not you will be happy in your role as a boss in the long-run. If this does not seem probable, it is time for you to re-orient yourself.

The myth about motivation

It is a common mistake for managers to believe that they must motivate their employees. The truth is that every employee possesses some level of motivation. Why else would they have accepted the job and continue to come to work every day? For this reason, it is more important that managers make sure that lackadaisical behavior is not tolerated. This is not an easy task, as managers must often put themselves in the position of the employee and ask the question, "How would I feel if I were

to carry out my employee's job?" The best steps that a boss can take to prevent employee apathy are: demonstrating one's own motivation, striving to create a healthy and supportive work environment, and suitably placing employees in jobs based on their qualifications and needs. Finally, be sure to stay on top of things that go on within your team, trust your "gut feeling" as a supervisor, and remember: if you don't feel comfortable with the demands of your job, it will only lead to failure in the long run – regardless of your position in the corporate hierarchy.
*See the chapter "Your First 100 Days on the Job".

30 Dealing with Conflict

Just imagine that you get sent off to Germany as a manager with a few personnel management tasks to handle. In addition to the fact that you are still trying to improve your language abilities, you also get confronted from the start with situations in which you have to be highly sensitive to employees.

As we know, whenever people work together, there will always be misunderstandings, differences of opinion, tensions, and rivalries. These may not only be detrimental to your staff's success, but also to your own. In order to avoid the insurmountable conflicts that these differences could create when dealing with German employees and business partners, keep these eight tips in mind:

1. **Be present:** You should personally take part in any meeting in which you are expecting problems to arise or team cooperation to be endangered. As a supervisor, you should take over the role of mediator. If the discussion turns into a fighting match, ask those who are "fighting" to make a formal appointment to discuss the problems in a conference room at another time. In this way, conflicts that may be peripheral to the current discussion will not hinder the rest of the meeting.

2. **Confront the problem:** Keep the following in mind if you want to be successful in conflict mediations:
   - Keep problems and people separate from one other. In other words, do not make the conflicts personal.
   - Do not take sides and keep both parties' interests at a neutral level. Pay attention to which motives, fears, and needs are actually leading to the conflict.
   - Work out several options before deciding on a solution.
   - Base the problem's solution on objective, tenable, decisive principles and not on assumptions.

3. **Require the two parties to speak in clear terms about the problem.** The topic in dispute should not be exaggerated or under-appreciated. Establish an objective discussion and guide the emphasis away from feelings or emotions. Do not take part in the actual argument, and avoid making accusations or placing the blame. Make it clear that the problem can be seen from different angles and that there are always several alternative solutions.

4. **Make sure the two parties listen to each other's arguments:** Be sure to continuously stress your interest in a fair outcome and consider the argument from both sides. Make sure that the two parties allow each other to finish their arguments without interrupting one another. If you do not understand something being discussed, ask for a further explanation. In this way, you will make it clear that you, as a foreigner, have indeed understood everything. Ask each party to repeat the other party's argument. This will help you check if both parties are actually listening to each other and processing the information rather than just seeing everything from their own point of view. Periodically summarize the entire argument so that the steps leading up to the problem's solution are understandable.

5. **Pay attention to the body language:** In order to understand the effects of one party's statements on the other party, pay attention to body language. The Germans do not generally make extroverted, expressive gestures like those of their southern European neighbors. However, negative facial gestures and the way one holds his or her hands can also send a clear message. For example, if someone reacts to a statement by turning down the corners of his mouth, this does not express agreement, rather extreme skepticism. You might also notice someone crossing his arms and leaning back in his chair. This usually means that the person has closed himself off from the argument as if to say, "That's not my problem!" On the other hand, open gestures and positive facial expressions help strengthen the persuasion of one's argument.

6. **Encourage feedback:** Say honestly and openly how you feel about the conversation, then ask each party to give his or her own opinion about the discussion and about the other party's actions. A constructive dialogue is only possible when trust can be built through input from both parties.

7. **Implement the agreed-upon outcomes ASAP:** Suggest a schedule for efficiently implementing the outcomes of the conflict mediations. Make it clear that you expect an acceptable outcome and acceptable behavior from both parties. Clarify the common goal and the positive results that each individual party can expect. Settle on a time schedule that allots time for each necessary step to be taken in approaching and solving the problem. Finally, set up appointments for future meetings to review progress.

8. **Keep an eye on the future:** Summarize the agreed-upon outcome. Is it fair? Is it a suitable solution for all parties that will prevent future conflict, or did one of the parties cave in a bit just to reach a solution, although he or she is inwardly steaming about the outcome? These are important questions; the importance of harmony and the establishment of common goals cannot be stressed enough if a group's members are to work successfully together over the long-term.

In addition to all of this, remember that you are standing in the middle of the situation and that you will be expected to set a good example. When you carry out tasks in the German business arena, keep in mind that the more you practice what you preach, the more you will be respected in your leadership position.

Finally, do not collect "skeletons in your closet". Be sure not to act inappropriately, lose your temper, or talk badly about colleagues or employees. Your wise words will not be taken seriously if your employees do not observe you acting in the same way you expect them to act.

31 Building a Successful Network

When it comes to career changes in Germany, almost every second job seeker takes advantage of good old personal contacts to help him or her find a job. In comparison, ads in newspapers or on the Internet lead only a mere third of job seekers to success. For this reason, you should start creating and maintaining your own network of personal contacts as early as possible. Today, true networks are based less on family and friends and more on good experiences that others have had with you and the hard work that they have witnessed from you – both of which go hand in hand with them generally liking you.

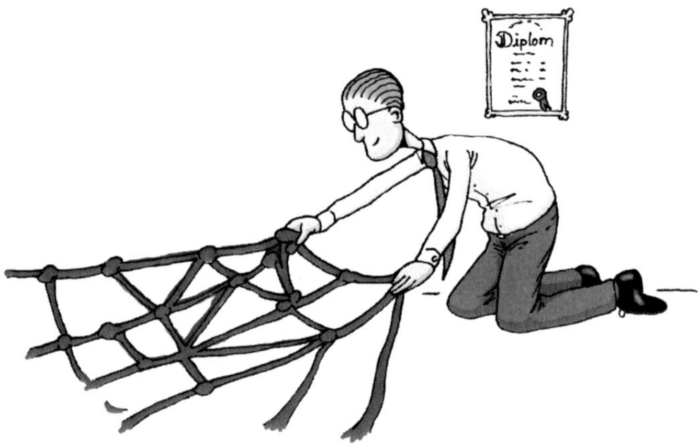

At the same time, a formally established "network", such as a club or a society, can also help you search for others who share your values and interests. Besides the well-know Xing.de site, which has established itself as one of the most popular communities for professionally and commercially active individuals, an abundance of other communities exists for German entrepreneurs, managers and students.
The following list gives you an overview of the most well-known German communities and organizations, which can help you get ahead in your career. We have arranged the list of groups and clubs based on their general target groups, interests, and goals:

1. Entrance "only by recommendation":

Atlantic – Brücke (The Atlantic Bridge)

Objective:	"To strengthen German-American friendships"
Number of Members:	Approximately 360
Entrance:	Recommendation by the director
Costs:	To be agreed upon
Website:	www.atlantik-bruecke.org

Gesellschaft zur Förderung des Unternehmernachwuchses (Society for the Advancement of Young Mangers)

Objective:	"A discussion forum for qualified junior employees"
Number of Members:	Approximately 100 major German companies
Entrance:	Maximum age of 50, recommendation by employer
Costs:	–
Website:	www.bbug.de

Lions Club

Objective:	"Good deeds"
Number of Members:	Approximately 40,000 in Germany
Entrance:	Recommendation by a member
Costs:	Approximately €150 per year
Website:	www.lionsclubs.org

Rotary Club

Objective:	"Humanitarian aid and international understanding"
Number of Members:	Approximately 38,000 in Germany
Entrance:	Recommendation by 3 members
Costs:	Approximately €425 per year
Website:	www.rotary.de

Überseeclub Hamburg (Hamburg's Overseas Club)

Objective:	"Supporting Hamburg's contacts with the world's markets"
Number of Members:	1,965 in Germany
Entrance:	Recommendation by two members
Costs:	€614 per year (on average)
Website:	www.ueberseeclub.de

Wirtschaftsjunioren (Junior Economists)

Objective:	"More democracy, free enterprise, privatization and fewer regulations"
Number of Members:	Approximately 11,000 organized within regional clubs in Germany
Entrance:	Maximum age of 40, recommendation by employer
Costs:	€160 per year and €160 entrance fee
Website:	www.wjd.de

World Economic Forum

Objective:	"Contact among individuals active in business, politics and science"
Number of Members:	1000 business organizations
Entrance:	Recommendation by members
Costs:	€18,000 per year
Website:	www.weforum.org

Young Presidents' Organization in Germany represented by the "Rhine Chapter"

Objective:	"Exchange of ideas among young managers"
Number of Members:	Approximately 9,000 worldwide
Entrance:	Maximum age of 44, recommendation by members
Costs:	Approximately €5,000 per year
Website:	www.ypo.org

2. Organizations for Women

Bund der Akademikerinnen (Association of Academics)

Objective:	"Exchange of know-how and community service"
Number of Members:	Approximately 1,800 in Germany
Entrance:	Dependent on higher degree
Costs:	€77 per year
Website:	www.dab-ev.org

Business and Professional Women

Objective:	"Dedicated women make contacts and offer career tips"
Number of Members:	Approximately 1,300 in Germany in 33 regional clubs
Entrance:	Based on education or career field
Costs:	€75 - €150 per year
Website:	www.bpw-germany.de

European Women's Management Development (EWMD)

Objective:	"Support of women in management positions"
Number of Members:	Approximately 300 in Germany
Entrance:	Recommendations by managers who want to promote women
Costs:	€250 per year
Website:	www.ewmd.org

Frauen in Management (Women in Management)

Objective:	"Idea sharing platform for female business professionals"
Number of Members:	Approximately 170 in Germany
Entrance:	Recommendation by a regional group
Costs:	€150 per year
Website:	www.fim.de

Webgrrls

Objective:	"Employees and managers in the media branch exchange tips"
Number of Members:	Approximately 550 in Germany
Entrance:	Women in the media industry
Costs:	€60 per year
Website:	www.webgrrls.de

Zonta

Objective:	"Strengthening women's position in society"
Number of Members:	Approximately 2,500 in Germany
Entrance:	Working women, recommendation
Costs:	€150 per year
Website:	www.zonta-international.de

3. Organizations for Entrepreneurs and Managers

Bund junger Unternehmer (Association for Young Entrepreneurs)

Objective:	"Strengthening the idea of free enterprise"
Number of Members:	Approximately 2,500, organized in 47 regional clubs in Germany
Entrance:	Company directors under 40 with at least 10 employees or 1 million Euro annual sales
Costs:	€450 per year
Website:	www.bju.de

Kreis deutscher Führungskräfte in Spanien (Circle of German Managers in Spain)

Objective:	"Contact between German managers in German organizations in Spain"
Number of Members:	Approximately 220
Entrance:	Decision of board members
Costs:	€416 per year
Website:	www.kdf-online.net

Manager Lounge

Objective:	"Contacts between managers and top companies"
Number of Members:	Approximately 2,000 in Germany
Entrance:	Managers that earn more than €75,000 per year
Costs:	€250 per year (average)
Website:	www.manager-lounge.com

Young Entrepreneurs' Organization

Objective:	"Discussion of enterprise questions", the club also has its own databank for fast world-wide contacts
Number of Members:	Approximately 20 in Germany, 4,200 world-wide
Entrance:	Company directors under 40 with at least 1 million Euro annual sales
Costs:	€1,000 per year
Website:	www.yeo.de

4. For Recent Graduates and Students

In addition to the student community, www.studiVZ.de, which is a must for recent grads and university students, we can also recommend the following organizations:

Alumni Clubs

Objective:	"To keep graduates in touch with colleges and universities"
Number of Members:	Approximately 800 clubs in Germany
Entrance:	Graduate of the respective university, often a donor
Costs:	Varies
Website:	www.alumni-clubs.de

Student Associations (Fraternities)

Objective:	"A wide spectrum of student interests"
Number of Members:	More than 1,100 clubs in Germany
Entrance:	Students that identify with the individual club's objective
Costs:	Dependent on the different areas of study
Website:	www.horlogia.de

Tönissteiner Kreis (The Circle of Tönissteiner)

Objective:	"Career platform for young managers with international experience"
Number of Members:	Approximately 600 in Germany
Entrance:	Managers younger than 32 with at least two years of international experience in two different countries, and recommendation by a member of the group
Costs:	€200 per year (average)
Website:	www.toenissteinerkreis.de

Once you find a network branch that interests you, here are a few guidelines that can help you become a successful networker:

1. **Be active:** Networking is a job. Whoever leaves things up to chance has very little hope of meeting the right people. Pay attention when you talk to relatives and friends. Every contact that you make could be priceless. Remember, successful net workers are open minded individuals who are also interested in the lives and the opinions of others. They initiate conversations with others, whether it be at private parties or at work. They also keep conversations balanced. For every bit of information that you offer about yourself, be sure that you show the same amount of interest when the other person talks about him or herself. It makes no sense to bore somebody to death with your own stories and to explain how wonderful you are, when you know absolutely nothing about the person to whom you are speaking.

2. **Give and take:** Let curiosity guide you through a conversation. Do not base your contacts on how much the other person can help you get ahead in life, and keep in mind that a relationship runs two ways; there is always a give and a take. The first 4 minutes of a dialogue will usually decide whether or not a conversation is going to develop into a useful contact. In this brief period of time, eye contact, body language, and reasoning will define whether trust can be built, or if only a limited or one-sided interest exists between two people. Start a conversation with a topic that is as neutral as possible. Then, develop the conversation into a positive experience, in which you look for what you have in common with the other person.

3. **Be reliable:** In the long run, those who best profit from networks are those who are also ready to return favors and support others. At the same time, you cannot expect to be able to calculate your contributions in a relationship. Remember that your contributions must be useful; otherwise, you could possibly destroy the "generally liked" factor mentioned earlier. You will not get far if you show interest in someone just

to snag their business card in order to "drop their name" when the time comes. True professionals can collect information without taking advantage of others, and they also know how to handle confidential information discreetly.

4. Manage your network: Of course it is difficult to maintain 100, let alone 200, contacts if it is not your main priority in life. On the other hand, it is also not enough just to send a few birthday cards and holiday greetings. Remember, it is not how often you contact someone, but how positive and effective the quality of your contacts is. The key points here are dependability and relevance. There is no rule that says you have to have X number of useful contacts. The wealth of contacts will depend on your own career goals and your willingness to be available and helpful to others.

5. Think long term: Networking is not a strategy for short-term success. The deciding factor for a useful contact is that you are always ready to help others. A professional relationship may then eventually turn into a friendship – this will happen anyway when people find something they have in common and truly have a liking for each other.

32 Celebrating at Work

Showing recognition or carelessness?

It seems like there is always a reason to celebrate, even at work: the beginning or the end of one's job, anniversaries, birthdays, the birth of a baby, engagements, weddings, or promotions. Even the beginning of spring can be a reason to celebrate for those creative people who don't know when enough is enough. And if "team spirit" is suffering, then there is no better time to plan a round of "team building", as it is even referred to in German today.

However, if you are hoping to move away from simply planning a formal event to planning a sincere and heart-felt party, keep the following aspects in mind. These clarify some of the changes that are taking place in companies today:

1. **A changing work world:** high employee turnover, flexible work teams and work schedules, and shared positions – a few phrases to remind us that many individuals do not work in stable structures today, as may have been the case in the past. The result is fewer opportunities for building and maintaining strong business and social relationships with colleagues. The traditional relationships are seldom there which, in the past, led to colleagues inviting each other to private parties at home.

2. **Hierarchy:** The decision as to who will be invited to which events is often based on the corporate hierarchy which reflects position and salary. There are often formal guidelines that are used internally in an organization to decide who is invited to which events. It is essential for your success to find out what they are.

3. **Pressure to succeed and lack of time:** For many, it is quite time consuming and distracting to invite others and to be invited to many social events. That fact, coupled with long work hours and much time already spent with colleagues, often discourages employees from spending any additional time together outside of work.

As a general trend, it appears more appropriate to plan an event or celebration for individuals based on the length of time they have worked at

a company or their relationship with a certain group of colleagues.
Rules and practices regarding consumption of alcohol during business hours and at the work site have become more prevalent. Many companies have rules that prohibit the consumption of alcohol unless an event takes place at the end of the work day after 5 PM.
Nevertheless, celebrations, acknowledgements, recognition and informal "get-togethers" can be an important part of building and maintaining good relationships in the work setting. They should be well considered and judiciously planned.

"Einstand" (Changing companies or departments within a company)
If you get a raise or have been promoted to a very sought after position, you will be expected to throw a small party, referred to in Germany as an "Einstand", to acknowledge the event. It is always expected that supervisors celebrate their coming or going with their employees. If the department is relatively small (less than 10 people), the boss may even invite everyone to dinner. If the department is larger, it is acceptable to bring breakfast or lunch to work for everybody. Such an event is also expected from non-supervisory employees whenever they start a new job, but under certain circumstances it is also acceptable if a celebration does not take place.

Starting a New Job: "Einstand"

Objective	To introduce yourself and get to know your colleagues
Who is invited?	Anyone who has just started a job and intends on being at a company or in a department for a longer period of time Exceptions to the rule: those who are lower paid like students or interns. In these cases the boss could invite employees to a small party or to lunch to introduce the new team member.
How is the invitation sent?	By e-mail or with a memo that everyone receives at the same time.
When?	During the second or third week of the new job, and the event should last about an hour. It is, however, also appropriate within in the first several months if the work situation is difficult or stressful in the first few weeks.
What should be served?	Most often, cake and coffee (and water) are served. If you are serving breakfast for a larger department, bring bread, rolls, and a variety of different meats and cheeses, butter and marmalade.
Tips	In general, if you are a non-managerial employee and you do not throw a small party to celebrate the start of your new job, nobody will think less of you. However, if you are the supervisor of a team or department, a party will be expected of you, and you will also be expected to honor employees' milestones such as a 25 year employment anniversary. Build the party into the break or at the end of a team meeting. If an agenda or invitation is being sent for the meeting, be sure to also mention the party. As a new employee, it is best to ask your supervisor's secretary if you are unsure as to the details of such an event and about what is acceptable in the department.

"Ausstand" (Changing companies or departments within a company)

- The guidelines just listed can also be referred to if you are changing or leaving a job. However, when leaving, you should extend the circle of invitations to include any colleagues that you enjoyed working with, even if they do not work in your department.
- The department head should use the opportunity to thank the departing employee and then present a small present like a book, a CD or DVD, or flowers.

- Such a party, which is called an "Ausstand" in German, should take place on an employee's last day. Specific Questions:

Starting or Leaving a Job

1. *What is appropriate when it comes to a party to celebrate the beginning or the end of a job and what is excessive?*
   There is no definite answer to this question because it varies from one company to another. Before planning a party, it is best to speak with a few people who have been with the company for a long time.
2. *What is the best drink to choose when making a toast?*
   If the party is after 5 PM, it is best to toast with champagne. However, orange juice is a good alcohol-free alternative. More often, a mixture of both is preferred.

Birthdays

1. *Are there any rules to consider when giving a gift? Is it necessary to give a colleague a gift for his or her birthday or are congratulations enough?*
   It is appropriate to simply say a few words and congratulate equal ranking colleagues on their birthday. The supervisor will usually give a gift on behalf of the department. Gifts up to € 40 are tax free.
2. *Are there any guidelines for selecting a gift?*
   There are no definite answers to this question. It is best to consider the hobbies of the person of honor to get some good gift ideas. Be careful not to make a gift selection too complicated. In Germany, a bouquet of fresh flowers is always appropriate, for both men and women.
3. *What is the best way for an employee to congratulate a supervisor without making an insincere or "politically incorrect" impression?*
   The best rule to remember in this case is that gifts should not be given from individuals of lower ranking to individuals of higher ranking – unless a gift is being given from all employees. Even this, however, is only appropriate for birthdays ending in "0".

Birthdays

Objective	Honor
Who organizes the party?	The person celebrating a birthday. (40th 50th and 60th birthdays are most often celebrated).
Who is invited?	Colleagues in the same department or in the same office, as well as others with whom one enjoys working, max. 20 people.
What is served?	Cake and coffee (and water) are brought by the celebrant.
Tips	In the morning, the direct supervisor usually gives the person having the birthday a bouquet of flowers. This is a good gift for women and men. With the flowers on their desk, everyone knows who is having a birthday. If you are personal friends with a colleague, it is acceptable to give a small gift. Greeting cards, which everyone signs are becoming less customary. If you plan on opening a bottle of champagne, it is best to wait until after work.

4. *What happens if an employee's birthday is forgotten or simply ignored?*
   Employees' birthdays should not be forgotten by their supervisors. This makes an insensitive and cold impression. Besides, software programs like Outlook don't leave much room for excuses when it comes to forgotten birthdays ;-)

A last word on gift giving: In Germany, those who receive gifts often feel compelled to return the favor at a later time. In order to keep gift-giving from escalating into gift-frenzy, it is best to trust your heart's judgment and not your mind's. If you feel like giving a gift, do so, as long as the recipient is at the same hierarchical level as you. Also, do not expect gifts from others. Be sure not to give gifts to your boss or others who are higher up the corporate ladder. This may cause colleagues to become skeptical of your intentions. If a supervisor gives employees gifts, he or she should be sure that they are of equal value and he is being fair to everyone. A party should not turn into an event to start rumors or jealousy.

And finally, take advantage of the opportunity to attend work parties with colleagues, employees, or supervisors. You not only show the hosts that you are interested in being a part of the team, but you can use the opportunity to build and maintain networks with people that you may not see on a daily basis.

Employment Anniversaries

Objective	**Honor**
Who organizes the party?	The one celebrating his or her anniversary at the company as agreed upon with the direct supervisor (companies sometimes sponsor such parties).
Who is invited?	Colleagues in the same department as well as those with whom one enjoys working or worked with in the past.
What is served?	A small reception is held at lunch time or a buffet lunch or dinner is planned outside of the company.
Tips	Be punctual if lunch is being served so that you can stand in line to congratulate the person of honor. Those on the same hierarchical level give individual gifts; employees purchase a gift together for their supervisor whenever he or she is the person of honor. Costs and gifts are often covered with company funds. Employment anniversaries are especially good opportunities for networking.

33 Women in the German Workplace

Stroll through the cafeteria of any large German company at lunch time and you might be amazed by the sheer number of men you will see in suits and ties. Ironically, in a country that helped define the feminist movement and is currently being led by its first female chancellor, you will run into surprisingly few professional women in Germany's companies. Worse yet, open any annual report and glance through the pictures of the Board – finding a woman among them is like finding a four-leaf clover! The absence of women in management positions, especially at higher managerial levels, is not only extreme in Germany, it is a curious phenomenon.

While around 60 percent of women between the ages of 15 to 65 work outside of the home, only about 30 percent of these work in professional positions and only two-thirds work full time.
So what is it that is keeping women, who now make up the majority of university students in Germany, from joining the professional workforce and climbing up corporate ladders alongside their male colleagues? Opinions on the matter are varied, and range from workplace discrimination to a lack of professional ambition on the part of females. However, Ger-

many has a mix of cultural traditions and social legislation that undeniably encourages women to choose acceptable alternatives to a professional career. So, if you suddenly find yourself in a conference room full of men without any other women in sight, keep a few things in mind:

- **Culture and Tradition**

  Years ago, the German woman's duties were defined by the 3 K's: "Kinder, Küche, und Kirche" (Children, Kitchen, and Church). Today, the first two, while no longer considered "duties", still continue to play an important role in the lives of many German women. While it is common for women in many countries to work full time while raising a family, many Germans still hold the conservative belief that a woman should not try to manage both, and in contrast to many other industrialized nations, German women are not expected to. Strangely enough, even young German women are still greatly influenced by this belief. If they do choose to start a family, they often leave the workplace to stay at home for several years. Such a long break does, of course, have obvious consequences for anyone's career path. If a woman does indeed decide to pursue a professional full-time job and raise children, and she is not subject to extraneous circumstances (a disabled spouse, single parenthood, etc.), she may very well be met with criticism by her family, friends, and colleagues.

- **Social Legislation for Changing Demographics**

  Implemented in an effort to support individuals who choose to have children in the face of a drastically shrinking German population, German social law also has the unfortunate side-effect of preventing many women from pursuing professional careers. In fact, the government's financial support for new parents is so enticing that it often dissuades women from returning to work following the birth of their first child. Here are a few of the government's perks for parents:

  - Elterngeld (Parents' Funds) – these are tax-financed funds that are offered to parents in the year directly following their child's birth. Currently, if an employed mother or father decides not to return to work after a child's birth, the German government compensates one parent for two-thirds of his or her salary up to a certain amount (currently set at € 25,200).

- Kindergeld (Children's funds) – In addition to "Elterngeld", parents receive at least € 150 per month per child depending on the child's age and the number of children in a family. These funds are offered to all households with children regardless of employment status until the child turns 18 years of age.
- Job Protection – Mothers who choose to stay at home after the birth of a child often decide to return to the workplace at some point. This process is made easier by a German law that ensures mothers the right to a position with their employer for up to three years after a pregnancy. This period of time is known as "Elternzeit" (parent's time). However, many women choose to have several children and end up returning to the workforce after more than just three years. Often, this long gap in their work experience prevents them from seriously pursuing careers in management or other professional areas. In fact, many women choose to return to the workforce as part-time workers so that they can continue to keep at least one eye on their family.

◆ **A big gap but a high standard of living** – Such "Elternzeit" breaks and part-time work contribute to the fact that women earn 22 percent less on average than male colleagues with equivalent jobs. While this circumstance is also the result of a mix of many other things including too few day care centers for children and limited promotional opportunities for women, it worries Germany, who suffers from the third biggest gender salary gap in the European Union. It should be noted, however, that Germany's men's salaries are some of the highest in the Europe. They not only widen the wage gap, but are another factor supporting the decision of many married women to stay at home after having children or to not pursue employment at all.

Tips for climbing the corporate ladder despite it all…

Though all of this may seem intimidating to a woman wishing to pursue a professional career in Germany, the role of women in the workplace is quickly beginning to change. The shrinking population of Germany is not only dependent on women for more children, but, in an economy that supports ever more state-funded pensions as baby-boomers retire, women in the workforce are becoming indispensable. At the same time, many younger German women are simply deciding not to have children or defying tradition by attempting to juggle both a career and a family. All of these trends are contributing to the changing face of the German workforce. So, if you are a woman who is currently standing on one of the corporate ladder's lower rungs, do not be discouraged. Women can climb just as well as men – they sometimes just need to know how not to stand in their own way. Here are some tips to help you get a leg up:

Office Behavior

Throughout this book, we have discussed how different behaviors should be carried out in professional life as compared to private life. Most of these differences stem from the role that rank plays at work. As a woman, you may find yourself in a particularly awkward situation when male colleagues do not abide by these rules and offer to shake your hand first or hold open the office door simply because you are a woman. In such cases, do not be embarrassed and remember that you are not the one making the blunders. Accept these chivalrous gestures, but do not expect them. Many men (and women) do not realize that such behavior is more appropriate in private life than in the workplace. In fact, they are usually trying to be extremely polite and to make a good impression. Rejecting these gestures would not only be extremely rude, but in most cases, it simply would not be understood. This being said, be sure to actively adhere to ranking etiquette rules and let those above you in the hierarchy enter the room first, get on the elevator first, etc. when such situations are at your discretion.

Another common pitfall that some women run into in a male-dominated office is the tendency to take care of "domestic-tasks" as they do at home. However, it is important that a woman does not make herself responsible for regularly making coffee, washing the dishes, watering the plants or any other cleaning or organizational tasks. These should be shared by everyone in the office regardless of gender, and, unless they are written in your job description, they should not be anyone's sole responsibility. Both male and other female colleagues are likely to appreciate such motherly gestures, but by calling attention to yourself for these actions you run the risk of no longer being valued for the true competencies that you bring to the job.

What should I wear?

Inappropriate dress can be an even greater distraction from a woman's professional competencies. In the workplace, it is important that women remember that looking "sexy" is not the same thing as being "attractive". Although we briefly discussed a few dress tips for women in Chapter "Business Attire", a woman hoping to make a serious and professional impression should also remember these "dress for success" rules:

- **Skin is not "in"** – if there is anything that keeps people (both males and females) from paying attention to what you are saying, it's a low-cut blouse, a short skirt, a backless dress, bare legs, or a sliver of belly peeking out at them. As summer temperatures rise, some women feel tempted to reveal more skin, especially when they see female colleagues running around like they are at the beach. However, such dress is not appropriate for a professional woman in the workplace. If you want to be known for your mental abilities and not your physical assets (or lack thereof), keep things under cover. Also, never forget to wear a slip under sheer skirts and dresses and, regardless of the heat, to wear pantyhose at all times. You do not want to be perceived as "sexually provocative".

- **These shoes were made for walking…**
  Your shoes should not be the first thing that people notice about you; especially as you attempt to balance your way through the confer-

ence room on extremely high heels. The shoes you wear to work should be conservative, stylish, of good quality, and comfortable. It is best to stick with dark pumps with a moderate heel or flats. Avoid stilettos, wedge heels, trendy colors, odd designs or patterns, open toed shoes, and especially boots with laces as these can conjure up other images! Also, make sure the shoes are comfortable before you wear them to work. It is tempting to buy new shoes before a big company event, but nothing is more embarrassing than having to carry your shoes in hand while tip-toeing on blistered feet towards your car at the end of the day.

- **The workplace outside of the workplace**
  Occasionally throughout the year, you will meet with your colleagues for events outside of the workplace. Whether you find yourself under a company-sponsored tent at the Oktoberfest or at the company's formal Christmas ball, it is still important that your attire remain appropriate but fitting for the event. The fact that you are no longer in the office does not mean that you can forget professional dress and etiquette, even though this is especially tempting when the alcohol starts flowing. Showing up in a tight little black dress or letting your hair down and kicking off your shoes when the music starts playing could leave the wrong impression on your boss and colleagues. Have fun at these events, but respect yourself and others. You do not want to start your next work day with a social hangover.

Romance at Work

Not only does a company structure automatically group individuals based on their abilities and interests, but everyday work life gives us a chance to observe and get to know others over a long period of time and in many different situations. Considering this, and the fact that many German companies are surprisingly accepting of office romances, many Germans actually do end up meeting their life partners at work. This is good news for both single men and women who work full-time. However, in a male-dominated workplace, a woman's professional reputation is unfortunately more susceptible to criticism than a man's when it comes to office dating. If you decide to date a colleague or if cupid's arrow just happens to hit you while you are sitting in front of your computer, keep the following in mind:

- Resist the urge to let everyone know immediately that you are dating a colleague. Even if you are about to explode from all the butterflies in your stomach, try to maintain discretion. It is difficult to accept rejection, but it is even more painful when everyone in the office knows that you got "dumped". Once the two of you are sure that what you have is more than a short fling, it is acceptable to acknowledge your relationship, but be sure to continue to refrain from displaying affection at work. This is not acceptable professional behavior and it can be very embarrassing when a colleague finds you hugging or kissing each other in the elevator, the coffee nook or the stairwell.
- If you are in a relationship with a colleague, do not spend company time calling, chatting and e-mailing each other. Such behavior is annoying for colleagues who have to listen to private conversations and it causes you to waste work time with blatant disregard for your professional responsibilities. Try to limit the time that you spend with each other to the lunch break, but again, resist displaying affection until the work day is over.
- Things can really get complicated for anyone who is dating someone higher up the corporate hierarchy. Rumors concerning attempts to "sleep your way to the top" are not uncommon, and in such cases, it is extremely important that the relationship does not affect the professional life or responsibilities of either partner. In fact, it is recommended that one partner start looking for another job once it is certain that they both wish to remain in a long-term relationship. This is also only fair to other employees who may perceive unfair advantages being given based on the relationship.
- If your boss or a married colleague begins to flirt with you or to make suggestive comments, do not feel compelled to flatter him by flirting back. These are situations that can negatively affect a woman's

professional reputation, and this is especially unfair considering that most women resent being placed in such uncomfortable situations anyway. Do not respond positively to the comments or advances, and use a serious tone to set the matter straight immediately. If you are continually harassed by anyone, speak to the "Frauenbeauftragte" (women's ombudsman) who is responsible for your department. She can give you advice and speak to the individual on your behalf. If the situation does not improve, German law does give you the right to file for sexual harassment.

Mentors and other helpful boosts up the ladder

If you are a young woman beginning her career in Germany, you should try to create a working relationship with other professional women in your company who can mentor you. Some of Germany's larger companies employ quite a few women and have the human resources necessary to set up formal groups that match younger female employees with older and more experienced female mentors. If such a group does not exist in your company, actively look for individuals who have your best interests in mind and who are willing to support you with advice and feedback along your career path. Make it clear that you respect them as a mentor and that you wish to advance within your company. While a woman's mentor does not necessarily have to be another woman, women are more likely to understand the obstacles that you will face and they are more likely to feel comfortable mentoring another woman.

While a mentor can help you build a professional network and give you advice when things get tough, a woman should also keep the following points in mind on her climb up the career ladder:

- Once you have established several important working relationships, you will feel more comfortable in your job and more confident in your future at the company. However, you should never use your professional relationships or friendships to manipulate other colleagues or to brag. For example, mentioning that you are invited to the CEO's son's wedding will only make your colleagues jealous and suspicious.

- Even if you are still learning on the job, do not lean back and let everyone serve you. Mentors and other colleagues are happy to give advice and help you out – in the beginning. If you do not show appreciation for their efforts or if you fail to return favors when the opportunity comes along, you can quickly fall from grace. It is particularly important that female employees with professional ambitions show appreciation and demonstrate their competencies so that they do not get accused of relying on others (especially attentive male colleagues) to enable them in their work.
- Every office consists of different characters and personalities, and some of these can be very difficult to deal with on a day-to-day basis. If you are one of few women at your workplace, it is not unlikely that you will be a popular target for the "alpha-dog's" jealousies, the bigoted colleague's tirades, the macho's bad jokes, or even the depressed colleague's trials and tribulations. It is important that you make it clear to your colleagues that you are neither a social worker nor a punching bag. Most importantly, though, do not let these personalities unsettle or intimidate you. Use your best judgment when dealing with such people and be confident in your daily decisions and your work performance.
- Finally, remember to respect everyone regardless of their position or their placement in the corporate hierarchy. The Germans have a saying: "Man sieht sich ja immer zwei mal im Leben" (people see each other at least twice in a lifetime). They also like to apply this to the corporate climb. If you pass someone going up the ladder, you will also pass them coming back down. For this reason, it is important that you show all of your colleagues respect. This includes resisting office gossip and not talking negatively about others behind their backs.

Internet addresses that could be of interest to women:
(mostly in German)

- www.bfbm.de
- www.bpw-germany.de
- www.ewmd.org
- www.fariness-stiftung.de
- www.vernetzungsstelle.de

34 Changing Jobs

The following ten tips will help you make a smooth exit from your current job and a successful start in your new one.

1. Tell your direct supervisor about your decision first.
This will demonstrate your trust in him or her. By doing this, you also give your boss the chance to react in a sovereign manner and not be caught off guard when confronted with the matter by other supervisors. You will be happy you made this decision; particularly when your boss formulates your work certificate, for which he or she is responsible. Do not start negotiations or use other tactics during your resignation meeting and state your decision candidly without beating around the

bush. Leaving such a discussion open or threatening your boss with your resignation in order to achieve a salary increase or some other benefit rarely ever leads to success

2. Consistently plan the transfer of any current, upcoming, and open-ended projects.

Even if not specifically asked to do so, start transferring all important information to your colleagues and anyone else who will take over your job when you leave. This preplanning will be especially helpful during your last few days of work when you will have to keep an overview of tasks and set priorities for your replacement. By planning ahead, nobody can accuse you of having left a mess for somebody else to clean up. Think of ways in which you can create detailed summaries of your individual tasks. A few things you should include:

1. Objective of the task
2. What has been completed thus far
3. What needs to be done by whom and by when
4. What facts need to be considered
5. Known shortfalls / problems with the project

3. Write your own job reference certificate.

Do not leave your reference certificate at the mercy of a standardized letter from the personnel department. Ask your supervisor for permission to write your own draft of the certificate. In this way, you facilitate a discussion of your performance early enough and to your advantage. Take the writing of this document very seriously. It will later be the most important document you have to prove your past performance and it can serve as a reference for future applications. It is very important, especially in smaller companies where formal performance appraisals and job descriptions are not always available, to discuss the contents of your reference certificate before leaving the company. This is the only way that you can assure having any influence on changes that you wish to have made in the certificate. Certificates that are written after you leave will usually not be changed, or your former employer will only allow for one changed version. You legally only have the right to one single change. Books and software exist to help you formulate the text, which often contains code phrases that can be very difficult to decipher.

4. Inform all of your colleagues at the same time and in the same manner.

Also, be sure not to leave any information-gaps that could cause speculation or gossip. It is best to confer with your boss on a time for announcing your decision and about the reason you will give for leaving. Try to present the subject clearly and decisively.

5. Do not throw a pompous party to celebrate leaving.

These are rarely moments to celebrate, especially in the eyes of your employer. In fact, such a celebration could even be considered lost work time by your supervisor. If you do decide to plan a small celebration, an appropriate time for it would be at the end of the work day on your last day. An invitation to such a get together should include mention of your appreciation for the time you spent with your colleagues and team.

6. Your departure will be the start of a new chapter in your life…

and you need to be sure to conduct yourself in a professional manner when leaving. Many feel they have the right to be obnoxious or speak their minds during their last few days. Others want to get revenge for any injustices they feel they may have suffered while working for an organization. Keep in mind, however, that you would not be doing yourself any favors by behaving in this manner. In fact, this would just leave a negative impression of your time at the company in both your eyes and those of your employer.

7. The first day at your new job.

Dress appropriately and in a neutral tone. If you are not sure what to wear, it is better to dress elegantly – first impressions are lasting impressions. This holds true whether you are starting at the management level or not. Approach your colleagues in a polite and reserved manner. Save chatting for a later time, like during the lunch break. Use any "down time" during your first days to study the organizational structure, to familiarize yourself with your new work environment, and get to know your colleagues. What jobs are your colleagues working on? Take down any questions that might occur to you in the first few days. Then, as you go about learning the ropes, look for the answers to these questions.

8. Asking for help is better than waiting to be acknowledged.

New colleagues are often seen as extra workers that weren't really needed until a few days ago. In this case, there are usually two behavior patterns that can be observed when a new colleague enters a team. The new colleague is either ignored by the others because everyone is already swamped in work, or, he or she is given "slave work" because it does not require a lot of explanation and is considered annoying to others. In both cases, a new employee will often be faced with quite a bit of frustration, which threatens one's initial motivation. A good way for an employer to avoid this motivation problem in new employees, is to assign a mentor who can answer any questions the new colleague may have and accompany them during their introduction to the company.

9. Design a structured plan for learning the ropes.

Systematic is the best method for learning a new topic intensively and efficiently. In the first step of this process, any colleagues who will be working directly with the new employee should introduce themselves and present their areas of responsibility. At the latest, these meetings should take place in the second week at the company and should ideally take about 30 minutes for each department or work area. The best way to relay this information is in one-on-one discussions with the new employee.

Try to make yourself useful as soon as possible. Some of the first things you will have to worry about are getting a company ID, making sure your computer is set up correctly, and creating an e-mail address. As soon as you have access to the Internet and other important departmental computer drives, use any time you may have to browse through the different work areas. It is also a good idea to immediately create an archive for any new passwords or access codes.

10. Document any recognized difficulties or obscurities that you encounter, and make a weekly check to see if your are filling in these knowledge gaps and learning more each week. This collection of personal assessments can also be used later for a performance appraisal, especially when a comparison of target and actual performance is needed. It is also a good idea to keep arguments and examples at hand that can help you out when a certain project is not going as you or your boss expected.

Viel Erfolg im neuen Job!

Good luck with your new job!

35 Business Start-Ups in Germany

Do you have a business idea that you want to turn into reality? Then don't hesitate – your chances for success as an entrepreneur in Germany are good. Not only have many other foreigner entrepreneurs paved the way for you, but Germany can also offer your business a market of customers with strong purchasing power, excellent infrastructure, dependable economic conditions, and in comparison to other countries, falling

labor costs. The following chapter will give you some guidelines for starting your own business in Germany and provide you with contacts to possible business partners who can help you set up shop while avoiding unnecessary hang-ups.

Getting started

Let's first assume you have answered the basic market questions surrounding your product or service: What is my target group? How big is the potential market for my business? Who are my possible business partners? Where will my business be located? How does my timeline look? How can I raise the capital that I will need to get started?
In addition to these, you will still have many open questions concerning the relevant legal aspects and market conditions that affect your business idea.

Step 1: The preliminary interview

Your first stop for starting a business in Germany should be the "Industrie- und Handelskammer" (Chamber of Industry and Commerce) See: www.ihk.de. In comparison to other business organizations and other industry-based groups, the IHK supports members at 81 locations in Germany and represents 3.6 million businesses that are all legal members of the IHK. This fact makes the IHK independent of any single interest group and creates a strong force for dealing with political powers and bureaucratic permit offices.
The IHK's partner organizations, which are known as "Außenhandelskammern" (Foreign trade offices) can also be found in locations outside of Germany. See: www.AHK.de. These 120 offices are a good starting point for receiving initial information concerning a start-up in Germany.
It is worth your while to seek out your nearest IHK-office as the business-venture experts there can provide you with information on the local market, funding possibilities, and relevant contacts for start-up advice and detailed legal matters. We recommend that you set-up a personal consultation with one of their specialists early in your venture process.

Then, prepare a model of your business idea for the meeting and work out the answers to any questions that could arise. An initial meeting with the IHK is also important because you are sure to come into contact with them at a later time. A German law requires the IHK's approval of any business applications that are forwarded from district courts and foreign offices (at which you must file for residency approval).

Furthermore, you should contact the "Amt für Wirtschaftförderung" (Office of Business Advancement) which is most likely located in the courthouse of the city in which you hope to locate your business. Here, you can get more detailed information on requirements for your chosen business site, local funding possibilities and local economic conditions.

For those who are in a hurry to get their business established, but who still want to keep the founding costs within budget, consider the local offers of any existing entrepreneur centers. At such centers, you can rent office space while also increasing your networking potential with other firms located within the center.

Step 2: Founding the Business

It is especially important for foreign entrepreneurs to seek the advice of a business-venture consultant when it comes to the formalities of setting up a business in Germany. If you decide to seek advice beyond what is offered by the IHK/AHK, you can also contact private consultants that specialize in business start-ups. One source for finding such a consultant is the "Bundesvereinigung deutscher Unternehmensberater" (Confederation of German Management Consultants). See: www.bdu.de. You can also search the website www.unternehmensberaterscout.com and the links listed under this book's website: www.german-business-etiquette.com. The following questions are especially important for foreign entrepreneurs and business capitalists. They can be better assessed with the help of a consultant:

- Which conditions must be met in order to start a business in Germany?
- What start-up costs must the founder absorb?

- In which legal form is it best to form my business?
- How do I limit my liability?
- What do I need to consider when registering my business and how long does the registration process take?
- What legal aspects do I need to know about?
- Who can help me develop a plan for the firm's foundation and how much does a consultant for such a purpose cost?

Step 3: Running the Business – Specifics for Foreigners

To a large extent, all individuals have the right to open a business in Germany, as is documented in the "Gewerbeordnung"(§ 1Abs. 1 GewO) (Trade, Commerce, and Industry Regulation Act). This law is valid for all who wish to manage commercial operations independent of their status as a real or legal entity or as a German or foreign national. Limitations do exist, however, for foreign nationals who do not hold an EU passport. These individuals are subject to the "Ausländerrecht" (immigration law) with jurisdiction being at the local foreign office at which the individual is registered in Germany. Foreigners still residing in their home country without a valid "Aufenthaltserlaubnis" (residency permit) for Germany must apply for such a permit BEFORE arriving in Germany. Employees at your home country's AHK can help you with this. Your application will be forwarded from there to the foreign office in your future place of residence in Germany where it will then be reviewed before being accepted or rejected. In the case of acceptance, a foreigner will receive a residency permit for a period of three years after which it may be renewed. However, the following prerequisites must be met by your business:

1. Public interest or a special local need for the product or service exists.
2. The business operation makes a positive contribution to the economy.
3. The project is financed through personal capital or an approved form of credit.

The approval of your business could very well falter based on criteria 1 or 3. Here, the German regulation offices allow themselves much leeway in their decisions. In order to lower your risk of rejection, be sure to discuss these criteria with your consultant as they apply to your business concept. As far as the second criteria goes, if at least 1 Million Euro are invested in the project or 10 jobs are created by your business, it has been fulfilled. Don't worry, though, criteria 2 can also be fulfilled on a smaller budget.

Foreign residents who wish to start a business and already hold a valid permit should directly contact the foreign office at which they are registered. The local IHK or Handwerkskammer (Chamber of Trade) will usually be notified by the foreign office and asked for advice on the business aspects of your venture idea. The criteria that can be levied in such cases are clearly outlined in the "Informationsleitfaden IHK- (The Information Guidelines of the IHK)", which can be downloaded from this book's website: www.german-business-etiquette.com.

At this point, the foreign office will decide whether your application should be approved based on their "best judgment". In these instances, they decide independently of the IHK. The IHK only plays a supporting role to the foreign office's decision, and often, the final decision is not shared with the respective IHK. The decision regarding the business venture is then sent in writing to the applicant directly from the foreign office.

Tip: the detailed and relevant specifications of the German IHKs can be accessed with the search phrases "Existenzgründung für Ausländer" (Livelihood Establishment for Foreigners) or "Aufnahmen einer selbständigen Erwerbstätigkeit in Deutschland" (Founding a self-employed business in Germany).

Which laws and regulations should I be familiar with when starting my business and hiring others?

Without going into detail, this is a brief list of the most important laws with which business owners in Germany should be familiar. These are especially important for those owners who wish to hire external employees:

- **General Equal Treatment Act (Allgemeines Gleichbehandlungsgesetz – AGG)**
  The goal of this act, which was first implemented in August 2006, is to prevent and eliminate discrimination on the basis of race, ethnic origin, gender, religion or world view, handicap, age, or sexual identity. For more information, see: http://bundesrecht.juris.de/agg/

- **Working Time Directive (Arbeitszeitgesetz – ArbZG)**
  This law regulates the maximum amount of time an employee is permitted to work per day and determines when work breaks must be taken and how long they should last. It also guarantees both work-free Sundays and holidays and contains protective regulations for night and shift work. For more information, see:
  http://bundesrecht.juris.de/bundesrecht/arbzg/

- **The German Civil Code (Bürgerliches Gesetzbuch – BGB)**
  This comprehensive list of basic laws also includes regulations for employment including those that apply to work contracts. These include the following:
  - Termination of Employment (Beendigung des Arbeitsverhältnisses) (§§ 620 bis 628)
  - Legal Termination Period Notice (Gesetzlichen Kündigungsfristen) (§ 622)
  - Written clausal requirements for termination or dissolution contracts and temporary written employment contracts (Kündigungen oder Auflösungsverträge sowie befristete Arbeitsverträge bedürfen der Schriftform) (§ 623 BGB)
  - Right to an official work certificate (Anspruch auf ein Arbeitszeugnis) (§ 630)
  - Workers' rights in the case of a company takeover (Ansprüche von Arbeitnehmern beim Betriebsübergang) (§ 613)

- **Parents' Time and Parents' Funds (Elternzeit und Erziehungsgeld - Bundeserziehungsgeldgesetz –BerzGG)**
  German law gives parents the right to a leave-of absence from their place of work during a period known as "parents' time", which applies to the first three years following a child's birth. During this time, either the mother or the father of a child can spend up to three years at home with the child. In the first year, a working parent is guaranteed "Erziehungsgeld" (Parents' Funds), which compensate one parent for two-thirds of his or her salary up to a certain amount (currently set at € 25,200). For more information, see: http://bundesrecht.juris.de/bundesrecht/berzgg/

- **Trade, Commerce, and Industry Regulation Act (Gewerbeordnung – GeWO)**
  Among other things, this act lists the general regulations for employment in Germany. These apply to all employees and include freedom of contract, an employer's right to issue directives to employees regarding working time, working place, etc., benefits included in the salary, a key of abbreviations for understanding salary invoices, as well as the right to a work certificate, and details on the non-competition clause. For more information, see: http://bundesrecht.juris.de/bundesrecht/gewo/

- **Job Protection Act (Kündigungsschutzgesetz – KSchG)**
  This law limits the ability of an employer to terminate an employee by granting workers the right to a termination review by the German Labor Court within three weeks after a termination is issued.
  This right is, however, limited to the termination of employment contracts that exist for more than six-months and to places of business with at least 11 employees. For more information, see: http://bundesrecht.juris.de/bundesrecht/kschg/

- **Expectant and Nursing Mothers Protection Act (Mutterschutzgesetz – MuSchG)**
  This law protects pregnant women before and after the birth of a child by prohibiting employers to assign physically strenuous tasks at work and guaranteeing a paid leave-of-absence during the period which begins six-weeks before the birth of the child and ends eight-weeks afterwards (twelve weeks in the case of multiple births). The act also grants women the right to lactation breaks once they have returned to work. During the aforementioned period of time, salary and job protection laws apply. For more information, see:
  http://bundesrecht.juris.de/bundesrecht/muschg/

These laws should give you an impression of the most important regulations for everyday business practices and dealings between employers and employees. Do not be overwhelmed, but remember the old German saying: "Es wird alles nicht so heiß gegessen wie es gekocht wird" (Food is not eaten at the same temperature that it is prepared.) In other words, things are never as bad as they seem. On this note, be sure to discuss any questions that you have with your business consultant.

36 Saying Farewell

"OK, everyone, it's time for us to turn in for the night!"
If you hear this or a similar statement from your host or hostess, you can be sure that he or she wants the evening to come to an end as soon as possible.

To ensure that a party or a get-together ends as gracefully as it begins, pay attention to any mention of when the party ends. You might see the following in an invitation: "Aperitif um 19 Uhr" (Cocktail at 7:00 PM), "Essen 19:30" (Meal at 7:30 PM), "Ende gegen 23 Uhr" (To end around 11:00 PM). It is customary to list such times in both business and private invitations in Germany. The word "gegen" (around) in this case does not mean that the guests should jump up and leave as soon as the clock strikes 11:00 PM. However, it is expected that guests respect this time, and that when the time comes, they slowly bring their discussions to an end and say their good-byes. A visit rarely lasts longer than 23:30 during the work week.

Come together and leave together

It is not acceptable to arrive in the middle of a meal or to leave the table immediately after eating or before a guest of honor leaves. However, if you absolutely must leave early, you should always inform the host or organizer of the party beforehand, and offer a legitimate excuse for your having to leave; anything else would be seen as impolite, disrespectful, and arrogant.

Professional good-byes

If you plan to change jobs or resign from your company, you should inform both your colleagues and your clients of your leaving in writing. In this way, you can leave a tangible "thank you" behind. A written thank you is not only more sincere than a verbal one, but it also offers you the chance to list your new contact information (new company, new address, etc.). Be sure to pick the right time to send a notice of your leaving. It is always better to let people know details from you personally rather than letting them hear it through the grapevine or coincidentally from others. In order to avoid unnecessary misunderstandings and questions, you can send your e-mails or letters on your last day of work. If you want to leave a possibility for others to contact you before your departure, send the notice a week in advance of your leaving.

It is also a good idea to start your letter with a meaningful quotation rather than with a polite, but meaningless phrase.

Here are a few suggestions:

- "Every new beginning starts when some other beginning ends."
- "I will never leave completely; a part of me will always remain here." (Song from Trude Herr)
- "An ending is always painful, even if you have been looking forward to it for a long time." (Arthur Schnitzler)
- "The greatest advantage of a profession is that it brings like people together." (Antoine de Saint-Exupéry)

A good source for more information on this topic can be found at: www.zitate.at.

Personal farewells: What should I say?

- "Es hat mich sehr gefreut, Sie kennen gelernt zu haben. Ich wünsche Ihnen einen guten Nachhauseweg. Auf Wiedersehen und alles Gute!" ("I am happy to have met you. I wish you a good trip home. Good-bye and good luck!")
- This is definitely the most polite way to say good-bye. However, if you want to be a little less formal, you can say:
  "Schön, dass wir uns getroffen haben. Machen Sie es gut. Auf Wiedersehen!" ("It was nice to have met you. Take care and good-bye!")
  Or just, "Auf Wiedersehen!" ("Good-bye!")
- In a relaxed atmosphere, you will often hear a short "Tschüss!" or "Tschüss und mach's gut!" said as a good-bye.

Of course, the way one says good-bye also depends on the region, and even the Germans have problems deciding where to say what. For example, a true Bavarian would not say "Tschüss", but "Servus", or even

"Pfieti" (which is the short form of "Pfietigott", which means "may God protect you"), or when said to several people, "Pfiet Euch." In northern Bavaria you will often hear people calling "Ade!"

When confronted with such difficult language terrain, it is often not worth trying to keep up with all of the differences. It is better to stick to the standard "Auf Wiedersehen!" ("Goodbye!")

The Italian "Ciao!" is also popular in Germany. This is mostly due to the fact that many Germans admire the Italian lifestyle. This popular form of farewell offers a neutral and relaxed, but friendly, greeting.

And on that farewell note, we are finished with our etiquette tips. If you have comments on the existing tips or ideas for new tips, we would appreciate it if you would let us know. Send an e-mail to: feedback@business-knigge.com.

The following is an example of a farewell letter:

Subject: Change of Job

Hamburg, May 30, 2008

Dear Mrs. Müller,

The news is now official, and I would personally like to inform my long time appreciated colleagues and clients that after four eventful and wonderful years at Bildungsinstitut Reimers, I will be moving abroad. Starting July 1, 2008 I will be working at the Bridge Training Firm in London.

I will soon face a new country with new challenges, but as Trude Herr once said, "I will never leave completely; a part of me will always remain here." Even though I will soon be in Great Britain, I will certainly not forget my homeland. And who knows, at some point maybe we will meet again?

I want to thank you, Mrs. Müller, for the trust that you have placed in me in the last several years. I wish you all the best for the future.

Sincerely,

Ines Priesterjahn

P.S. Starting June 1, 2008, feel free to contact Mrs. Jonas (Telephone: +49 40 9876543, e-mail: Jutta.Jonas@nachfolgerin.de) if you have any questions or concerns. She will be taking over my position.

GLOSSARY – KEY WORDS FROM A TO Z

ADAC (Allgemeiner Deutscher Automobil-Club) – *Public German Automobile Club* – The largest automobile club in Germany which offers travel information, sells insurance and provides emergency roadside assistance. See Chapter "In Case of Emergency: Information for Visitors to Germany".

Ade – *good-bye* – a form of good-bye that is heard in Northern Bavaria. See Chapter "Saying Farewell".

Allgemeinmedizin, Allgemeinmediziner – *general medicine, general practitioner* – a branch of medicine which focuses on basic medical care for physical and psychological ailments in emergency, acute, and long-term care situations as well as the areas of prevention and rehabilitation. See Chapter "In Case of Emergency: Information for Visitors to Germany".

American style – *amerikanischer Manier* – table etiquette, which is characteristic of North America. The knife is held in the right hand for cutting and the fork in the left hand to secure the food. After cutting, the knife is placed on the side or top of the plate and the fork is passed from the left to the right hand (fork tines facing up) to jab the food onto the fork. See Chapter "Business Dinners".

Amt für Wirtschaftsförderung – *Office of Business Advancement* – a public office, usually located in a German city's courthouse, which can provide more detailed information on requirements for your chosen business site, local funding possibilities and local economic conditions. See Chapter "Business Start-Ups in Germany".

An: – *To:* – when composing an e-mail, this is the field in which the recipient's e-mail address is entered. For more details on e-mail fields see Chapter "Netiquette".

Annual reports – *Geschäftsberichte* – financial statements that are published by a company for its shareholders and that assess a company's performance in raising, handling, and using money. In general, a company's annual report consists of an operating statement, a balance sheet, and sometimes a statement of cash flow. See Chapter "The Job Interview".

Apotheke – *pharmacy, chemist* – in Germany, these stores are indicated by a red stylized "A" and handle all medicines available on prescription and many over-the-counter remedies. See Chapter "In Case of Emergency: Information for Visitors to Germany".

Aptitude test – *Eignungstest* – a standardized test, often administered during a first or second interview, which is designed to measure the ability of a potential employee to develop skills or acquire knowledge. See Chapter "Questions and Answers for the Job Interview".

Arbeitsamt – *German employment office* – located in all larger cities and towns, these offices allow one to register for a job in the case of unemployment. These are also the offices where foreigners can receive work permits for working in Germany. See Chapter "New Strategies for the Job Hunt".

Arbeitszeitgesetz – *Working Time Directive* – this German law regulates the maximum amount of time an employee is permitted to work per day and determines when work breaks must be taken and how long they should last. It also guarantees both work-free Sundays and holidays and contains protective regulations for night and shift work. See Chapter "Business Start-Ups in Germany".

Arbeitszeugnis – *job reference certificate* – an official certificate containing reference information about an employee's job responsibilities and work performance, which German law requires an employer to provide at the completion of an employee's employment period. Future employers usually require these to evaluate job applicants, and for this reason, it is important to always include your most current certificates or job evaluations with employment applications. See Chapter "The Job Reference Certificate".

Arzthelfer(in) – *doctor's assistant* – term used to refer to assistants in doctors' practices in Germany. These individuals carry out receptionist work as well as basic lab and medical tasks. See Chapter "In Case of Emergency: Information for Visitors to Germany".

Ärztlicher Notdienst – *on-duty medical unit* – number to call in case of medical emergency or when ambulance assistance is needed. In Germany: 19222. See Chapter "In Case of Emergency: Information for Visitors to Germany".

Attachment – *Anhang* – a supplementary document that is attached to an e-mail. See Chapter "Netiquette".

Auf Wiedersehen – *good-bye* – a formal form of good-bye that can be used in almost all situations in Germany. See Chapter "Saying Farewell".

Aufenthaltserlaubnis – *Residency Permit* – a certificate of permission placed in a foreigner's passport by the German Foreign Office which allows an individual from abroad to reside in Germany for a certain period of time. If you are intending to work in Germany, you must apply for such a permit before arriving in Germany. See Chapter "Business Start-Ups in Germany".

Ausländerrecht – *immigration law* – a law that determines the legal status of a foreign individual in Germany. It establishes under which criteria individuals may enter the country and how long they may stay. See Chapter "Business Start-Ups in Germany".

Außenhandelskammern – *foreign trade offices* – the IHK's partner organizations, which can be found in many countries outside of Germany. These 120 offices are a good starting point for receiving initial information concerning a start-up in Germany. See Chapter "Business Start-Ups in Germany".

Ausstand – *celebration of one's last day or going- away party* – term used to describe the celebration that commonly takes place in German workplaces on the last day of an employee's job. See Chapter "Celebrating at Work".

Authoritative/directive leadership style – *autoritärer Stil* – a direct and brief leadership style that is often characterized by a patriarchal boss. One of the major disadvantages of this style is that employees are often less motivated than those working with bosses who use other leadership styles. The authoritative leadership style is most characteristic of firms run by their founder or governmental organizations. See Chapter "How Can I be a Good Boss?".

Automatic signature – *automatisierte Signatur* – a few lines of information an the end of and e-mail or news posting that lists the sender's name and other personal details (e-mail address, homepage, address, company, position). See Chapter "Netiquette".

BahnCard 25 or BahnCard 50 – *customer advantage train cards* – the purchase of either of these is worthwhile if you travel quite frequently with the German Railroad. With these cards you can travel for one year with any of the German trains for 25% or 50% of the normal ticket price respectively. Note that the BahnCard 50 is significantly more expensive than the BahnCard 25. See Chapter "Traveling with the German Railroad".

Bayern-Ticket – *Bavarian ticket* – bargain tickets that are offered by the German Railroad for weekend trips on certain routes traveled by the RE and RB trains throughout the state of Bavaria. See Chapter "Traveling with the German Railroad".

Behavior code – *Verhaltenskodex* – the appropriate way one should act and make decisions in order to uphold company values and meet an employer's approval. See Chapter "The Unwritten Rules and Culture in German Organizations".

Blind application – *Blindbewerbung* – or a speculative application, is an application for a job which has not been advertised, but for which one applies of his or her own initiative. See Chapter "New Strategies for the Job Hunt".

Bürgerliches Gesetzbuch – *The German Civil Code* – this comprehensive list of basic laws also includes regulations for employment including those that apply to work contracts. See Chapter "Business Start-Ups in Germany".

Business arena – *Geschäftswelt or geschäftliches Umfeld* – term used to refer to any or all situations that involve business activities.

Cliché – *Klischee* – an expression or idea that has been used so often that everybody takes it for granted; these expressions should be avoided in formal speech or presentations. See Chapter "Presenting in Germany".

Code of dress – *Kleidervermerke* – a set of rules or formally imposed standards that indicate the approved manner of dress. For example, the company's white-shirt black-tie dress code. See Chapter "Business Attire".

Commercial registries – *Handelsregister* – a public registry administered by a country's government, which contains key information on legal entities engaging in economic activity. See Chapter "The Job Interview".

Communities – *communities* – a group of experts that collaborate to exchange information on particular topics. Taking part in such a group is particularly helpful for new employees because it allows them to make professional contacts in their areas of interest. Many such groups communicate through a virtual platform. See Chapters "The First 100 Days in a German Company" and "Building a Successful Network".

Competencies – *Kompetenzen* – abilities in a particular area. It is important that a leader focus on four competencies in particular: professional competencies, action and decision-making competencies, personal competencies, and social competencies. See Chapter "How Can I be a Good Boss?".

Compressor – *Packer* – software utility used to compress and decompress (re-open) large files and directories in order to decrease their size before sending them via e-mail. See Chapter "Netiquette".

Corporate ladder – *Karriereleiter* – term used to describe the different levels within a company. Each ring on a ladder is analogous with an administrative level and its respective position, salary, and status. When one "climbs the corporate ladder", they are promoted within the company. See Chapter "The Unwritten Rules and Culture in German Organizations".

Corporate hierarchy – *Unternehmenshierarchie* – the organization of employees into different ranks, tasks, and salary levels, which is usually found in the upper levels of an organization. See Chapters "Introductions" and "Pecking order".

Corporate principles – *Unternehmensleitbild* – a set of guidelines (mission, vision, code of conduct, etc.) within an organization that are expected to be upheld and promoted by all of an organization's employees. The corporate principles are often formulated by the employees, and serve as a basis for the definition of corporate goals and tasks. See Chapter "The Unwritten Rules and Culture in German Organizations".

Democratic/cooperative leadership style – *Demokratischer/kooperativer Stil* – a relatively new leadership style in which great expectations are placed on employees including high levels of initiative, enthusiasm, self-motivation, teamwork, and endurance in the face of frustrating problems. This leads to employees personally taking responsibility for their actions and their job's priorities. See Chapter "How Can I be a Good Boss?".

Denglish – describes language based on the German grammar that includes a jumble of English and pseudo-English idioms, or vice versa. See Chapter "Small Talk".

"die Sau raus lassen" – *lit: "to let the pig out"* – a German expression that means to "go hog wild" and have fun without reservation. See Chapter "Changing Jobs".

Disclaimer – *Angaben zum Haftungsausschluss* – a statement that is appended to many e-mail messages or postings (sometimes automatically, by the posting software) reiterating the fact that the e-mail reflects its author's opinions and not necessarily those of the organization running the computer through which the e-mail entered the network. See Chapter "Netiquette".

Distance zones – *Distanzzonen* – the physical distance between individuals that defines their relationship and their interaction with each other. Different countries respect different distance zones in different ways. See Chapter "Distance Zones".

Du – *informal "you"* – used to address family members or close friends, and indicates a personal relationship between two people. If you address someone with "Du" you would also call him or her by their first name. See Chapter "Adressing someone".

E-mail application – *E-Mail Programm* – a software program with a user interface designed for sending and receiving e-mail. See Chapter "Netiquette".

Einen guten Appetit. – *Enjoy your meal.* – compared to "Mahlzeit", this more-contemporary phrase is a polite way to wish somebody a good meal in Germany. See Chapter "German Expressions and Sayings".

Einstand – *celebration of one's new job* – term used to describe the celebration that commonly takes place in German workplaces when an employee begins a new job or is promoted to a better position. See Chapter "Celebrating at Work".

Embassy – *Botschaft* – a building containing the offices of an ambassador and staff for a foreign government. Your home embassy can be contacted in case of a serious emergency (i.e. loss of money or passport) while traveling abroad. See Chapter "In Case of Emergency: Information for Visitors to Germany".

Elterngeld – *parent's funds* – these are tax-financed funds that are offered to parents in the year directly following their child's birth. Currently, if an employed mother or father decides not to return to work after a child's birth, the German government compensates one parent for two-thirds of his or her salary up to a certain amount (currently set at € 25,200). See Chapter "Women in the German Workplace" and "Business Start-Ups in Germany".

Elternzeit – *parents' time* – a three-year period of time after the birth of a child in which a mother or father can take a legal leave of absence from the workplace. German law requires employers to protect the job and allow the individual to return within the three year-period. If another child is born during that time, the three-year cycle is renewed. See Chapter "Women in the German Workplace" and "Business Start-Ups in Germany".

European or Continental style – *Europäischer oder Kontinentaler Stil* – table etiquette, which is characteristic of many Europeans. The knife is held in the right hand and the fork in the left, but one does not pass the fork from one hand to the other after cutting (as is customary of the American style). The fork remains (with tines facing down) in the left hand for the duration of the meal. See Chapter "Business Dinners".

Floskel – *flowery or set phrase* – polite filler phrases that are used in both written and spoken German, but which usually have no significant meaning. See Chapters "German Expressions and Sayings", "Job Interview" and "Saying Farewell".

Frau – *Mrs.* – formal title used to refer to a married or unmarried woman in Germany, which is used in combination with the pronoun "Sie". See Chapter "Addressing someone".

Frauenbeauftragte – *women's ombudsman* – an individual who represents female workers in the workplace. These individuals can usually give advice on sexual harassment cases and various other issues as well as take action on a female employee's behalf. See Chapter "Women in the German Workplace".

Fundgrube – *lost and found* – usually found in a city's town hall, this is the office which should be contacted should you lose any valuables in a public place. See Chapter "In Case of Emergency: Information for Visitors to Germany".

Gegen – *around* – used to describe an approximate, not an exact, time. See Chapter "Saying Farewell".

Getratsche – *gossip* – informal discussion that often goes on between employees in the workplace. It often involves rumors or stories about other people. See Chapter "Changing Jobs".

Gewerbeordnung – *Trade, Commerce, and Industry Regulation Act* – this act lists the general regulations for employment in Germany. These apply to all employees in Germany and are valid for all who wish to manage commercial operations independent of their status as a real or legal entity or as a German or foreign national. See Chapter "Business Start-Ups in Germany".

Gleichfalls – *The same to you.* – word used as a reply to a greeting or a congratulation in Germany. See Chapter "German Expressions and Sayings".

Grüß Gott – *literally: Greet God* – the standard daily greeting that is used in the regions of Bavaria, Baden Wurttemberg, and also Switzerland and Austria. See Chapter "Greetings: What should I say?".

Guerilla marketing – highly aggressive, unconventional marketing strategies intended to get maximum results from minimal resources. See Chapter "Telephoning in Germany".

Guten Appetit – *Enjoy your meal* – a saying that is customarily said to everyone at the table once everyone's food has been served, but before the first bite has been taken. See Chapter "Business Dinners".

Guten Tag – *Good Day* – the standard daily greeting that is used in Northern Germany (not in Bavaria or Baden Wurttemberg). See Chapter "Greetings: What should I say?".

Hamburger Sie – addressing someone with "Sie" and his or her first name. In comparison, when addressing a colleague or client on a professional basis, "Sie" (formal "you") is normally used in combination with one's last name. See Chapter "Addressing someone".

Hand shake initiative – *Handreichrecht* – depending on the situation, the initiative an individual should take in extending his or her hand for handshaking. The right to this initiative is dictated by etiquette tips found in Chapter "Pecking order".

Handelskammer – *Board of Trade, Chamber of Commerce* – group of business owners who promote and represent commercial and industrial interests within a certain area. These organizations can be helpful to job-seekers who are looking for information on certain companies. See Chapter "New Strategies for the Job Hunt".

Handwerkskammer – *Trade Corporation, Chamber of Crafts* – organization which represents all craftsmen and skilled manual workers and those companies who employ them. These organizations can be helpful to job-seekers who are looking for information on certain companies. See Chapter "New Strategies for the Job Hunt".

Handy – *cellular phone or mobile* – the word used to describe a cell phone or mobile in Germany. Several etiquette tips should be followed when using a handy, see Chapter "Telephoning in Germany".

Hauptbahnhof – *main train station* – See Chapter "Traveling with the German Railroad".

Hausarzt (Allgemeinmediziner) – *family doctor, general practitioner* – term used to refer to doctors specializing in general medicine. These are usually the first doctors who are contacted by patients, and who then, depending on the ailments, refer patients to specialists. See Chapter "In Case of Emergency: Information for Visitors to Germany".

Headhunter – *head hunter* – a personnel recruiter who tries to persuade someone to leave their job by offering them another job with more pay and a higher position. See Chapter "New Strategies for the Job Hunt".

Herr – *Mr.* – formal title used to refer to a man in German, which is used in combination with the pronoun "Sie". See Chapter "Addressing someone".

House wine – *Hauswein* – a wine that a restaurant produces itself or the favorite wine of the restaurant's owner. The quality of a house wine is usually comparable to the quality of the restaurant. See Chapter "Business Dinners".

ICE (Inter City Express) – the most modern and fastest train in the German railroad system that connects large metropolitan areas within Germany. See Chapter "Traveling with the German Railroad".

IC/EC (Inter City and Euro City) – trains that connect the major city centers of Germany and its neighboring countries in a matter of hours. See Chapter "Traveling with the German Railroad".

IR (Inter Regio) – trains in the German railroad system that connect larger and middle-sized German cities within short time spans. See Chapter "Traveling with the German Railroad".

Industrial fair – *Industriemesse* – a large show or public event at which manufactures, sellers and buyers of a particular industry meet, sell, and advertise their products.

Industrie- und Handelskammer – *Chamber of Industry and Commerce* – an independent industry-based group that supports members at 81 locations in Germany and represents 3.6 million businesses, creating a strong force for dealing with political powers and bureaucratic permit offices. The nearest local office is a good first contact for entrepreneurs seeking information on the local market, funding possibilities, and relevant contacts for start-up advice and detailed legal matters. A German law requires the IHK's approval of any business start-up applications. See Chapter "Business Start-Ups in Germany".

Industry reports – *Branchenbericht* – a report on a particular industry (ex: furniture, auto, computer) that describes the industry, the major participants, the market characteristics, and the respective current industry conditions, industry performance, and key figures. See Chapter "The Job Application".

Interim certificate – *Zwischenzeugnis* – a job reference certificate that is requested during (not after) one's employment in a department or at a company. See Chapter "The Job Application".

Job code – *Chiffre* – a code that indicates the job title for a position or appointment being advertise. These are often found in job advertisements that are not posted directly by a company, but by an employment agency or consultant. See Chapter "How to Read Job Advertisements".

Job fair – *Bewerbermesse or Jobmesse* – an exhibition intended to inform people about the jobs or business opportunities available at different companies. See Chapter "New Strategies for the Job Hunt".

Job profile – *Stellenbeschreibung* – a written definition of primary job duties, key responsibilities, and reporting relationships of the position, as well as the education, experience, and personal characteristics sought in a candidate. See Chapter "The Job Interview".

Jubiläum – *jubilee or special anniversary* – term used to describe the celebration that commonly takes place in German workplaces when an employee celebrates a special employment anniversary (usually 20, 30 or 40 years at a company). See Chapter "Celebrating at Work".

Kännchen – *a small tea pot* – a word used to order coffee, tea or hot cocoa in German restaurants when you would like more than a single cup. A "Kännchen" usually contains at least two cups. See Chapter "Business Dinners".

Kein Problem – *No problem* – a problematic phrase that should be avoided in Germany because it can be interpreted in so many different ways. See Chapter "German Expressions and Sayings".

Kindergeld – *children's funds* – These funds are offered to all households with children regardless of employment status until the child turns 18 years of age. Parents receive at least € 150 per month per child depending on the child's age and the number of children in a family. See Chapter "Women in the German Workplace" and "Business Start-Ups in Germany".

Kriminalpolizei – *criminal police* – the branch of the German police which enforces the prevention of crime and is responsible for handling criminal offences. See Chapter "In Case of Emergency: Information for Visitors to Germany".

Kündigungsschutzgesetz – *Job Protection Act* – this law limits the ability of an employer to terminate an employee by granting workers the right to a termination review by the German Labor Court within three weeks after a termination is issued. This right is, however, limited to the termination of employment contracts that exist for more than six-months and to places of business with at least 11 employees. See Chapter "Business Start-Ups in Germany".

Laissez-faire leadership style – *laissez-fairer Stil* – often characterized by a boss who is at the same level as his or her employees. Less control is necessary with this style because the nature of the job requires all employees to assume responsibility for their own tasks. This style is most characteristic of service providers such as attorneys or engineers, and is often used by media and PR-agencies. In these businesses, each employee often has his or her own, self-contained work and customer base. See Chapter "How Can I be a Good Boss?".

Liegeplätze – *couch* – second class sleeping compartments that usually contain four or six beds that can be booked for overnight train rides. See Chapter "Traveling with the German Railroad".

Mahlzeit – *Enjoy your meal.* – an old-fashioned phrase that is often used at lunchtime at a business or a factory in Germany. See Chapter "German Expressions and Sayings".

Mediator – *Unterhändler* – a negotiator who, by talking to two separate people or groups involved in a disagreement, helps them come to a mutual agreement. See Chapter "Pecking order".

Meeting minutes – *Protokoll* – an official written record of the proceedings of a meeting. See Chapter "Pecking order".

Mentor – *Betreuer* – a person responsible for teaching a newcomer how to do their job when they first start at a company. See Chapter "Introductions: Who introduces whom?".

Mentor-model – *Paten-Konzept* – a plan for new employees in which a supervisor or the firm's personnel department asks experienced employees to assist the new person in adjusting to the new company by being available to answer questions and provide guidance during the first few months of employment or even longer. See Chapter "The First 100 Days in a German Company".

MfG (Mit freundlichen Grüßen) – *With friendly greetings* – an impolite abbreviation that should not be used in letters or e-mails in Germany. See Chapter "German Expressions and Sayings".

Mitarbeitergespräch – *employee meeting* – usually refers to an employee's performance meeting with his or her boss, which usually takes place in German companies once a year. See Chapter "Changing Jobs".

Mutterschutzgesetz – *Expectant and Nursing Mothers Protection Act* – this law protects pregnant women before and after the birth of a child by prohibiting employers to assign physically strenuous tasks at work and guaranteeing a paid leave-of-absence during the period which begins six-weeks before the birth of the child and ends eight-weeks afterwards. See Chapter "Business Start-Ups in Germany".

Negotiations – *Verhandlungen* – formal preliminary discussions that lead up to the adoption of an agreement between two parties. For example, you negotiate a pay increase with your boss. See Chapter "Efficient Meetings".

Netiquette – the etiquette rules that govern one's activities, including the writing of e-mail, while working on the Internet. See Chapter "Netiquette".

Network – *Netzwerk* – a formal or informal group of professional friends and colleagues that one can look to for support. Formally established networks can also help you search for others who share your values and interests. These are sometimes called "communities". See Chapters "How Can I be a Good Boss?" and "Building a Successful Network".

Network nodes – *Schlüsselpersonen* – these individuals are often well informed when it comes to knowing who to call about what, basic insider and political-info, and know-how for getting tasks accomplished. It is often to one's advantage to get to know such key personalities. See Chapter "How Can I be a Good Boss?".

Nichtraucher – *non-smoking* – used to describe the non-smoking wagons that can be reserved on a German train. See Chapter "Traveling with the German Railroad".

Notdienst Kalender – *on-duty medical calendar* – calendar listing on-duty emergency doctors and pharmacies in a certain area for weekend, holiday, and after-hours emergencies. See Chapter "In Case of Emergency: Information for Visitors to Germany".

Personal network – *persönliches Netzwerk* – your involvement in an extended group of people with similar interests and concerns who interact and remain in informal contact for mutual assistance or support. See Chapter "Small Talk".

Pfietigott – *May God protect you.* – a form of good-bye that is heard in Bavaria. See Chapter "Saying Farewell".

Probation period – *Probezeit* – the period of time directly after hiring (as specified in the employment contract) in which an employee can be legally terminated from a job due to poor work performance. In recent years, the poor economy has lead to the frequent implementation of this law with 50% of terminations in German companies having taken place during this period. See Chapter "The First 100 Days in a German Company".

Rathaus – *town hall* – building in which the local city government is housed. See Chapter "In Case of Emergency: Information for Visitors to Germany".

Raucher – *smoking* – used to describe the smoking wagons that can be reserved on a German train. See Chapter "Traveling with the German Railroad".

RB (Regional Bahn) – standard, economical trains in the German railroad system that stop at all train stations along their way. See Chapter "Traveling with the German Railroad".

RE (Regional Express) – similar to RB trains, these trains stop at most, but not all, train stations along their way. See Chapter "Traveling with the German Railroad".

Reference certificate – *Arbeitszeugnis* – an official certificate that is required by most employers as a form of reference from previous employers when applying for a job in Germany. These certificates should be requested from all employers to ensure that you can show proof of your tasks and your performance. See Chapter “Pecking order”.

Resume gap – *Lücke im Lebenslauf* – a gap in employment or schooling that usually leaves an unaccounted for period of time in one’s resume and could be viewed negatively by potential employers. See Chapter “The Job Application”.

Rhetorical methods – *Rhetorische Methoden* – a persuasive way of speech in which one relates a theme or idea in an effort to convince others of an argument. These methods are often used in presentations. See Chapter “Presenting in Germany”.

Salary pyramid – *Gehaltspyramide* – refers to the different salary levels within a company. The many positions at the lower pay levels form the basis of the pyramid. The salaries increase as one moves up the pyramid, but the number of positions decreases. At the tip of the pyramid sit the top administrative positions (ex: CEO or President). In a salary pyramid, commissioned work usually plays a minimal role. See Chapter “The Meeting with the Boss”.

Salary report – *Gehaltsspiegel or Vergütungsstudie* – a report containing varied statistical averages for a defined job in a specific industry. Besides salary averages, the reports usually contain statements about individual companies with respect to turnover, company size, company locations, personnel contacts, and other job incentives such as company cars, pension plans, bonuses, and paid overtime. See Chapter “Questions and Answers for the Job Interview”.

S-Bahn – trains in the German railroad system that connect the centers of Germany’s big cities with the city’s surrounding areas quickly and at frequent intervals. See Chapter “Traveling with the German Railroad”.

Seniority – *Dienstalter* – a status attained by working for a company for a long period of time. In some institutions, individuals with more seniority are given priority for promotion and salary increases. See Chapter "Introductions: Who introduces whom?".

Schlafplätze – *sleeping cot* – first class sleeping compartments that only contain two beds and can be booked for overnight train rides. See Chapter "Traveling with the German Railroad".

Schönen Abend – *Have a good evening.* – phrase used to say good-bye in the late afternoon or evening. To simply greet someone in the late afternoon or evening say, "Guten Abend!" See Chapter "German Expressions and Sayings".

Schönes-Wochende-Ticket – *Good-weekend-ticket* – bargain tickets that are offered by the German Railroad for weekend trips on certain routes traveled by the RE and RB trains throughout Germany. See Chapter "Traveling with the German Railroad".

Schwierigkeit – *difficulty* – the German word used to describe problems. See Chapter "Efficient Meetings".

Servus – *hello or good-bye* – a form of hello and good-bye in Southern Bavaria or Austria. See Chapter "Saying Farewell".

Sie – *formal "you"* – used in German to address someone who is not a close friend or family member. If you address someone with "Sie", you would also address him or her with their title and last name. See Chapter "Addressing someone".

Sitzung – *meeting* – a formal word used to describe a meeting, discussion or conference in German. See Chapter "Pecking Order".

Small talk – *small talk* – informal or unimportant conversation that can be used in a business atmosphere to lighten-up awkward situations or lend a personal tone to a situation. See Chapter “Small Talk”.

Snail mail – *die normale Post* – an idiom used to describe mail delivered by a postal system as opposed to electronically. See Chapter “Netiquette”.

Social Network – *Beziehungsnetzwerk or soziales Netz* – term used to describe the personal and/or professional contacts that one builds with others. See Chapter “Building a Successful Network”.

Soft skills – *softskills* – personal management skills such as attitudes and behaviors that are often sought in job applicants. See Chapter “How to Read Job Advertisements”.

SPAM – unsolicited e-mail; usually a form of bulk mail, often to a list culled from subscribers to a Usenet discussion group or obtained by companies that specialize in creating e-mail distribution lists. In general, it’s not considered good netiquette to send spam. See Chapter “Netiquette”.

Sparpreis – *Bargain price* – special offers on German Railroad tickets that can be purchased on-line or at the ticket counter at a German train station. These are usually limited in number, non-refundable, and only valid for certain trains and particular travel times. See Chapter “Traveling with the German Railroad”.

Sperrvermerk – *restriction notice, notice of non-negotiability* – a legal clause which can be incorporated into a job application to prevent the application form being sent to certain employers or other recipients. See Chapter “How to Read Job Advertisements”.

Sprudel – *carbonated water* – or stilles Wasser ohne Kohlensäure – uncarbonated water – the two types of table water that can be ordered in German restaurants. You must specify whether you would like still table water when ordering and you should expect to pay for both types as they are usually bottled. It is not customary for restaurants to serve tap water nor is it customary to order it. See Chapter "Business Dinners".

Stereotype – *Vorurteil or Klischee (Klischeevorstellung)* – a fixed set of ideas that are generally held about the characteristics of a particular type of person, which are (wrongly) believed to be shared by all people of that type. For example, a typical stereotype would be to claim that all Germans are stubborn. See Chapter "German Stereotypes".

Subject – *Betreffzeile* – when composing an e-mail, this is the field in which the principal idea or point of an e-mail is entered. For more details on e-mail fields see Chapter "Netiquette".

Tasse – *cup* – the word used to order coffee, tea and hot cocoa in German restaurants. When a "Tasse" is ordered, one cup of the beverage is usually served and free refills are not generally available. If you would like more than a cup, it is best to order a "Kännchen". See Chapter "Business Dinners".

Tratsch und Klatsch – *gossip or rumors* – the term used to describe informal discussion about the private lives of other people (who are usually not present). See Chapter "Small Talk".

Trinkgeld – *tip* – the extra amount of money that is customarily left for the server to compliment the service at a restaurant. There are several rules on tip leaving that can be found in Chapter "Business Dinners".

Tschüss – *good-bye* – a short form of good-bye that is frequently used in Germany on a personal or informal basis. See Chapter "Saying Farewell".

U-Bahn – trains in the German railroad system that make up the underground metro lines that run under most big German cities. See Chapter "Traveling with the German Railroad".

Umtrunk – *a drink* – usually refers to an informal get-together with a small-circle of friends, colleagues or acquaintances. See Chapter "Changing Jobs".

Unwritten/hidden rules – *ungeschriebene Gesetze* – the culture, or particular code of behavior and decision making that is expected of a company's employees. This is usually difficult to decipher for new employees. See Chapter "The Unwritten Rules and Culture in German Organizations".

URL (Uniform Resource Locator) – a formal term used to refer to Internet addresses. See Chapter "Netiquette".

Verkehrspolizei – *traffic police* – the branch of the German police which enforces safe travel and accident prevention on German's roadways and waterways. See Chapter "In Case of Emergency: Information for Visitors to Germany".

Vielen Dank – *Thank you very much.* – formal phrase for thanking someone in German. See Chapter "German Expressions and Sayings".

Virus scanner – *Virenscanner* – a software program capable of detecting those computer viruses which could cause great harm to files or other programs on the same computer. See Chapter "Netiquette".

Vorstellungsgespräch – *Job interview* – the step in the application process that involves introducing yourself at a company after they have reviewed your application and decide to further consider you for the position. See Chapter "The Job Interview".

About the authors

Mr. Joachim Graff, German citizen, received his degree in Electrical Engineering at the University of Applied Sciences Giessen-Friedberg and his degree in Business Administration at the University of Applied Sciences München. With more than 20 years of working experience in German's industrial sector, including Siemens AG and Nienburger Glas GmbH, he has gained comprehensive knowledge in the fields of Marketing, Knowledge Management and Reengineering. He is also partner and joint founder of the Language Institute TREFFPUNKT in Bamberg, Germany, which provides intensive German and Business German courses to foreigners. Here, he carries out seminars on business etiquette.

Ms. Gretchen Lina Schaupp, American citizen, received her MBA from Sheffield Hallam University in England and her MA in European Management from the University of Applied Sciences Fulda, Germany. After spending several years working for the Volkswagen Corporation in the area of logistics and production in Wolfsburg, Germany, she returned home to the United States. She is currently pursuing her Ph.D. in Organizational Behavior at the Virginia Polytechnic Institute and State University in Blacksburg, Virginia.